Isabelle Kürschner

New Work

Isabelle Kürschner

NEW WORK

Wie wir morgen tun, was wir heute wollen

GOLDEGG VERLAG

Der Goldegg Verlag achtet bei seinen Büchern und Magazinen auf nachhaltiges
Produzieren. Goldegg Bücher sind umweltfreundlich produziert und
orientieren sich in Materialien, Herstellungsorten, Arbeitsbedingungen und
Produktionsformen an den Bedürfnissen von Gesellschaft und Umwelt.

ISBN Print: 978–3–902991–99–7
ISBN E-Book: 978–3–903090–02–6

© 2015 Goldegg Verlag GmbH
Friedrichstraße 191 • D-10117 Berlin
Telefon: +49 800 505 43 76-0

Goldegg Verlag GmbH, Österreich
Mommsengasse 4/2 • A-1040 Wien
Telefon: +43 1 505 43 76-0

E-Mail: office@goldegg-verlag.com
www.goldegg-verlag.com

Layout, Satz und Herstellung: Goldegg Verlag GmbH, Wien
Druck und Bindung: CPI books GmbH, Leck

Vorwort von
Prof. Dr. Isabell M. Welpe

Die Zukunft von Arbeit, Führung und Organisation sind Themen, die viele Menschen bewegen. Die Trends unserer Zeit, allen voran Globalisierung, immer kürzere Innovationszyklen, eine rasant voranschreitende Digitalisierung und ein tiefgreifender Wertewandel in Gesellschaft und Wirtschaft bedingen, dass die Organisationsführung und Arbeitsmodelle in Organisationen sich ändern und auch verändern müssen:

Noch nie war die Welt so globalisiert und zusammenhängend wie heute. Unternehmen verkaufen Produkte weltweit, wir haben also globale Produktmärkte und wir arbeiten weltweit in Wertschöpfungsketten zusammen, haben also auch globale Arbeitsmärkte.

Die zunehmende Digitalisierung sorgt für eine steigende Geschwindigkeit in Markt und Wettbewerb, sorgt für höhere Transparenz und Medienöffentlichkeit von Organisationen und auch für Führungskräfte und dafür, dass die Trennlinien zwischen Sachgut und Dienstleistung immer weiter verschwinden. Hinzu kommt: Die IT-Industrie verbindet sich weiter mit anderen Branchen, transformiert diese und stellt damit nicht nur alte Geschäftsmodelle wie die von Banken, Versicherungen und dem Einzelhandel in Frage, sondern auch Führungs- und Managementmodelle. Kurzum, Digitalisierung ermöglicht und fordert Innovation dazu, wie wir künftig zusammenarbeiten und wie wir die Arbeit in der Zukunft organisieren.

Auch veränderte Werte und Ansprüche der Gesellschaft verlangen statt eindimensionaler Berufsbiografien eher individualisierte Arbeitsmosaike, um vielfältige Karrieren, in denen Erwerbsarbeit mit Herzensarbeit, ehrenamtlicher Arbeit, Familienarbeit, Sabbaticals und anderen Aktivitäten und Unterbrechungen kombiniert werden, möglich sind.

Dazu kommt, dass die Ansprüche der Menschen in Bezug auf Mitbestimmung, Teilhabe und Transparenz gestiegen sind, was oft auch unter dem Begriff Nachhaltigkeit beschrieben wird. Menschen wollen in allen Bereichen von Wirtschaft und Gesellschaft stärker an Entscheidungen beteiligt werden, sich einbringen und mitreden.

Was bedeuten nun diese Entwicklungen für Unternehmen? Sie bedeuten, dass es zum einen schwieriger geworden ist und weiter werden wird Unternehmen im Wettbewerb erfolgreich zu führen. Unternehmen müssen zukünftig mehr leisten, weil sie sowohl stabil, stark und groß als auch flexibel, klein, schnell und skalierbar sein sollen, was zunächst widersprüchliche Anforderungen sind.

Aktuelle Zahlen zeigen, dass es dringend notwendig ist über neue Arbeit, die Arbeit für morgen, wie Isabelle Kürschner das in ihrem Buch tut, nachzudenken. Denn 88% aller Mitarbeiter in Deutschland sind unzufrieden mit ihrer Führungskraft, 84% der deutschen Arbeitnehmer empfinden keine oder nur eine geringe emotionale Bindung an die Unternehmen, es gibt 70% mehr Fehltage von emotional ungebundenen im Vergleich zu emotional gebundenen Mitarbeitern. Die volkswirtschaftlichen Kosten dieser Zusammenhänge belaufen sich auf 118 Milliarden Euro pro Jahr. Fast 6 von 10 Deutschen empfinden ihr Leben als zu stressig und Stressfaktor Nr. 1 ist dabei die Arbeit. 75% der Führungskräfte sind davon überzeugt, dass der Standort Deutschland ohne eine grundlegende Änderung in der aktuellen Führungspraxis weit unter seinen Möglichkeiten bleibt. Wir sehen also: Mitarbeiter und Führungskräfte sagen, dass die Anforderungen der Wirtschaft, die Komplexität und die teils widersprüchlichen Anforderungen über traditionelle Arbeit, Organisations- und Führungsmodelle hinausgehen und nicht mehr greifen. Gebraucht wird deswegen New Work und dies ist das zentrale Thema dieses Buches und befasst sich damit, dass einige der wichtigsten Innovationen nicht durch neue Technologien, sondern durch eine neue Art zusammenzuarbeiten und Arbeit zu organisieren entstehen werden. Die Einzigartigkeit von Organisationen wird zukünftig nicht nur im Geschäftsmodell, sondern auch in ihrem Management, Führungs-, Organisations- und in ihren Arbeitsmodellen liegen.

Das Buch von Isabelle Kürschner greift zentrale Aspekte dieser New Work auf. Es spricht über die sich wandelnde Bedeutung von Arbeit im Leben von Menschen; Isabelle Kürschner liefert kluge Analysen, wie sich die Arbeit in den letzten Jahren verändert hat, bleibt dabei aber nicht stehen, sondern diskutiert, was uns für morgen voranbringt und wer die Gewinner der New Work sein werden. Dabei skizziert sie aber auch, wie das Unternehmen der Zukunft und wie die Führungskräfte des Unternehmens in der Zukunft ihre Arbeit gestalten werden: Offenheit, Partizipation, breite Beteiligung und Umgang mit Komplexität sind zentrale Themen der New Work und immer mehr Menschen wünschen sich auch Organisationen mit Arbeitgebern, die in diesen Dimensionen Fortschritte gemacht haben.

Das Buch von Isabelle Kürschner schließt mit dem Fazit, dass wir die Arbeit der Zukunft sind, und sie entwickelt eine Reihe von spannenden aktuellen Thesen, die uns noch in den nächsten Jahrzehnten begleiten werden. Die Lektüre dieses Buches bereitet uns alle bestens auf New Work und die Anforderung einer neuen Arbeitswelt und Arbeitskultur vor.

Prof. Dr. Isabell M. Welpe

Inhaltsverzeichnis

Vorwort von Prof. Dr. Isabell M. Welpe 5

1. Vorwort 13
Wir gestalten unsere Zukunft selbst! 13
Darum ist diese Buch wichtig 19

2. Der große Wandel: Warum wir uns gut vorbereiten
müssen 22
Nichts bleibt, wie es ist 22
Wie wir das zu unserem Vorteil nutzen können 24
Widerstand ist zwecklos 27

3. Die Arbeit als Sinnstifter 37
Warum arbeiten Sie eigentlich? 37
Null Bock auf Arbeit 40
Geld alleine macht nicht glücklich 43
... gute Arbeit schon! 47
Arbeit für die Daseinsfürsorge 49
Beschäftigungsverhältnisse im Wandel 52

4. Arbeit gestern, heute, morgen 55
Warum arbeiten wir heute so, wie wir arbeiten? 55
Von der Industrie- zur Dienstleistungsgesellschaft – und
weiter? 57
Entkoppelung von Zeit und Raum 60
Wollen wir überhaupt raus aus der Fabrik? 64
Industrie 4.0: Die intelligente Fabrik 67
Die Rückkehr der Produktion 72
Roboter, unsere neuen Dienstleister 74
Mit Bausteinen kommunizieren 76
Wissensarbeit: Das Büro für unterwegs 77
Flexibilität ... zuerst einmal definieren, bitte! 79
Agieren statt reagieren 82

Bildung von gestern für die Jobs von morgen? 83

5. Was bringt uns voran – und wie bekommen wir es? . 86
Die Sieger von morgen 86
Arbeitgeber oder Arbeitnehmer? 89
Ein bisschen selbstständig geht auch 91
Die Schattenseite der großen Freiheit 95
Beschäftigungsfähigkeit durch Reflexion 96
Der Mutige ist der Schlaue 99
Außerhalb der Box denken 101
Besser als gut 104
Das Ziel vor Augen 106
Keine Ängste mehr 110

6. Das Unternehmen der Zukunft 113
Wer nicht wagt, der nicht gewinnt 113
Die Gewinner der Zukunft 116
Tradition versus Innovation 120

7. Glück in der Arbeit 127
Erst die Arbeit, dann das Vergnügen – warum nicht
gleichzeitig? 129
Wir lieben unseren Job 130
Love it, change it or leave it! 135
Sie können was verändern! 138
Der Arbeitsplatz als Wohlfühloase 140
Kultur kommunizieren 142
Interview mit Heiner Scholz, Gründer und Vorstand der
Dexina AG 148

8. Ergebnisorientiertes Arbeiten 155
Ergebnis versus Zeit – wie messen wir Arbeit? 155
Neue Bedürfnisse erfordern neue Methoden 158
Die innere Stechuhr 160
Wie werden Sie effizient? 162
Die Angst vor der Freiheit 170

Das Ende der Arbeitszeit 176
Lassen Sie endlich los! 177
Nicht jeder will frei sein 180
Das Angebot bestimmt die Nachfrage 183
Ob 9 to 5 oder 24/7 entscheiden wir selbst 185
Flexibel gegen Stress 189
Deutschland, ein Entwicklungsland? 192

9. Die Zukunft der Führung 199
Die Menschen im Blick 199
Befehlen war gestern 202
In die Zukunft führen 204
Top-down, Bottom-up oder beides? 207
Führen ohne Sichtkontakt 209
Wer ist der Boss von morgen? 211

10. Wir erfüllen unsere Arbeit mit Leben 214
Mythos Work-Life-Balance 215
Die Arbeit frisst uns auf – warum lassen wir uns fressen? 218
Wie können Unternehmen ihre Mitarbeiter schützen? . 223
Das Leben gehört zum Lebenslauf 225

11. Wir sind die Zukunft der Arbeit 228

Nachwort und Danksagung 233
Literatur 236

1. VORWORT

„Wer nicht an die Zukunft denkt,
wird bald Sorgen haben.“

Konfuzius

Wir gestalten unsere Zukunft selbst!

Zählen Sie auch zu den Millionen von Menschen, die jeden Morgen (oder auch Mittag oder Abend) in die Arbeit gehen? Die für acht Stunden oder länger alles andere wegorganisieren, um ungestört der Tätigkeit nachgehen zu können, mit der sie ihr Geld verdienen? Und haben Sie sich nicht auch schon des Öfteren gefragt, ob das wirklich so sein muss? Ob es nicht andere Möglichkeiten des Arbeitens geben kann, in denen das Leben in der Arbeit einen Platz einnimmt und umgekehrt auch die Arbeit im Leben?

Dann ist dieses Buch genau das Richtige für Sie. Denn es geht darin um die Möglichkeiten, die die neue Arbeitswelt für uns alle bereithält. Darum, wie Sie als Einzelperson diese mitgestalten können. Dabei soll alle Begeisterung für das Thema nicht darüber hinwegtäuschen, dass es auch Schattenseiten und Verlierer in der neuen Arbeitswelt geben wird. Nicht alles, was auf uns zukommt, wird nur positiv und für uns zum Vorteil sein – und doch können wir das Meiste weder verhindern noch aufhalten. Ganz sicher sollten wir wachsam sein und keinesfalls die Augen vor möglichen Risiken, Problemen und Hindernissen verschließen. Trotzdem sollten wir dem Wandel offen entgegentreten. Uns bewusst darüber werden, dass sich nicht nur die Art und Weise, wie wir arbeiten, sondern auch unsere Einstellung gegenüber der Arbeit an sich verändern wird. Neuem nicht mit Angst, sondern mit Neugier begegnen. Mut haben, Dinge anzupacken und in unserem Sinne mitzugestalten. Je mehr wir uns über die Zukunft informieren, desto besser können wir uns auf sie vorbereiten, damit wir rechtzeitig wissen, welche Fähigkeiten wir uns aneignen müssen, welchen Netzwerken wir angehören sollten, auf welchen Plattformen wir uns bewegen können und mit welchen Mitstreitern wir uns verbünden wollen. Wissen ist Macht, und je mehr Kenntnisse wir über die Arbeitswelt der Zukunft haben, desto mächtiger können wir uns ihr stellen. Dabei soll dieses Buch Sie unterstützen. Gleich zu Beginn – um unseren Geist von Vorurteilen zu befreien und uns dem Thema offen zu nähern – sollten wir die häufigsten Bedenken und Irrtümer rund um die neue Arbeitswelt aus dem Weg räumen.

„New Work ist doch nur etwas für Nerds!"

Bis heute glauben viele, dass die neuen Möglichkeiten in der Arbeitswelt nur einem kleinen Kreis von Auserwählten zugutekommen werden. Home-Office mag ja eine tolle Lösung für Schreibtischtäter sein, aber was haben die Menschen davon, die in der Fabrik, auf der Baustelle oder im Altersheim ihren Dienst tun? Den Arbeiter in der Produktion beschäftigt doch eher die Sorge, dass sein Arbeitsplatz bald gänzlich einem Roboter zum Opfer fallen könnte. Er weiß mitunter noch relativ wenig über die Chancen, die sich ihm durch cyber-physische Systeme und Prozessvernetzungen eröffnen werden und die seine Arbeit nicht nur körperlich erleichtern, sondern darüber hinaus eine nie dagewesene Mobilität und Flexibilität bieten können. Je mehr er darüber in Erfahrung bringt und je besser er sich darauf vorbereiten kann, desto größer sind seine Chancen, in Zukunft zu den heiß begehrten Fachkräften zu gehören.

Im Zuge der Recherchen für dieses Buch habe ich mich mit vielen Menschen unterhalten, die auf den ersten Blick nicht als typische Vertreter der neuen Arbeitswelt erscheinen. Menschen, die bisher in diesem Zusammenhang noch nicht öffentlich zu Wort gekommen sind. Die nicht im Rampenlicht stehen und sich als Denker und Lenker der Republik einen Namen gemacht haben. Die aber in ihrem Umfeld Veränderungen herbeigeführt haben, zum Teil gegen große Widerstände und in Branchen, die nicht regelmäßig als Quelle der Innovation angeführt werden. Polizeidienststellen und Sparkassenfilialen sind darunter, genauso wie Stadtverwaltungen und kleine Mittelständler. Einige dieser Interviews haben wortwörtlich Eingang in dieses Buch gefunden. Und natürlich habe ich die sozialen Netzwerke in meine Recherchen miteinbezogen. Im Internet wird viel diskutiert über die neue Arbeitswelt, über die Jobs von morgen, über das, was uns im Leben und in der Arbeit glücklich macht. Davon zeugen XING-Gruppen wie *Glückliche Arbeitswelt* oder *Arbeit. Zeit. Leben.* genauso wie Twitter-Hashtags *#FutureWork* und *#newworkday* oder Blog-Paraden wie *Lieblingsjob* oder *Arbeitsplatz der Zukunft*. Auszüge aus meinem eigenen Blog sollen an einigen Stellen im Buch der Praxis Raum geben und Beispiele veranschaulichen (www.isabellekuerschner.com).

„Die meisten von uns wird NEW WORK doch gar nicht betreffen."

Und ob – die neue Arbeitswelt geht uns alle an! Ganz egal, in welchem Bereich wir tätig sind. Der Wandel macht vor nichts und niemandem halt. Beispiele gibt es heute schon genug. Ärzte sitzen Patienten gegenüber, die sich im Internet bereits umfassend selbst diagnostiziert haben. Unter Umständen nehmen ihnen schlaue Uhren oder Armbänder auch Routineaufgaben wie Blutdruck- oder Herzfrequenzmessungen ab, warnen Patienten vor Übergewicht, falscher Ernährung oder zu wenig Bewegung. Lehrer und Professoren müssen online Bewertungen über sich und ihre Leistung ergehen lassen. Und mit den zunehmenden Möglichkeiten, Seminare und Kurse online zu belegen, ist es nur noch eine Frage der Zeit, bis die Präsenzkultur an Universitäten abgeschafft wird. Sekretäre und Assistenten brauchen heute nicht mehr im Büro nebenan zu sitzen, sondern können uns auch von ihren Schreibtischen in Mumbai, Bangalore oder Sofia aus unterstützen. Oder sie werden vollständig von Computern und neuen Softwarelösungen abgelöst. So wirbt der Anbieter LexisNexis beispielsweise damit, dass Anwaltskanzleien Zeit, Geld und Fehlerquellen sparen können, indem eine Software Vertragsentwürfe automatisiert erstellt, Präzedenzfälle heraussucht und das Korrekturlesen ganzer Dokumente übernimmt. Gerade junge Anwälte und Rechtsanwaltsgehilfen können auf diese Art und Weise einfach und günstig ersetzt werden – vielleicht nicht vollständig, aber zu einem großen Teil. Zudem droht den Kanzleien die Konkurrenz aus dem Netz, denn rechtliche Fragen können schon lange nicht mehr ausschließlich vom Anwalt selbst, sondern auch online beantwortet werden. Besonders einfach machen dies Portale, die sich auf ein Problemfeld spezialisiert haben wie beispielsweise flightright. Hier können sich Fluggäste, deren Flüge verspätet oder ausgefallen sind, schnell und unkompliziert zu ihrem Recht verhelfen lassen. Einfach die Flugnummer und das Datum eingeben und per Mausklick erfahren, ob einem eine Entschädigung zusteht und, wenn ja, in welcher Höhe. Diese Liste ließe sich beliebig fortsetzen und wahrscheinlich fallen Ihnen selbst noch unzählige Beispiele ein. Fakt ist: Nahezu jede einzelne Berufsgruppe ist vom Wandel durch die Digitalisierung betroffen, Widerstand ist zwecklos. Das heißt nicht, dass wir alle arbeitslos werden und untergehen. Wir haben sogar gute Chancen, als Gewinner aus dem Prozess hervorzugehen. Aber wir müssen wachsam sein, Möglichkeiten erkennen und ergreifen und dabei auch einen gewissen Mut an den Tag legen, um öfter mal etwas Neues auszuprobieren.

„Unsere Jobs werden früher oder später sowieso alle von Robotern und Computern übernommen."

Ganz so schlimm wird es wohl nicht kommen. Das „Ende der Arbeit", wie es vor 20 Jahren der amerikanische Ökonom und Gesellschaftstheoretiker Jeremy Rifkin voraussagte, steht uns nach heutigem Kenntnisstand mit großer Wahrscheinlichkeit nicht bevor – zumindest nicht in absehbarer Zeit. Zwar wissen wir bereits, dass fast die Hälfte unserer heutigen Jobs in 20 Jahren von Automaten übernommen werden könnten, was aber nicht heißt, dass dies auch der Fall sein muss, denn was technisch möglich ist, macht nicht immer Sinn oder rechnet sich auch betriebswirtschaftlich. Die Befürchtung, dass Maschinen den Menschen die Arbeit wegnehmen, hegten schon unsere Ururgroßeltern. Richtig ist dabei, dass die menschliche Arbeitskraft – und zwar ganz egal ob geistiger oder körperlicher Natur – immer mehr durch Roboter und Computer ersetzt werden kann. Doch dabei werden die menschlichen Komponenten niemals ganz an Bedeutung verlieren; vielleicht werden sie sogar wichtiger als je zuvor. Ganz egal, in welchem Berufsfeld wir heute und in Zukunft tätig sind: Gute Chancen auf Beschäftigung werden künftig vor allem diejenigen haben, die neben ihren Fachkenntnissen über kreative und soziale Fähigkeiten verfügen und diese immer weiter ausbauen.

„Für New Work ist es einfach noch zu früh."

Im Gegenteil. Es ist unglaublich, was bereits alles um uns herum passiert, ohne dass wir es bewusst mitbekommen. Welche Entscheidungen getroffen werden, die unser aller Arbeitsleben radikal verändern werden, ohne dass wir auch nur das Geringste davon ahnen. Einige Möglichkeiten habe ich auch erst durch die intensive Beschäftigung mit ihnen richtig verstanden und ich war immer wieder verblüfft, was es alles an neuen Ideen und Maßnahmen für uns gibt. Ich bin froh darüber und fühle mich nun selbst für die Zukunft der Arbeitswelt besser gerüstet. Dieses Wissen, das Neugier schafft und eine Vorstellung von dem, was auf uns zukommt, möchte ich gerne mit Ihnen als Leser dieses Buches teilen.

„Können wir uns die Arbeitswelt wirklich so gestalten, wie sie uns gefällt?"

Mehr Flexibilität, Eigenverantwortung und Selbstbestimmung am Arbeitsplatz werden mit Sicherheit dazu beitragen, dass wir mehr denn je die Möglichkeit bekommen, uns unsere Arbeitswelt so zu gestalten, wie sie unseren Bedürfnissen am ehesten entspricht. Nicht alle Menschen sehen in diesen neuen Freiheiten nur Positives – sie sind zweifellos mit Unsicherheit und Ängsten verbunden. Wie auch immer wir persönlich den Veränderungen um uns herum gegenüberstehen – wir werden sie weder aufhalten noch rückgängig machen können. Vielmehr sollten wir uns dessen bewusst sein, dass wir den Wandel nicht hilflos über uns ergehen lassen müssen, sondern dass wir ihn nach unseren Bedingungen mitgestalten, ja vielleicht sogar in unserem Sinne an unsere persönliche Situation anpassen können. Je mehr wir darüber wissen, desto eher sind wir in der Lage, dies auch zu tun.

Darum ist diese Buch wichtig

Die Diskussion über die Zukunft der Arbeitswelt erscheint mir mitunter so, als würde sie in einem Elfenbeinturm geführt werden. Unzählige Vorträge, Konferenzen, Bücher, Internet- und Zeitungsartikel zeichnen ein Bild von dem, was wir in den nächsten Jahren und Jahrzehnten zu erwarten haben. Doch wenn ich in Unternehmen gehe, wenn ich Vorträge oder Workshops halte und mit den Menschen – den direkt Betroffenen also – vor Ort diskutiere, kommt es mir oft so vor, als hätten wir all die schönen Debatten der letzten Jahre auf dem Mond geführt. Die Erkenntnisse daraus sind nämlich dort, wo sie eigentlich hingehören und umgesetzt werden müssten, noch gar nicht angekommen.

In diesem Sinne schlägt dieses Buch eine Brücke vor, um die neue Art des Arbeitens für uns alle ein bisschen (be) greifbarer zu machen. Denn bisher haben wir offensichtlich munter an denjenigen vorbeigeredet, -geschrieben und -diskutiert, die wir mit unseren Ideen, Innovationen und Veränderungen eigentlich erreichen wollen. Dafür blicken wir zunächst kurz zurück, auf die Geschichte der Arbeitswelt von gestern, und richten dann unseren Blick in die Zukunft. Unterwegs greifen wir Ideen und Vorschläge auf, wie wir dabei einerseits unsere Arbeitsplätze und -bedingungen verbessern und den Wandel in unserem Sinne mitgestalten können, und wie wir andererseits rechtzeitig auf sich anbahnende Veränderungen reagieren können, die eine Bedrohung für unseren Arbeitsalltag bedeuten.

Das Ziel ist es nicht, die Zukunft der Arbeit ganz genau vorauszusagen oder sich ein exaktes Bild zu machen, wie wir in 20, 30 oder gar 50 Jahren arbeiten werden. Auch wird niemand dazu angehalten, akribisch vorauszuplanen, wie sein Berufsverlauf über die nächsten Jahrzehnte aussehen wird. Im Gegenteil: Die in Vorstellungsgesprächen häufig gestellte Frage „Wo sehen Sie sich in fünf oder zehn Jahren?" halte ich für ebenso wenig zeitgemäß wie zielführend. Worauf es ankommt, ist, offen zu sein für das, was kommt. Veränderungen positiv – und wenn nötig kritisch, aber nicht automatisch ablehnend – gegenüberzustehen. Wissen zu generieren, das dabei hilft, uns optimal vorzubereiten und kluge Entscheidungen zu treffen. Fähigkeiten zu erlernen, die wir benötigen, um auf dem Arbeitsmarkt der Zukunft zu den begehrten und umworbenen Köpfen und Kräften zu gehören. Chancen zu erkennen, Herausforderungen anzunehmen und mit Neugier und Offenheit dem entgegenzutreten, was ohnehin passieren wird. Denn es ist nicht nur unser gewohnter Arbeitsalltag, der sich verändern wird. Was sich vor allem wandeln wird, ist unser Bewusstsein, die Art und Weise, wie wir Arbeit wahrnehmen, wo wir sie finden und was sie letztendlich für uns bedeutet.

Ich selbst blicke optimistisch in die Zukunft und bin davon überzeugt, dass sie für viele von uns positive Veränderungen in der Arbeitswelt mit sich bringen wird.

Noch einige wichtige Anmerkungen vorab:

- Bitte erwarten Sie von diesem Buch keine vorgefertigten Lösungen;
- Es soll Sie vielmehr dabei unterstützen, selbst das Richtige zu tun,
- um sich optimal auf die Zukunft der Arbeit vorzubereiten.

- Indem es Ihnen hilft, die eigenen Gedanken in neue Richtungen zu lenken,
- sich und das eigene Tun aus einer anderen Perspektive zu betrachten und
- dabei neue Ideen und vielleicht auch neue Ziele zu entwickeln,
- wie Sie das Leben und die Freude zurück in die Arbeit bringen können!

2. DER GROSSE WANDEL: WARUM WIR UNS GUT VORBEREITEN MÜSSEN

„Nicht die stärkste Art überlebt, auch nicht die intelligenteste, sondern die wandlungsfähigste."
CHARLES DARWIN

Nichts bleibt, wie es ist

Hand aufs Herz: Wann haben Sie zuletzt ein Buch im Buchhandel gekauft? Eine Reise im Reisebüro gebucht? Eine Überweisung in der Bankfiliale getätigt? Eine Bahnfahrkarte im DB-Reisezentrum gekauft? Ein Kochrezept aus einem Kochbuch rausgesucht? Die Liste ließe sich beliebig fortsetzen und natürlich haben Sie selbst unzählige Beispiele dafür, was Sie alles online erledigen und welche Entscheidungen Sie aufgrund von Informationen aus dem Internet treffen. Während wir die negativen Effekte auf den netten Einzelhändler ums Eck oder die Verwaisung ganzer Innenstädte nicht wegdiskutieren können, so machen sich die meisten von uns doch das Leben auf diese Art und Weise gerne etwas leichter. Meine Freundin Leni hat sogar Windeln und Babybrei per Dauerabo bei Amazon bestellt und erhält alle vier Wochen eine Lieferung, genau zugeschnitten auf ihren Bedarf mit zwei Kleinkindern. Außerdem bekommt sie wöchentlich frische Lebensmittel direkt nach Hause, perfekt abgestimmt auf die dazugehörigen fünf Kochrezepte für zwei Erwachsene. So kann sie als berufstätige Mutter ihre Einkäufe auf das Nötigste beschränken und viel Zeit sparen. Während wir unsere eigenen vier Wände nicht mehr verlassen müssen, um einkaufen zu gehen, Urlaub zu buchen oder Bankgeschäfte zu tätigen, tun die meisten von uns jedoch immer noch eins: Sie gehen tagtäglich früh zur Arbeit und verbringen dort ihren Tag, bis sie nachmittags oder abends wieder nach Hause gehen. Die Arbeit ist also noch nicht in dem Maße vom Wandel betroffen, wie es bereits viele andere Lebensbereiche sind.

Dabei ist die Arbeitswelt beileibe nicht stehengeblieben. Sie dreht sich im Gegenteil rasanter, als es je zuvor der Fall gewesen ist. Wussten Sie, dass wir heute in zwei Tagen so viele Daten generieren wie in der gesamten Geschichte der Menschheit bis ins Jahr 2003? Dass es heute mehr Handys auf der Welt gibt als Menschen? Und dass 65% der heutigen Gymnasiasten später einmal in Berufen arbeiten werden, die derzeit noch nicht einmal existieren, während 47% der heutigen Jobs in zehn bis zwanzig Jahren komplett verschwunden sein werden? Obwohl dieser Wandel längst passiert – bisher jedoch nur von einer kleinen Elite wahrgenommen wird –, wursteln sich die meisten von uns weiter durch einen Arbeitsalltag, der eigentlich längst der Vergangenheit angehören sollte.

Deutschland hat seit jeher eine Spitzenrolle inne, was Wirtschaft und Industrie angeht. Vor allem unser Industriesektor, dessen Innovationen bewundert und dessen Produkte weltweit nachgefragt werden, gilt als Vorbild für viele Länder, die in den vergangenen Jahren verstärkt auf die Entwicklung des Dienstleistungssektors gesetzt haben und nun nach einem Wiederaufbau ihrer vernachlässigten Industrie rufen. Doch nichts bleibt, wie es ist, die globale Entwicklung geht rasant weiter. Schnell könnte auch die deutsche Wirtschaft von Wettbewerbern aus Asien oder Amerika eingeholt und übertroffen werden. Wir müssen jeden Tag aufs Neue unseren Vorsprung verteidigen. Während uns klar ist, dass es schnellere und kostengünstigere Produktionsstandorte als unseren gibt, müssen wir uns darauf konzentrieren, neuartige Produktionsverfahren zu erfinden und festzulegen. Nur mit Spitzentechnologie kann es uns gelingen, Prozesse zu optimieren und nachhaltig zu prägen, von der Energieversorgung über die Verkehrssteuerung bis hin zum Management des Dienstleistungssektors. Während wir darauf hoffen müssen, dass die Lenker und Denker aus Politik und Wirtschaft klug handeln und dabei die richtigen Entscheidungen treffen, sollten wir uns auch darauf vorbereiten, was die Veränderungen für uns persönlich bedeuten werden. Sie werden uns unweigerlich vor Herausforderungen stellen, aber gleichzeitig Chancen und Möglichkeiten eröffnen, die wir vorausschauend für uns nutzen sollten. Je mehr wir über sie wissen, desto besser werden wir sie erkennen und einschätzen können und desto besser können wir uns darauf vorbereiten.

Wie wir das zu unserem Vorteil nutzen können

Unsere Arbeitswelt befindet sich in einem tiefgreifenden Wandel. Während das vielen von uns (ich wage nicht zu behaupten, schon von den meisten sprechen zu können) längst bewusst ist, gibt es immer noch eine Menge Leute, die die

Augen davor verschließen, weil sie entweder den Wandel nicht wahrhaben wollen oder tatsächlich noch nichts davon bemerkt haben. Auch in meinem Freundeskreis stelle ich immer wieder fest, dass darüber noch sehr wenig nachgedacht wird. Doch ganz gleich, wie wir den Veränderungen als Einzelpersonen gegenüberstehen, wir werden sie weder aufhalten noch rückgängig machen können. Vieles, was wir heute mit Arbeit verbinden, wird sich in Zukunft mehr und mehr auflösen. Wir werden unsere Arbeit nicht mehr zwangsläufig an einem bestimmten Ort, mit denselben Kollegen, zu einer bestimmten Zeit und für Jahre oder gar Jahrzehnte für ein und denselben Arbeitgeber verrichten. Das bedeutet, dass sich unser soziales Umfeld, welches wir mit dem Arbeitsplatz verbinden, lockern oder gar auflösen wird. Diese Veränderungen können wir gut finden oder weniger gut. Aufhalten können wir sie definitiv nicht. Nicht nur im Hinblick auf die Arbeit sollten wir uns immer vor Augen halten, dass es grundsätzlich zwei Möglichkeiten gibt, der Zukunft entgegenzutreten. Aktiv, wie zuvor beschrieben, indem wir agieren und unsere Handlungen vorausschauend ausrichten und somit das, was auf uns zukommt, mitgestalten. Oder passiv, indem wir abwarten, schauen, was passiert, und lediglich reagieren auf das, was uns als unvermeidlich erscheint.

Was bedeutet Arbeit eigentlich heute für uns? Im Duden finden wir gleich mehrere Möglichkeiten, den Begriff auszulegen. Für die Arbeit als Beschäftigung hält er folgende Definitionen bereit: „Tätigkeit mit einzelnen Verrichtungen, Ausführung eines Auftrags o.Ä." Oder aber auch: „Das Arbeiten, Schaffen, Tätigsein; das Beschäftigtsein mit etwas, mit jemandem." Und schließlich: „Mühe, Anstrengung; Beschwerlichkeit, Plage." Eine weitere Bedeutung des Wortes Arbeit ist ein „als Ergebnis einer Betätigung entstandenes Werk, Erzeugnis, Produkt". *Eine* Definition suchen wir im Duden jedoch vergeblich: Arbeit ist kein Büro, keine Fabrik, kein Laden, kein Krankenhaus, kein Klassenzimmer. Arbeit ist also kein Ort, an den wir gehen, sondern etwas, was wir tun, beziehungsweise ein Werk, das aus einer Tätigkeit entsteht. Warum gehen wir dann „auf Arbeit" oder „in die Arbeit"? Über die Jahre hinweg hat sich eine Auffassung von Arbeit bei uns breitgemacht, die zwar vom eigentlichen Begriff abgeleitet ist, ihm jedoch nicht wirklich entspricht. Wenn wir Arbeit neu denken wollen (oder müssen), sollte uns zunächst eines klar sein: Arbeit ist etwas, was wir tun, und kein Ort, an den wir gehen. Diesen Satz sollten wir uns im Laufe unserer Beschäftigung mit dem Thema immer wieder ins Gedächtnis rufen.

Unterscheiden müssen wir also zunächst zwischen der Arbeit an sich und dem Arbeitsplatz mit dem entsprechenden Arbeitsumfeld. Während sich die Tätigkeit selbst durch den Einsatz neuer Technologien für (fast) alle Menschen in den letzten Jahrzehnten stark verändert hat, ist das Arbeitsumfeld für viele gleich geblieben. Wir alle kennen Menschen (oder gehören selbst zu ihnen), die tagein, tagaus zur selben Uhrzeit ins selbe Gebäude gehen, meist ins selbe Stockwerk und ins selbe Zimmer, in dem die selben Kollegen sitzen. Dort folgen sie dem immer gleichen Tagesablauf, vom Kaffeekochen über das Zeitunglesen, dem mittäglichen Besuch in der Kantine und der Kaffeepause am Nachmittag, bis sie am Ende des Tages wieder ihren Heimweg antreten. Es sind meist Büroangestellte, auf die diese Beschreibung zutrifft, aber selbstverständlich gibt es diese Rituale auch im Handel, in medizinischen Berufen, in Schulen und an Universitäten. Die Zeit, die am Arbeitsplatz verbracht wird, wird als Arbeitszeit verstanden, Pausenzeiten werden in der Regel abgezogen. Somit sind diese Menschen von früh bis abends in der Arbeit, obwohl sie genau genommen nur an ihrem Arbeitsplatz sind. Das wiederum lässt noch nicht zwangsläufig den Schluss zu, dass sie dort tatsächlich arbeiten.

Widerstand ist zwecklos

Wissenschaftler vom Fraunhofer-Institut für Arbeitswirtschaft und Organisation (IAO) nennen drei wesentliche Merkmale für die Veränderungen, die in der Arbeitswelt auf uns zukommen: die Volatilität auf den Angebots- und Nachfragemärkten, den demografischen Wandel und die technologischen Innovationen. Doch was bedeuten diese Punkte konkret für uns und unsere Arbeitswelt? Unsicherheit und größere Schwankungen auf den Weltmärkten führen dazu, dass sowohl Unternehmen als auch ihre Belegschaften flexibler auf die jeweiligen Anforderungen reagieren müssen. Hinzu kommt ein neues Selbstbewusstsein von qualifizierten Beschäftigten, deren Arbeitskraft zu einem immer knapperen Gut wird und sie damit in die Lage versetzt, eigene Ansprüche stärker geltend zu machen. Dabei unterstützen uns die Möglichkeiten der Digitalisierung, weil sie uns immer mehr Optionen bieten, unsere Aufgaben, Arbeitsorte und Arbeitszeiten selbstständig zu organisieren. Lynda Gratton, Wirtschaftsprofessorin an der renommierten London School of Economics und Zukunftsforscherin, sieht neben den bereits genannten noch drei weitere Einflussfaktoren für die Veränderung der Arbeitswelt: Die Globalisierung, den Umweltschutz – wozu sie die Endlichkeit der Rohstoffe zählt – und den sozialen Wandel.

Unternehmen müssen sich permanent verändern, wandeln und neu erfinden, vielleicht sogar die Branche wechseln, um den Anschluss nicht zu verlieren. Tabakkonzerne könnten durch die steigende Popularität der E-Zigarette künftig zu Chemieunternehmen mutieren – oder untergehen. Sie müssen auf ständig neue Anforderungen und Nachfragen reagieren oder – wenn sie schlau sind – rechtzeitig so agieren, dass sie bei sich ändernden Anforderungen und Kundenwünschen noch am Markt bestehen können. Dabei ist es noch eine Kleinigkeit, dass Stromerzeuger von fossilen Brennstoffen auf regenerative Energien umsatteln müssen oder Automobilhersteller von Verbrennungs- auf Elektromotoren. Plattformen wie airbnb und UberTaxi haben beispielsweise dem Hotel- und Taxigewerbe den Kampf angesagt und manche Produkte stehen kurz davor, vollkommen vom Markt zu verschwinden – denken wir nur an Filmrollen oder CDs. *Disruption* lautet das Schlagwort, das in keiner Wirtschaftsdebatte mehr fehlen darf, das meinem Office 2013 aber noch nicht geläufig ist, weil es mir sofort rot unterwellt wird. Disruption ist in der digitalen Welt zu einer Art geflügeltem Wort geworden. Es bedeutet nichts anderes, als Märkte in ihrer gegenwärtigen Form zu zerstören, um sie dann – anders, meist einfacher und vor allem billiger – wieder neu aufzubauen. Disruptiv heißt, die alten Wirtschaftsstrukturen einer Branche überflüssig zu machen. Meist handelt es sich bei disruptiven Innovationen um Prozesse, die in einer kleinen, unscheinbaren Nische einer Branche – oft fast unbemerkt – beginnen. Auf der Grundlage einer neuen Technologie oder eines neuartigen Geschäftsmodells werden Produkte oder Dienstleistungen entwickelt, die zunächst nur einen kleinen Teil der Kunden ansprechen sollen. Gelingt das, gewinnt das Angebot an Fahrt und auch die breite Masse wird darauf aufmerksam, bis es schließlich den gesamten Markt erobert und schlussendlich die etablierten Unternehmen und ihre Produkte verdrängt. Die risikokapitalgetriebene Netzwirtschaft sieht darin momentan die größten Wachstums- und Machtchancen.

Es hängt von der Branche und den Produkten ab, ob sich Unternehmen nur den veränderten Bedingungen und Märkten anpassen oder sich vielleicht völlig neu erfinden müssen. Schon werden Stimmen laut, die davon ausgehen, dass etablierte Unternehmen von neuen geradewegs in den Untergang getrieben werden. Sich zu wehren, scheint dabei zwecklos. Die zuvor erwähnten Beispiele airbnb und UberTaxi, aber auch

Skype und WhatsApp zeigen, dass es neue Geschäftsmodelle gibt, die in der Lage sind, Märkte nicht nur zu attackieren, sondern vollständig zu revolutionieren. Die Versuche von Hotels, Telefongesellschaften und Taxiunternehmen, den neuen Anbietern auf rechtlichem Weg Einhalt zu gebieten, erscheinen dabei wie ein letztes verzweifeltes Aufbäumen. Wirklich stoppen können sie die Trends damit nicht. Denn auch finanziell sind die Technologiegiganten längst in die oberste Liga aufgestiegen. Das wertvollste deutsche Unternehmen, Volkswagen, war 2014 mit 119 Milliarden genauso viel wert wie Facebook. Daimler und BMW liegen mit 101 Milliarden und 80 Milliarden weit unter dem Marktwert dieses sozialen Netzwerks. Hingegen wurde UberTaxi Anfang 2015 mit 40 Milliarden Dollar bewertet – ein Unternehmen, das gerade einmal sechs Jahre alt ist. Airbnb steht derzeit bei rund zehn Milliarden Dollar und ist damit schon jetzt mehr wert als die meisten globalen Hotelketten mit Tausenden eigenen Hotels.

Ein gutes, wenngleich trauriges Beispiel eines Unternehmens, das den Wandel verschlafen hat und damit vom Weltmarktführer zum Sanierungsfall wurde, ist der Fotoausrüstungshersteller Kodak. Rund hundert Jahre nach seiner Gründung zählte Kodak in den 1990er-Jahren zu den fünf wertvollsten Marken der Welt. Doch das Unternehmen, das einst die Digitalkamera erfand, war nicht in der Lage, mit dem technischen Fortschritt mitzuhalten. Kodak beschäftigte in seiner Blütezeit über 100.000 Menschen und ist heute, mit nur mehr 8.000 Beschäftigten, nur noch ein Schatten seines ehemaligen Selbst. Start-ups wie Instagram treten in die Fußstapfen des Traditionsunternehmens – mit gerade einmal 15 Mitarbeitern wurde der Bilderdienst 2012 für eine Milliarde Dollar von Facebook aufgekauft. Kodak war zu diesem Zeitpunkt nur noch 120 Millionen wert.

Doch so bedrohlich sich diese Überlegungen anhören, so müssen wir uns eines immer vor Augen halten: Produkte, ja ganze Unternehmen und Wirtschaftszweige können zwar verschwinden, aber die Bedürfnisse dahinter bleiben bestehen. Wurde die Nachfrage nach Pferdekutschen zu Beginn des 20. Jahrhunderts zwar deutlich geringer, war das Bedürfnis auf Mobilität aber nach wie vor vorhanden, ja weitete sich sogar enorm aus. Neue Märkte mit neuen Nachfragen entstanden, die völlig neue Möglichkeiten mit sich brachten. Wir hören heute nicht weniger Musik oder schauen uns keine Fotos mehr an – im Gegenteil. Wer hatte früher schon mehrere Tausend Songs oder Bilder gleichzeitig zur Hand? Nun braucht es dazu eben keine CDs oder Filmrollen mehr, sondern lediglich ein mobiles Endgerät, auf dem wir zum Klang unserer Lieblingsmelodien durch die Urlaubsfotos scrollen.

Wir wissen, dass der Wandel vor nichts und niemandem haltmacht und es wurde eingangs schon erwähnt, dass selbst Ärzte, Lehrer, Professoren, Rechtsanwälte und Sekretäre teilweise oder ganz durch virtuelle Angebote ersetzt werden können.

Interview mit Gabi Zedlmayer, Vice President und Chief Progress Officer bei Hewlett-Packard

Frau Zedlmayer, Sie beschäftigen sich von Berufs wegen mit der Zukunft der Arbeitswelt. Was kommt da eigentlich auf die Menschen zu?
Es kommt viel auf uns zu. Zunächst einmal ändert sich die Bildung grundsätzlich. Schon heute haben viel mehr junge Menschen Zugang zu sehr guter Information und sie können damit einen Wissensstand erreichen, wie ihn bisher nur Hochschulabsolventen hatten. Firmen wie Google sagen schon heute, wenn jemand das notwendige Wissen hat, aber keinen formalen Abschluss, bekommt er trotzdem einen

Job. Das verändert die Arbeitswelt grundsätzlich. Wenn man dann noch die technologische Komponente dazunimmt und bedenkt, dass circa 70% der jungen Menschen im Gymnasium irgendwann einmal einen Job haben werden, den es heute noch gar nicht gibt, dann gibt es da viele Fragezeichen.

Worauf sollten wir uns noch einstellen?
Firmen sind heute weniger in der Lage, Menschen ein Leben lang anzustellen. Sie sind ja oft nicht mal mehr bereit, ihnen eine Vollzeitbeschäftigung zu geben mit voller Pension, so wie das früher der Fall war. Dabei ist es ja auch nicht so, dass jede Firma nur noch Kurzzeitprojekte vergibt. Aber es gibt durchaus einen Trend zum Crowdsourcing für Informationen, Projekte und das Projektmanagement. Selbst Kinder überlegen sich ja schon, wie sie ihre Projekte heute finanziert bekommen. Also die Crowd darf man nicht unterschätzen. In vielerlei Hinsicht funktioniert das heute schon relativ gut.

Wie sollten wir darauf reagieren?
Von den Menschen wird heute viel mehr erwartet, sich ständig zu informieren und dann in sich selbst zu investieren, um dabei nicht nur sich selber neu zu erfinden, sondern auch den Job. Und ich glaube, das kann man in vielerlei Hinsicht tun. Anstatt immer nur das zu machen, was einem aufgetragen wird, sollte man aufmerksam und interessiert sein. Man sollte schauen, wie kann ich neue Technologien, Plattformen, Software anwenden, um Dinge effizienter und besser zu gestalten? Jeder für sich, ganz individuell. Jeder trägt also selbst stärker die Verantwortung dafür, wie man sich der Zukunft stellen muss.

Bekommen die Menschen denn auch die Freiheit in den Unternehmen, sich selbst weiterzuentwickeln? Viele sind so eingeschränkt in ihren Möglichkeiten, dass sie sich gar nicht entfalten können.

Das wird unterschiedlich sein, von Unternehmen zu Unternehmen. Ich habe zum Beispiel bei HP meinen Job vollkommen selbst erfunden. Das ging bei einer Firma mit 300.000 Mitarbeitern und über 120 Milliarden Umsatz, und ich denke, wenn es da funktioniert, kann es auch bei anderen funktionieren. Ich könnte mir auch vorstellen, dass in den Firmen die Bereitschaft wächst, zu erkennen, wann Mitarbeiter etwas voranbringen wollen und gute Ideen haben. Das Schlimmste für einen Mitarbeiter wäre, gar nichts zu machen. Man kann zumindest versuchen, die Dinge anzugehen.

Müssen die Menschen Angst haben?
Das ist ja die große Unbekannte, man weiß nicht, was kommt. Ich denke, es gibt berechtigte Ängste. Aber wenn man berücksichtigt, was einem wichtig ist, und nicht dasitzt und sich vollkommen überrumpeln lässt, dann wird man schon damit zurechtkommen, weil es sehr viele Möglichkeiten für diejenigen gibt, die sich der Sache nicht verschließen. Ein Grund für die berechtigten Ängste ist die schnelle Veränderung. Man hat gar keine Zeit, sich auf etwas einzustellen. Und das betrifft schließlich alle Teilbereiche im Leben – alles ist digital. Jede Firma ist digital, jeder Job wird mehr oder weniger digital. Da kann sich keiner mehr entziehen. Es verschmilzt alles.

Was können wir tun, um den Menschen Ängste zu nehmen?
Wir müssen aktiv sein und die Welt um uns herum versuchen zu verstehen. Wir [bei HP] machen dieses Jahr einen Codeathon [Anm.: Ein Codeathon ist eine Wortschöpfung aus „Code", engl. für Programmieren, und „Marathon" und es handelt sich dabei um eine kollaborative Veranstaltung für Programmierer.] für die Mitarbeiter, damit sie auch

mal sehen, wofür man Coding braucht und warum. Oder eine IOT-Ausstellung [Anm.: IOT steht für Internet of Things], an der die Leute die Dinge richtig testen können. Ich habe selber einige ausprobiert, z.b. eine Sense Mother. Das ist ein Gerät mit verschiedenen Cookies, das kann an der Zahnbürste angebracht werden, um dann zu sehen, hab ich lange genug Zähne geputzt? Ich sage nicht, dass ich das brauche, um mein Leben zu gestalten, aber ich möchte wenigstens wissen, wie sowas funktioniert. Auch so was wie eine Happy Fork, die mir anzeigt, ob ich ein vernünftiges Essverhalten an den Tag lege oder nicht. Früher hat man gesagt ‚Kind, iss etwas langsamer‘, heute hat man diese Gabel, die einem das mitteilen kann. Und wenn die Leute das gesehen haben, dann verringern sich Ängste, weil man ja vor allem davor Angst hat, was man nicht kennt. Ich denke solche Überlegungen sollte man sich in jedem Unternehmen machen.

Es passiert so viel, und dennoch fühlen sich viele noch gar nicht betroffen. Wenn man es also nicht von seinem Arbeitgeber angeboten bekommt, was kann man selber tun? Ich lese gerne Bücher dazu, weil es mich interessiert. ‚The Circle‘ von Dave Eggers sollte man einfach gelesen haben, gerade auch, um zu sehen, was sind denn da die Visionen? Geht es wirklich in diese Richtung, ist es vielleicht schon so? Da fragt man sich, wie ist es eigentlich bei mir, wie ist es bei meinen Freunden? Das regt schon zum Denken an. Ich lese auch viel im Netz, die Twitter Hashtags führen oft zu den besten Artikeln, auch was auf Facebook geschrieben wird, da brauche ich gar nicht erst lange suchen. Oder ich schaue ein paar TED-Talks an. In fünfzehn Minuten kann man sich schon gut informieren.

Was kann man als Unternehmer oder Führungskraft tun, um seine Leute dafür zu begeistern?

Ich glaube, das ist gar nicht so schwer. Erst einmal muss man natürlich selber begeistert sein, nur so kann man die Menschen mitnehmen. Es gibt bestimmt immer ein paar Leute, die man begeistern kann und die dann wieder andere mitziehen können. Und man muss ihnen zeigen, dass es auch für sie selbst relevant ist. Natürlich ohne ihnen Angst zu machen, sondern indem man Ängste nimmt.

Wenn Sie einmal rückblickend betrachten, was bei HP in den letzten 10 Jahren passiert ist – was waren denn da die größten Veränderungen?
Die Tatsache, dass man heute oft nicht mehr merkt, in welchem Land oder in welcher Stadt jemand sitzt und arbeitet. Dadurch ist einerseits natürlich die Mobilität und Flexibilität gestiegen, auf der anderen Seite aber auch der Druck auf eine ständige Erreichbarkeit. Früher, vor zehn, fünfzehn Jahren, da war abends Schluss. Heute ist niemals Schluss, deshalb muss man disziplinierter sein. Die Tatsache, dass heute Teams zusammenarbeiten, die sich vielleicht noch nie im Leben persönlich getroffen haben, ist zum Beispiel ein großer Umbruch. Vielleicht erkennt man irgendwann auch, dass da über die Jahre ein bisschen was verloren geht. Weil die Leute eben nicht mehr zusammensitzen und sich gegenseitig begeistern können, sondern weil sie irgendwo für sich alleine arbeiten. Auf der anderen Seite sieht man, wie diese Veränderungen einen auch befreit haben und auch viel flexiblere Modelle ermöglichen. Das hat alles seine zwei Seiten, es ist nicht so einfach.

Was machen Sie, um den Teamgedanken zu erhalten?
Man muss die Technologien, die es gibt, wirklich gut nutzen. Wir verwenden oft Videoverbindungen, um miteinander zu sprechen. Oft mit zehn Leuten – bei dem einen ist es Tag, bei dem anderen frühmorgens oder abends – das hilft schon ziemlich. Wenn ich reise, achte ich besonders darauf,

immer Leute persönlich zu treffen. Damit der Kontakt eben nicht immer nur per E-Mail stattfindet, sondern man auch miteinander spricht. Das finde ich unheimlich wichtig und das darf nicht verloren gehen. Die menschliche Komponente inmitten dieser ganzen Technologie ist wahnsinnig wichtig – sie wird immer wichtiger. Wir müssen verstehen, mit der Technologie umzugehen und sie optimal zu nutzen, dann kann das klappen.

Wie müssen sich Unternehmen aufstellen, damit sie den Anschluss nicht verlieren?
Für Unternehmen ist es besonders wichtig, zu erkennen, dass durch die technologischen Entwicklungen die Barriers for Entry ganz niedrig geworden sind. Ob jedes Hotel airbnb auf dem Radar hatte oder nicht, weiß ich nicht. Das sind immerhin 25 Millionen Menschen, die da jedes Jahr übernachten und ich denke mal, viele von denen wären früher in ein Hotel gegangen. Klar wird jetzt Uber von allen bekämpft, aber in Amerika kenne ich keinen Menschen, der nicht mit Uber fährt. Und das sind Geschäftsmodelle, die für jeden relevant sind. Viele kommen und gehen, aber manche sind auch sehr erfolgreich. Ich denke, es ist eine Chance für größere, etablierte Firmen, sich selbst noch mal neu zu erfinden. Sie müssen Angebote machen, die sie heute noch nicht machen.

Glauben Sie, dass es so drastisch wird, dass auch große Firmen komplett verschwinden, weil sie den Anschluss verpassen?
Ja, ich glaube, dass ganz große Firmen verschwinden können, wenn sie den Anschluss verpassen. Das haben wir oft genug gesehen. Ich denke allerdings, dass gerade viele von den Automobilfirmen das verstanden haben. Ob sie schon genug tun und ob sie schnell genug sind – wenn wir es mit Google oder Apple vergleichen –, weiß ich nicht. Aber ich

würde es sehr ernst nehmen, auf alle Fälle. Die Ressourcen, die diese Firmen mitbringen, sind ja unglaublich. So viel Geld hat ja kaum einer. Es gibt nur wenige Firmen, die so viele Mittel haben, um die besten Leute anzuwerben, so wie wir es gerade erleben. Also ich wäre da schon sehr vorsichtig, aber wir werden sehen. Es geht alles nicht über Nacht – es ist schon voraussehbar.

Also sie persönlich haben keine Angst?
Nein. Aber ich denke schon, dass man immer aufpassen muss. Und den Markt genau beobachten.

Vielen Dank, Frau Zedlmayer!

3. DIE ARBEIT ALS SINNSTIFTER

„Wenn das ganze Jahr über Urlaub wäre,
wäre das Vergnügen so langweilig wie die Arbeit."
WILLIAM SHAKESPEARE

Warum arbeiten Sie eigentlich?

Wann haben Sie sich zuletzt gefragt, warum Sie eigentlich arbeiten? Und was Sie antreibt? Für die meisten von uns ist da zunächst einmal das Gehalt, mit dem wir unser Leben bestreiten. Die Anerkennung, die wir für die geleistete Arbeit bekommen. Das Gefühl, etwas zu vollbringen, einen Beitrag zu leisten, zum Wohlstand unserer Gesellschaft. Aber sind Sie auch der Meinung, dass erst die Arbeit Ihrem Leben einen Sinn gibt?

Ich erinnere mich gut daran, wie ich mit einem Freund auf unser zehnjähriges Abiturtreffen gefahren bin. Er hatte gerade seinen Job gekündigt und war dabei, sich selbstständig zu machen. Ich hatte meine Festanstellung ebenfalls aufgegeben, um meine Doktorarbeit zu schreiben, und war nun in einer Phase der Neuorientierung. „Was sagen wir, wenn

37

sie uns fragen, wo wir arbeiten?", überlegten wir uns auf der Fahrt. Wir hatten zwar schon viel gemacht und waren darin sehr erfolgreich gewesen. Außerdem waren unsere Entscheidungen, feste Angestelltenverhältnisse aufzugeben, freiwillig gewesen. Wir hatten Ideen, wollten uns beruflich neu aufstellen, unser Ding machen. Trotzdem fühlten wir uns in diesem Moment, als hätten wir nichts zu bieten. Wir hatten keinen Titel, noch keine Visitenkarten, nichts, was wir in einem Satz oder kurzen Gespräch vorweisen konnten.

Dieses Beispiel zeigt, wie sehr wir die Arbeit, auf die wir so oft schimpfen und die uns häufig als lästige Pflicht erscheint, brauchen. Die Arbeit ist ein wichtiger Teil unseres Daseins, sie gibt unserem Leben Sinn und uns eine Identität. Wenn wir gefragt werden, was wir beruflich machen, sind wir stolz, wenn wir etwas vorweisen können, wovon wir nicht nur unseren Unterhalt bestreiten, sondern was uns auch gesellschaftliche Anerkennung bringt und bei unserem Gegenüber einen guten Eindruck hinterlässt. So habe ich vor Kurzem auf einer Veranstaltung die Ehefrau eines sehr berühmten Mannes getroffen. Sie erwähnte ihn allerdings mit keinem Wort, gab mir lediglich ihre Visitenkarte und erzählte mir von der Internetplattform, die sie gerade ins Leben gerufen hatte. Bis zu diesem Zeitpunkt hatte ich sie tatsächlich unter „Frau von ..." eingeordnet und sogar vermutet, dass sie nur durch ihn auf diese Veranstaltung gekommen war. Doch eine kurze Recherche hat ergeben, dass sie eine wirklich tolle Plattform entwickelt hat, die ihr selbst hohe Wertschätzung einbringen muss. Unsere Auffassung von Arbeit als Sinnstifter geht auf die Entstehung der Erwerbsarbeit im 19. Jahrhundert zurück, als es als befreiend und gerecht angesehen wurde, dass Vermögens-, Status-, und Machtunterschiede fortan in der Arbeit und nicht mehr in der sozialen Herkunft begründet lagen. Wer seine Fähigkeiten und Leistungen auf dem Arbeitsmarkt anbot, erfuhr dadurch die Anerkennung der anderen und konnte

38

sich – bei entsprechenden Fertigkeiten – ein besseres Leben erarbeiten.

Natürlich ist Arbeit viel mehr als bloß Status und Anerkennung. Wir brauchen sie auch als Gegenstück zur Freizeit, um unser Leben als erfüllt zu betrachten und es genießen zu können. So vertrat schon Immanuel Kant den Standpunkt: „Der Mensch fühlt sein Leben durch Handlung und nicht durch Genuß. Je mehr wir beschäftigt sind, je mehr wir fühlen, daß wir leben, desto mehr sind wir uns unsres Lebens bewußt. In der Muse fühlen wir nicht allein, daß uns das Leben so vorbei streicht, sondern wir fühlen auch so gar eine Leblosigkeit in der Thätigkeit; sie gehört also nicht zum Unterhalt unseres Lebens. Der Genuß des Lebens füllt die Zeit nicht aus, sondern lässt sie leer." In jüngerer Zeit hat das auch Mihály Csíkszentmihályi bestätigt, der über Glücksmomente bei der Arbeit forscht: „Der menschliche Geist ist darauf programmiert, sich drohenden Gefahren, unerledigten Angelegenheiten, Misserfolgen und unerfüllten Wünschen zuzuwenden, wenn er nichts Dringenderes zu tun hat, wenn die Aufmerksamkeit frei schweifen kann. Ohne eine Aufgabe, die unsere Aufmerksamkeit auf sich versammelt, befinden wir uns zusehends auf dem Weg in die Depression." Schließlich trägt die Arbeit auch dazu bei, unserem Leben eine Struktur zu geben, einen Grund, morgens aufzustehen und einem mehr oder weniger geregelten Tagesverlauf nachzugehen. Fehlt dieses Gerüst, führt dies nicht etwa zum großen Glücksgefühl der grenzenlosen Freiheit, sondern in der Regel zu Verzweiflung und Lethargie, wie schon die Studie über die Arbeitslosen von Marienthal im Jahr 1933 gezeigt hat. Die Studie zeigt die sozio-psychologischen Wirkungen von Arbeitslosigkeit auf und macht deutlich, dass Langzeitarbeitslosigkeit nicht – wie vielfach angenommen – zu Revolte, sondern zu passiver Resignation führt.

Null Bock auf Arbeit

So könnten wir den Istzustand doch eigentlich durchaus akzeptieren. Die Aufteilung zwischen Arbeitszeit und Freizeit, die für die meisten Angestellten die Regel ist, scheint den menschlichen Bedürfnissen entgegenzukommen. Doch statt sich damit zufriedenzugeben, jammern, schimpfen und beschweren sich die Leute in einem fort über ihre Arbeit. Nun ja, der Begriff „Leute" ist hier vielleicht zu weit gegriffen. Viele Menschen tun es, aber natürlich nicht alle. Vielleicht gehören Sie ja nicht dazu. Aber ich frage mich, warum viele Menschen dennoch dem Irrglauben erliegen, dass es schöner wäre, nicht zu arbeiten. Schon immer war es mir ein Rätsel, warum jemand Strichlisten führt, um die Tage bis zum Renteneintritt abzustreichen, fast wie ein Gefängnisinsasse. Oder warum Schwangere, kaum dass sie das erste Ultraschallbild in der Hand halten, nichts Besseres zu tun haben, als den Beginn des Mutterschutzes zu errechnen, Resturlaubstage inklusive. Eine Unterhaltung beim Brunchen ist mir hier besonders in Erinnerung geblieben. Eine Bekannte war gerade ein Jahr nach der Geburt ihres Kindes wieder Teilzeit in ihren Job als Polizistin zurückgekehrt. „Und", habe ich sie gefragt, „wie ist es so, wieder zu arbeiten?" „Ganz o.k.", meinte sie. „Aber daheim war es natürlich schöner." Und bevor ich sie fragen konnte, warum, stimmte ihr eine andere am Tisch zu: „Ist doch klar, wenn wir könnten, würden wir alle lieber daheim bleiben als zu arbeiten." Ist doch klar? Das würde ich so nicht unterschreiben. Natürlich finden wir es alle schön, mal freizuhaben, und könnten immer noch ein paar freie Tage dranhängen, wenn wir gerade aus dem Urlaub heimkommen und gleich wieder loslegen müssen. Klar fällt es auch mir schwer, nach den Weihnachtsfeiertagen mein gemütliches Sofa wieder zu verlassen und mich auf die Autobahn, in den Zug oder ins Flugzeug zu begeben. Aber spätestens beim ersten interessanten Gespräch oder bei der ersten spannenden Aufgabe wissen wir doch wieder, warum wir das tun, was wir uns irgendwann einmal als Beruf ausgesucht haben. Sind das also nur leere Worte? Stimmen viele in das kollektive Klagelied mit ein, ohne es tatsächlich so zu meinen?

Leider nein, wie eine Gallup-Umfrage 2013 ergeben hat. Demnach arbeiten nur 16 % der Beschäftigten in Deutschland wirklich gern und engagiert – mit einer hohen emotionalen Bindung zu ihrem Arbeitsplatz. Sie sind ihrem Unternehmen gegenüber loyal, arbeiten sehr produktiv und empfinden ihre Arbeit als befriedigend. 67 % der Angestellten hingegen verspüren keine echte Verpflichtung ihrer Arbeit gegenüber, stufen sich als unmotiviert ein, machen bestenfalls „Dienst nach Vorschrift". Die restlichen 17 % zeigen sogar bewusst unerwünschtes Verhalten, das zu Lasten der Leistungs- und Wettbewerbsfähigkeit ihres Arbeitgebers geht. So weisen unengagierte Mitarbeiter eine 70 % höhere Fehlzeitquote auf als ihre arbeitswilligen Kollegen. Worauf ist dieses Verhalten zurückzuführen? Auch hierauf gibt die Gallup-Studie eine Antwort: auf Unzufriedenheit, mangelndes Vertrauen, Distanz und Enttäuschung über die Unternehmenspolitik, also auf ein schlechtes Betriebsklima. Diese Zahlen können sicher die meisten von uns auch ohne wissenschaftliche Fundierung bestätigen. Wer kennt ihn nicht, den Kollegen, der jedes Mal, wenn der Chef ihn etwas unsanft anraunzt, ein oder zwei Tage krank ist?

Nun liegt die Schlussfolgerung nahe, dass die Unternehmen in Deutschland einfach schlecht geführt sind und ihren Mitarbeitern zu viel abverlangen. Dass die Führungskultur eine entscheidende Rolle spielt, wird später noch ausführlicher behandelt. Doch bleiben wir hier zunächst einmal auf der Mitarbeiterebene. Unzufriedenheit gehört zum Alltag und einige haben sich auch ganz gut mit ihr arrangiert. Wir wissen ja genau, worüber wir uns ärgern sollen und wem wir

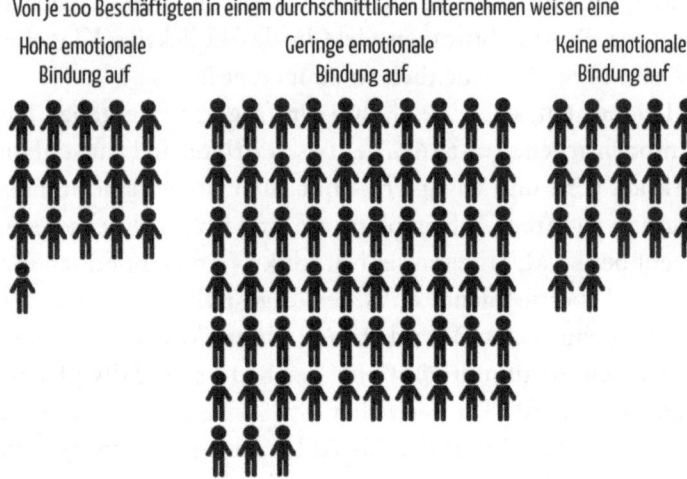

Die Lage in deutschen Büros und Fabrikhallen

Von je 100 Beschäftigten in einem durchschnittlichen Unternehmen weisen eine

Hohe emotionale
Bindung auf

Geringe emotionale
Bindung auf

Keine emotionale
Bindung auf

5,411 Millionen

22,659 Millionen

5,749 Millionen

Grundlage: 33,819 Millionen Erwerbstätige ab 18 Jahren (ohne Selbstständige und mithelfende Familienangehörige) im Jahr 2012. Quelle: Gallup Engagement Index Deutschland 2013

die Schuld daran geben, nämlich grundsätzlich den anderen. Den faulen Kollegen, den übereifrigen Kollegen und im Zweifel sowieso immer dem Chef. In diesem Zustand können wir uns ganz gut einrichten, wir müssen dafür selbst keinerlei Verantwortung übernehmen. Irgendwie anders hätten es viele schon gerne. Aber selbst etwas daran ändern, dass wollen sie dann doch lieber nicht. Denn das könnte schließlich damit verbunden sein, sich auch einmal an der eigenen Nase fassen und Fehler eingestehen zu müssen, und das ist nicht jedermanns Sache. Auch dass wir uns Ärger – oder, schlimmer noch, Mehrarbeit – einhandeln, wenn wir zu aktiv gegen Missstände vorgehen, steht dem Veränderungswillen häufig im Weg.

Geld alleine macht nicht glücklich ...

Es überrascht wenig, dass die meisten Menschen auf die Frage „Aus welchem Antrieb heraus arbeiten Sie?" antworten: „Zum Geldverdienen!". Immerhin 72% nennen das als Hauptgrund für ihre Erwerbstätigkeit. 11% tun es überwiegend zur Selbstverwirklichung, 7%, um mit anderen Menschen zusammenzutreffen. 5% brauchen die Arbeit in erster Linie zur Selbstbestätigung und ebenfalls 5% um geistig und körperlich fit zu bleiben.

Der Tausch von Arbeitskraft gegen Geld ist die Grundlage unseres Arbeitsmarktsystems und es steht außer Frage, dass die meisten Menschen ihr Leben aus ihrem Einkommen bestreiten müssen. Was jedoch immer häufiger angezweifelt wird, ist, ob mehr Geld künftig auch automatisch Ansporn zu mehr Arbeit sein wird oder ob eine gewisse Sättigung eintritt. Deshalb müssen wir uns an dieser Stelle die Frage stellen, ob unser derzeitiges System, das auf eben diesem Tauschgeschäft Arbeitskraft und Zeit gegen Geld – und folglich auch mehr Arbeitskraft und Zeit gegen mehr Geld – basiert, noch das richtige ist. Vielleicht sogar, ob es das jemals war. Untersuchungen deuten darauf hin, dass nur ein geringer Zusammenhang zwischen Gehalt und Zufriedenheit besteht. Die Korrelation zeigt vielmehr, dass es nur eine Überlappung von weniger als zwei % zwischen der Zufriedenheit mit dem Job und dem Gehalt gibt. Das gilt für Gruppen aus unterschiedlichsten sozialen Schichten. Bei Arbeitnehmern, die zur oberen Hälfte der Einkommensbezieher gehörten, stellten die Forscher ein ähnliches Niveau von Jobzufriedenheit fest wie bei den Arbeitnehmern aus der unteren Hälfte. Die junge Generation beruft sich nicht einmal auf solche Umfragen, wenn sie frei aus dem Bauch heraus sagt: „Glück schlägt Geld." So schreibt Kerstin Bund in ihrem gleichnamigen Plädoyer für die „Generation Y – was wir wirklich wollen": „Was [...] erwarten junge Beschäftigte von der Arbeitswelt? Jedenfalls keinen Dienstwagen mit Vollausstattung, keinen Privatparkplatz in der Firmengarage und auch kein aufgeglastes Eckbüro mit Ausblick. Mit den alten Insignien der Macht können wir wenig anfangen. Harte Anreize wie Gehalt, Boni und Aktienpakete treiben uns weniger an als die Aussicht auf eine Arbeit, die Freude macht und einen Sinn stiftet. Sinn zählt für uns mehr als Status. Glück schlägt Geld. Das heißt nicht, dass Geld uns nicht wichtig wäre. Doch eine angemessene Entlohnung ist das, was Arbeitswissenschaftler einen Hygienefaktor nennen: Es verhindert die Entstehung von Unzufriedenheit, stiftet aber bei positiver Ausprägung allein auch keine Zufriedenheit. Das Gehalt macht nicht unglücklich, es macht aber auch nicht glücklich." Kurzum: Die Generation Y will Schluss machen mit dem bloßen Streben nach Macht und Geld und stattdessen eine gewisse Erfüllung im Arbeitsleben finden.

Arbeitnehmer – und zwar über die Angehörigen der Generation Y hinaus – wollen heute nicht nur gut bezahlt, sondern auch fair behandelt werden. Dabei fällt auf, dass Frauen häufig andere Anforderungen an Unternehmen, Arbeitgeber und Vorgesetzte stellen als Männer. Sally Helgesen fand bei einer Untersuchung heraus, dass das Vergütungssystem, das über Jahrzehnte von Männern geschaffen und anerkannt wurde, von Frauen nicht automatisch gleichermaßen wertgeschätzt wird. So sind für Männer finanzielle Anreize wichtiger als für Frauen. Hohe Gehälter und Bonuszahlungen betrachten sie als Motivation und Anerkennung und gleichzeitig als Maßstab, was die von ihnen geleistete Arbeit wert ist. Gleichzeitig stellt dieses

System ein gutes Gerüst dar, die eigene Arbeit mit der von Kollegen zu vergleichen. Daraus erwächst dann wiederum die Motivation, besser zu sein als andere und Konkurrenten auszustechen, was zu einer gewissen Genugtuung und zur persönlichen Befriedigung führt. Weit über die damit einhergehenden finanziellen Annehmlichkeiten hinaus dient das Gehalt damit als symbolischer Maßstab des individuellen Erfolgs. Frauen sind hingegen der Meinung, dass der Preis, den sie in Form von Zeit, Stress und Lebensstil bezahlen, nicht allein durch Gratifikationen und Bonuszahlungen zu begleichen ist. Der Umgang miteinander im Unternehmen, soziale Interaktionen und die Qualität der Beziehungen, die sie im Job knüpften, bedeuteten ihnen mehr als finanzielle Anreize. Zudem gaben die Befragungsteilnehmerinnen an, lieber mit Kollegen zu kooperieren, anstatt zu konkurrieren. Im Vordergrund stand für sie, ihren eigenen Ansprüchen gerecht zu werden, und nicht, sich vorrangig an den Leistungen anderer zu messen. Der markanteste Unterschied zwischen Männern und Frauen bestand jedoch darin, dass Frauen den Wert ihrer Arbeit an der Qualität ihrer täglichen Erfahrungen messen – also ob sie ihre derzeitige Tätigkeit befriedigt –, Männer hingegen vor allem daran, was er für ihr berufliches Weiterkommen bedeutet. Für das Erreichen einer höheren Position sind sie eher bereit, im Hier und Jetzt ein Stück Lebensqualität zu opfern. Genauso geht es ihnen dann allerdings auf der nächsten Stufe. Und der nächsten. Im nicht enden wollenden Hamsterrad. Frauen hingegen finden das abstrakte Ziel künftiger Erfolge nicht reizvoll genug, um auf Zufriedenheit in der Gegenwart zu verzichten. So zitiert Helgesen eine ihrer Studienteilnehmerinnen – die Finanzvorständin eines großen Konsumgüterherstellers – mit den Worten: „Für die meisten [...] Männer ist es das Wichtigste und Größte, an die Spitze des Unternehmens zu gelangen. Ich hatte immer das Gefühl, auch so empfinden zu müssen, aber jetzt ist mir klar geworden, dass das Leben zu

kurz ist. Ich will meine Arbeit genießen, nicht für zukünftigen Status leben. Das ist der Mühe einfach nicht wert."

Blicken wir auch hier wieder auf die junge Generation,
so stellen wir fest: Die Dinge, die Frauen motivieren, decken
sich überwiegend mit denjenigen, die jüngere Arbeitnehmer
immer häufiger in den Vordergrund stellen. Die heutigen Studierenden und Absolventen suchen in der Arbeit
Sinnhaftigkeit, Anerkennung und persönlichen Mehrwert. Als
Top-Prioritäten ermittelte die Staufenbiel-Studentenumfrage
2013 Work-Life-Balance, Familie sowie finanzielle und berufliche Sicherheit. Das private Leben steht also bei der
Mehrheit der künftigen Berufstätigen vor dem beruflichen
Erfolg. Kein Wunder, dass Berufseinsteiger damit nicht
immer auf Gegenliebe bei den älteren Kollegen stoßen. Auch
mir berichten Personaler, dass es befremdlich wirkt, wenn
21-jährige Praktikumsanwärter sie im Vorstellungsgespräch
nach der Möglichkeit für ein Sabbatical fragen. Mit Stolz
erzählt mir hingegen eine Mutter, dass ihr hoch motivierter
und leistungsbereiter Sohn nach drei Wochen bei McKinsey
wieder gekündigt hat, da er auf Dauer nicht mit sechs
Stunden Schlaf auskommen wollte. Zwei Wochen später
hatte er ein Unternehmen gefunden, das ihm eine spannende
Aufgabe, aber auch menschliche Arbeitszeiten bot. Je mehr
Mitglieder dieser Generation in die Arbeitswelt gelangen,
erst in Eintritts-, dann in Führungspositionen, desto mehr
werden sie diese mitgestalten und verändern. In ihrem Sinn
und zu ihren Gunsten. Die Tatsache, dass die Angehörigen
dieser Kohorte im Jahr 2020 in etwa die Hälfte aller deutschen Arbeitnehmer ausmachen werden, dürfte ihnen dabei
entgegenkommen. Allein durch ihre schiere Masse erhalten
sie die Möglichkeit, Veränderungen voranzutreiben. So wie
es Kerstin Bund beschreibt: „Der Wandel in der Arbeitswelt
hat bereits begonnen. Es ist keine laute Revolution, meine
Generation zieht nicht fahnenschwenkend durch die Straßen
oder rüttelt an Konzerntoren. Wir verändern Wirtschaft und

Gesellschaft lautlos und schleichend, aber danach wird die Berufswelt eine andere sein." Nichts bleibt bestehen, nichts bleibt wie es ist.

... gute Arbeit schon!

Haben Sie sich schon einmal gefragt, was eigentlich *gute Arbeit* ist? Ist das, wenn jemand viel Geld verdient? Einen krisensicheren Job hat? Viel Spaß an der Arbeit? Oder regelmäßige Arbeitszeiten, ohne übermäßig viele Überstunden? Wenn der Chef verständnisvoll ist? Oder alles auf einmal? Googelt man den Begriff, scheinen ihn in der Vergangenheit vor allem Gewerkschaften für sich besetzt zu haben. Der Deutsche Gewerkschaftsbund hat gar einen Index für gute Arbeit erstellt, in dem es in erster Linie um Rahmenbedingungen wie Arbeitszeit, Arbeitsintensität und Arbeitsanforderungen geht. Werden deutsche Arbeitnehmer im Querschnitt befragt, was sie unter guter Arbeit verstehen, so wie es die „Initiative Neue Qualität der Arbeit" – kurz INQA – vor einigen Jahren getan hat, dann kommt heraus, dass gute Arbeit für 92% der Befragten gleichbedeutend ist mit einem festen, verlässlichen Einkommen, von dem sie ihren Lebensunterhalt bestreiten können. Auf Platz zwei der INQA-Umfrage folgt mit 88% die Sicherheit des Arbeitsplatzes und auf Platz drei mit 85% der Spaß an der Arbeit.

Aus einer anderen Richtung nähert sich eine Debatte dem Thema an, die derzeit in den Medien und auf Veranstaltungen geführt wird. Eher philosophisch wird hier der Frage nachgegangen, inwieweit gute Arbeit zu einem guten Leben führt, als etwas, für das es sich zu leben lohnt. Vielen kommt hier sicherlich die Frage in den Sinn, ob wir arbeiten, um zu leben, oder ob wir leben, um zu arbeiten. Doch ganz gleich, welche Antwort der Einzelne für sich persönlich darauf findet, kaum einer wird Aristoteles widersprechen, der die Ansicht vertrat, dass Menschen immer dann am glücklichsten sind, wenn sie ihre Fähigkeiten frei entfalten können. Können wir mit einer Beschäftigung, die uns das erlaubt, auch noch unseren Lebensunterhalt bestreiten, können wir wohl in breiter Übereinstimmung von guter Arbeit sprechen.

Wir können also ziemlich sicher davon ausgehen, dass es zu einer besseren Arbeitswelt führen würde, wenn mehr Menschen die Tätigkeit, die sie ausüben, als gute Arbeit empfinden würden. Wer seine Arbeit gerne macht und darin Sinn und Erfüllung sieht, der identifiziert sich auch wesentlich stärker mit dem Unternehmen, für das er tätig ist. Freude an der Arbeit und die Identifikation damit, so lautet eine gängige These, führen gerade bei jüngeren Arbeitnehmern zu deutlich mehr Arbeitseifer, als es finanzielle Anreize tun. Wer seine Arbeit liebt, braucht keine Boni als Ansporn, um einen besseren Job zu machen – er gibt aus freien Stücken sein Bestes. Also sollten Unternehmen schon aus ihrem ureigenen Interesse alles dafür tun, gute Arbeit zu ermöglichen und die Bedingungen dafür bereitzustellen.

Stellt sich schlussendlich die Frage, ob wir prinzipiell einen Anspruch auf gute Arbeit haben oder ob wir sie uns selbst suchen beziehungsweise schaffen müssen? Die Antwort darauf ist einfach und lässt gleichzeitig viel Raum für Eigeninitiative. Denn einfach so einführen können Unternehmen gute Arbeit natürlich nicht. Sie können lediglich die entsprechenden Rahmenbedingungen bieten, richtige Anreize setzen und Hindernisse aus dem Weg räumen. Dann obliegt es dem einzelnen Mitarbeiter, die sich ihm bietenden Chancen auch aktiv auszuschöpfen und mit Leben zu erfüllen. Eröffnen sich uns diese Möglichkeiten jedoch nicht, sollten wir uns besser nach einem neuen Arbeitsplatz umsehen. Die Freiheit, dies zu tun und sich selbst auf die Suche nach einer Tätigkeit zu machen, die den eigenen Fähigkeiten entspricht, bietet uns die wunderbare Möglichkeit, uns selbst zu guter Arbeit zu verhelfen. Auf diesem Weg können wir – vor allem in Zeiten von knapper werdenden Talentressourcen – selbst einen gewissen Druck auf die Unternehmen ausüben, für mehr Möglichkeiten zu guter Arbeit zu sorgen.

Arbeit für die Daseinsfürsorge

Mit der Arbeit verdienen wir in Deutschland jedoch nicht nur unseren Lebensunterhalt. Wir sichern damit auch unser gesamtes Dasein ab und sorgen entsprechend vor: Arbeitslosenversicherung für den Fall, dass wir unsere Arbeit verlieren, Krankenversicherung für den Krankheitsfall inklusive entsprechender Lohnfortzahlung, Unfallversicherung für den Fall, dass wir uns verletzen, meist noch eine Berufsunfähigkeitsversicherung und natürlich die Rentenversicherung für die Zeit nach dem Erwerbsleben. Neben der finanziellen Absicherung ergeben sich auch rechtliche Ansprüche wie Arbeitsschutz, Kündigungsschutz, Mutterschutz u.v.m. Wer ein festes Arbeitsverhältnis hat, kann sich also in einer gewissen sozialen Sicherheit wiegen, die mit der Dauer der Betriebszugehörigkeit stetig zunimmt. Obwohl dieses, einst von Bismarck in der Hochphase der Industrialisierung vorangetriebene System schon häufig verteufelt oder gar totgesagt wurde, hält es sich bis heute und prägt unsere Arbeitsmarktlandschaft erheblich. Dabei scheint es den Beschäftigten in Deutschland so lieb zu sein, dass sie die teuren Aspekte – in Form von horrenden Lohnnebenkosten – billigend in Kauf nehmen.

Der Faktor Sicherheit rangiert ohnehin ganz oben, wenn es um die Kriterien für einen Arbeitsplatz geht. Arbeitszufriedenheit ist untrennbar mit Arbeitsplatzsicherheit verbunden und bei der Auswahl des Arbeitgebers ist diese sogar das absolut wichtigste Kriterium, noch vor dem Gehalt. Im internationalen Vergleich liegt Deutschland dabei über dem Durchschnitt. Selbst Studenten, die vor dem Eintritt ins Arbeitsleben stehen, messen dem Faktor Sicherheit eine sehr große Bedeutung bei. Vier von fünf Hochschulabsolventen geben an, dass ihnen Arbeitsplatzsicherheit äußerst bzw. sehr wichtig ist.

Top-Treiber für Mitarbeitergewinnung	Deutschland	Europa	weltweit
Sicherheit des Arbeitsplatzes	1	2	2
Grundgehalt	2	1	1
Hohes Maß an Eigenständigkeit am Arbeitsplatz	3	9	11
Herausfordernde Arbeit	4	7	6
Bequem zu erreichender Arbeitsort	5	4	4
Chancen, meine Karriere voranzutreiben	6	3	3
Ruf des Unternehmens als ausgezeichneter Arbeitgeber	7	6	7
Flexible Arbeitseinteilung	8	10	10
Chancen, neue Fertigkeiten zu erlernen	9	5	5
Finanzielles Leistungsvermögen des Unternehmens	10	–	–
Urlaub/Bezahlte Freistellung	–	8	8
Arbeitgeberleistungen zu Gesundheitsvorsorge und Wellness	–	–	9

Quelle: Tower & Watson Global Workforce Study 2012 Germany

Wenn Sicherheit am Arbeitsplatz tatsächlich wichtiger ist als Eigenständigkeit, wichtiger als eine herausfordernde Arbeit, Karrierechancen, Flexibilität und Fortbildungsmöglichkeiten, mag es kaum verwundern, dass die Freude an der Arbeit häufig auf der Strecke bleibt. Denn das Sicherheitsbedürfnis kann leicht dazu führen, einem Unternehmen die Treue zu halten, das einem darüber hinaus nur wenig zu bieten hat. Schnell stehen dann die im Laufe der Jahre erworbenen Betriebsrentenansprüche an oberster Stelle, während die wirklich wichtigen Aspekte des Arbeitslebens in den Hintergrund treten. Als ich mein unbefristetes Arbeitsverhältnis kündigte, um mich selbstständig zu machen, hielt mich die Mehrheit meiner Kollegen, von denen viele ihr 25. oder 30. Dienstjubiläum bereits hinter sich hatten, für völlig verrückt. Wie konnte ich nur, noch dazu als Frau Anfang 30? Schließlich würde ich sämtliche Ansprüche auf Mutterschutz, Elternzeit usw. verlieren. Ich selbst habe mir diese Gedanken nie gemacht, stelle mir aber die Frage: Sind viele von uns so sehr mit unseren Ansprüchen und dem Nachdenken darüber, was uns zusteht, befasst, dass wir dabei die Arbeit selbst in den Hintergrund rücken? Tatsächlich scheinen deutsche Arbeitnehmer Unannehmlichkeiten länger auszusitzen als Angestellte in anderen Ländern, die generell eher bereit sind, ihr Unternehmen zu verlassen. Während Angestellte bei uns im Durchschnitt über zehn Jahre einem Arbeitgeber die Treue halten, sind es beispielsweise in den USA weniger als fünf Jahre. Wir fürchten einerseits die berühmt-berüchtigte „Hire-and-fire"-Mentalität der Amerikaner, andererseits zeigt sie uns, dass eine gewisse Dynamik am Arbeitsmarkt von Vorteil sein kann – für beide Seiten.

Beschäftigungsverhältnisse im Wandel

Der Wert von Arbeit bemisst sich bei uns nach dem Arbeitsverhältnis. Der Mikrozensus unterscheidet zwischen „abhängig Beschäftigten" und „Selbstständigen", wobei er die abhängigen Beschäftigungen noch einmal unterteilt in „Normalarbeitsverhältnisse" und „atypische Arbeitsverhältnisse". (Zu den atypischen Arbeitsverhältnissen zählen befristete und geringfügig Beschäftigte sowie Personen in geringer Teilzeit oder Zeitarbeit.) Schon die beiden Namen zeigen, dass Erstere als die Norm gesehen werden, Letztere hingegen als ungewöhnlich oder irregulär gelten. Dementsprechend werden sie häufig sehr negativ wahrgenommen, sei es als Bedrohung für die sozialen Sicherungssysteme oder als Form der Prekarisierung bzw. Verarmung ganzer Bevölkerungsteile. Weil atypische Beschäftigung tatsächlich häufig mit geringem Einkommen, geringer Qualifikation und schlechten Lebensverhältnissen einhergeht, war das erklärte Ziel bisher, den Übergang in Normalarbeitsverhältnisse, die mit sozialer Sicherheit und einem geregelten Einkommen assoziiert werden, zu fördern. Doch das sind diese schon heute nicht mehr unbedingt und werden es in Zukunft immer weniger sein. Der Stellenabbau, wie wir ihn kennen, ist nur der Anfang. Künftig werden immer mehr Unternehmen gezwungen sein, ihre Beschäftigungsverhältnisse zu überdenken und an einen Markt anzugleichen, der ihnen selbst immer mehr Anpassungsfähigkeit und Flexibilität abverlangt. Mit rasanter Geschwindigkeit verändert sich die globale Wirtschaft und mit ihr der Arbeitsmarkt, Volatilität tritt an die Stelle von Stabilität, und genau darauf müssen sich Unternehmen künftig einstellen. Die Produktlebenszyklen werden kürzer, die Innovationszyklen schneller und während die Geschäftschancen von heute genutzt werden, müssen die Innovationspotenziale von morgen bereits entdeckt und erschlossen werden. Darauf müssen die Firmen entsprechend reagieren (können) und das geht nur, wenn die Belegschaft auch mitgenommen wird. Das heißt, dass die Mitarbeiter, entsprechend der sich ständig wandelnden Bedürfnisse, immer wieder neu organisiert und die vorhandenen Fähigkeiten optimal genutzt werden müssen. Dazu eignen sich atypische Beschäftigungen unter Umständen besser, da sie nach Bedarf abgerufen und eingesetzt werden können. Dies kann in Zukunft in immer stärkerem Maße für Hochqualifizierte gelten, die dafür auch dementsprechend entlohnt werden wollen. Ob langfristige Angestelltenverhältnisse die Regel bleiben, ist ungewiss. Vielleicht lohnt es sich in Zukunft gerade für gut ausgebildete Arbeitskräfte, sich immer wieder neue Jobs, neue Projekte und neue Aufgaben zu suchen und diese für einen gewissen Zeitraum auszuüben, bis sich neue Möglichkeiten auftun, die sie ergreifen können. Um die Chancen der Zukunft optimal zu nutzen, müssen Arbeitgeber und Arbeitnehmer mehr Unsicherheit in Kauf nehmen und sich gleichzeitig darüber im Klaren sein, dass ihnen das die Möglichkeit bietet, neue Wege zu beschreiten. Sowohl die Bereitschaft, sich zu verändern, als auch die Fähigkeit dazu, sich in der wandlungsfähigeren Arbeitswelt zurechtzufinden und von ihr zu profitieren. Es kann und wird viele Gewinner geben und dazu werden vor allem diejenigen zählen, die sich dem Wandel stellen, ihn annehmen und sich ihn zunutze machen. Dass wir selbst in scheinbar ausweglosen Situationen mit etwas Mut und Kreativität Lösungen finden können, zeigt das Beispiel von fünf Sekretärinnen, die bei der Schließung des Quelle-Versandhauses im Jahr 2009 ihren Job verloren. Die Arbeitslosenquote in der Region war enorm und die Finanzkrise hatte Deutschland fest im Griff. Doch anstatt sich entmutigen zu lassen von immer neuen Absagen, wurden die fünf aktiv. Vor dem Nürnberger Hauptbahnhof hängten sie ein Hochglanz-Werbeplakat mit ihren Konterfeis und dem Schriftzug „Sekretärinnen suchen neuen Chef" auf. Die Aktion fand deutschlandweit Beachtung und die Damen bekamen immerhin 35 ernsthafte Jobangebote. Drei der fünf arbeitslosen Sekretärinnen fanden damit einen neuen Job. Das Beispiel zeigt, dass es gerade in Zeiten des Umbruchs, wenn Dinge zu Ende gehen und neue beginnen, wichtig ist, Herausforderungen aktiv und flexibel anzupacken.

Dabei gibt es auf jeden Fall Anlass, optimistisch zu sein, denn nach allem, was wir heute voraussehen können, wird unsere Arbeitskraft auch in Zukunft gebraucht werden. Der Bedarf an Fachkräften wird weiter zunehmen, insbesondere im Dienstleistungssektor. Wenn wir dies in Stunden betrachten, so müssen im Jahr 2030 13 Milliarden Arbeitsstunden geleistet werden, im Vergleich zu den 11 Milliarden geleisteten Stunden im Jahr 2010. Die Arbeit wird uns also ganz sicher nicht ausgehen. Ob diese Stunden letztendlich durch Stelleninhaber erbracht werden, wie wir sie heute assoziieren, das steht in den Sternen. Wahrscheinlicher ist, dass sich ein ganz neuer Arbeitsmarkt entwickelt, auf dem nicht mehr überwiegend Vollzeit-Arbeitsplätze angeboten und von Vollzeit-Arbeitskräften ausgefüllt werden, sondern auf dem die Nachfrage und das Angebot von Arbeit und Arbeitskraft völlig neu organisiert wird.

4. ARBEIT GESTERN, HEUTE, MORGEN

„Wir brauchen nicht so fortzuleben,
wie wir gestern gelebt haben.
Machen wir uns von dieser Anschauung los,
und tausend Möglichkeiten
laden uns zu neuem Leben ein."
CHRISTIAN MORGENSTERN

Warum arbeiten wir heute so, wie wir arbeiten?

Haben Sie sich schon einmal gefragt, woher eigentlich unsere gängige Auffassung von Arbeit kommt? Und wann aus der eigentlichen Tätigkeit ein Ort wurde, an dem wir unsere Zeit verbringen? Der Arbeitsplatz als solcher entstand im Laufe des 19. Jahrhunderts, als Folge der Verstädterung und Industrialisierung Europas. Wollen wir die Arbeitswelt von heute verstehen und die von morgen richtig deuten, müssen wir zunächst einmal einen Blick auf die Arbeitswelt von gestern werfen.

Bis zur Verbreitung der industriellen Produktion wurde die Wirtschaft Europas durch handwerkliche Fertigkeiten, Arbeit in kleinen Gruppen, Dezentralisierung und geringe Produktionsumfänge geprägt. Dabei galt für die meisten Menschen, dass sie ihren Lebensunterhalt nicht aus einer einzigen Beschäftigung bestritten, sondern aus einer Verknüpfung von mehreren Tätigkeiten, die sie parallel oder auch aufeinanderfolgend ausübten. Dies änderte sich im Zuge der Industrialisierung, als Berufsarbeit in Vollzeit und meist auf Lebenszeit zur Regel wurde.

Die Industrialisierung brachte die Mechanisierung und Zentralisierung von Arbeit sowie eine beträchtliche Erhöhung der Produktivität mit sich. Technischer und wissenschaftlicher Fortschritt führten zu einer bis dato noch nie dagewesenen Dynamik, und die Produktivität steigerte sich um ein Vielfaches. Dies allerdings führte in Verbindung mit Arbeitsteilung auch zur Entfremdung und Abnahme von Identifikation des einzelnen Arbeiters mit der von ihm erbrachten Arbeit. Nicht mehr die spezifischen Fähigkeiten und Fertigkeiten des Einzelnen waren gefragt, sondern dessen Einsatzfähigkeit im durch Maschinen geprägten Arbeitsfluss. Der einzelne Mitarbeiter war von nun an nur noch ein kleines Rad im großen Getriebe, was ihn leicht austausch- und damit ersetzbar machte, ohne dass der Arbeitsablauf dadurch gestört wurde. Arbeitskraft wurde zur Ware, die frei auf dem Markt angeboten und abgerufen werden konnte. Das Messkriterium für die Arbeitskraft, die ein Lohnarbeiter erbringen konnte, war von nun an die Zeit.

Für die Menschen brachte dies erhebliche Veränderungen mit sich, insbesondere durch die räumliche und zeitliche Trennung von häuslichem Leben und Erwerbstätigkeit. Arbeit fand von nun an in Manufakturen, Großwerkstätten und Fabriken statt, während bis dahin der Arbeitsort, vor allem für Handwerker und Heimarbeiter, häufig mit dem Wohnort identisch gewesen war. Das änderte sich mit dem Gang zur Produktionsstätte nun grundlegend. Nicht nur war der Weg von nun an ein weiterer; auch wurde beispielsweise die Mittagspause nicht mehr im Kreise der Familie verbracht, sondern gemeinsam mit den Kollegen vor Ort. War die Arbeitszeit für Handwerker noch weitgehend selbstbestimmt und von der individuellen Auftragslage abhängig gewesen, gab es von nun an feste Regelungen und Schichtpläne, die wenig Freiraum für individuelle Lösungen und Bedürfnisse ließen. Auch das Zusammenwirken einzelner Familienmitglieder, zum Beispiel, dass die Frau des Handwerkers dessen Mitarbeiter und Angestellte mit Essen und einfacher medizinischer Hilfestellung versorgt hatte, verschwand im Zuge der Industrialisierung gänzlich. Fürsorge und soziale Absicherung übernahmen nach und nach die Arbeitgeber in großem Umfang für ihre Arbeiter. Die individuelle Versorgung und Absicherung verlor dadurch immer mehr an Bedeutung; die betriebliche und auch die staatliche Fürsorge im Zuge von Umverteilung nahm hingegen zu und damit auch die Bindung an einen Arbeitgeber. Der Trend ging hin zum Arbeitsplatz als Lebenssicherung auf Lebzeiten.

Von der Industrie- zur Dienstleistungsgesellschaft – und weiter?

Wenn auch nicht schlagartig, sondern eher schleichend, erleben wir heute einen Wandel, dessen Ausmaße jenen der industriellen Revolution ähneln – nur diesmal gestaltet er sich andersherum. Ging damals der Trend weg vom Individuellen und hin zum Zentralistischen, so ist es heute genau umgekehrt, zumindest in der westlichen Welt. Industrieproduktion und Massenanfertigung haben wir bereits größtenteils ausgelagert – stattdessen hat die Dienstleistung immer mehr an Bedeutung gewonnen. Waren 1950 immerhin noch fast die Hälfte der Beschäftigten in Deutschland im produzierenden Gewerbe beschäftigt, so ist es heute nur mehr ein knappes Viertel. Die Beschäftigungszahlen im Bereich der Dienstleistungen sind in der selben Zeit von einem knappen Drittel im Jahr 1950 auf heute fast drei Viertel angestiegen.

Entwicklung Arbeitsmarkt nach Sektoren

Jahr	Insgesamt (in 1.000)	Land- und Forstwirtschaft, Fischerei (primärer Sektor) Anteil in %	Produzierendes Gewerbe (sekundärer Sektor) Anteil in %	Übrige Wirtschaftsbereiche, Dienstleistungen (tertiärer Sektor) Anteil in %
2013	41.841	1,5	24,7	73,8
1990	30.409	3,5	36,6	59,9
1970	26.589	8,4	46,5	45,1
1950	19.570	24,6	42,9	32,5

Quelle: Destatis

Auch innerhalb des Dienstleistungssektors selbst finden enorme Strukturveränderungen statt. Während früher vorwiegend haushaltsnahe Dienste, wie Handel und Gastgewerbe, in Anspruch genommen wurden, liegt der Schwerpunkt heute überwiegend bei den unternehmensnahen Dienstleistungsbereichen. Die Wirtschaftsabschnitte Verkehr, Nachrichtenübermittlung, Finanzierung, Vermietung und sonstige wirtschaftliche Dienstleistungen machen dabei über die Hälfte der Tätigkeitsfelder aus. Ein weiteres Drittel entfällt auf öffentliche und private Dienstleistungen, unter denen Gebietskörperschaften und Sozialversicherung, Erziehung und Unterricht, Gesundheits-, Veterinär- und Sozialwesen sowie sonstige öffentliche und persönliche Dienstleistungen zusammengefasst werden. Die Mehrheit der Arbeitnehmer geht also längst nicht mehr in die Fabrikhalle, sondern in die Schule, ins Krankenhaus, in den Supermarkt oder eben ins Büro. Wir müssen uns deshalb bewusst vor Augen halten, dass die Anforderungen sich zwar grundlegend gewandelt haben, die Arbeitswelt selbst aber noch von den Bedürfnissen des letzten Jahrhunderts geprägt ist: Menschen führen ihre Tätigkeit nach wie vor an einem dafür vorgesehenen Ort aus und lassen das Ergebnis vorrangig in Zeit messen.

Die Arbeitsweise aus der Fabrikhalle wurde im Laufe der Jahre auf die Amtszimmer, die Schreibstuben, Dienststellen und Geschäftsräume übertragen. Zunächst machte dies auch Sinn, denn dort fanden die Büroarbeiter ihre „Werkzeuge", die aus Telefonanlagen, Schreibmaschinen, Blaupapier, Stempelkissen und Aktenschränken bestanden. Diese Arbeitsplatzausstattung machte es zwingend notwendig, dass sich die Mitarbeiter an einem mit entsprechenden Gerätschaften ausgestatteten Arbeitsplatz einfanden, um ihrer Tätigkeit nachzugehen. Auch war der regelmäßige Austausch zwischen Kollegen meist nur dann möglich, wenn sich diese täglich zu festen Zeiten in einem Gebäude oder zumindest auf einem Firmengelände begegneten. Diese Orte verlieren heute jedoch zunehmend an Bedeutung. Denken wir hier noch einmal an den Anfang des Buches zurück und an die Definition von Arbeit: Arbeit ist per se kein Ort, an den wir gehen, sondern etwas, was wir tun. Die Arbeitswelt von heute macht es möglich, diesen Satz mehr und mehr Wirklichkeit werden zu lassen. Wenn wir es denn wollen.

Entkoppelung von Zeit und Raum

Selbst jene Dienstleistungen, die als unmittelbarer Dienst am oder für den Menschen verstanden werden, entkoppeln sich immer stärker von Zeit und Raum. Fernstudium, Versandhandel und Online-Shopping machen es längst nicht mehr unabdingbar, dass sich Lehrer und Schüler, Professorinnen und Studierende oder Verkäufer und Kunden im selben Raum befinden, um miteinander zu kommunizieren oder Geschäfte abzuwickeln. Auch an Kassen, Bankterminals sowie an Bahn- und Flughafenschaltern sind Automaten auf dem Vormarsch und ersetzen Personen, die vor einigen Jahren noch unabkömmlich erschienen – ja, selbst U-Bahnen kommen mittlerweile ohne Fahrer aus. Schon seit 2008 fährt in Nürnberg eine komplette U-Bahnlinie vollautomatisiert – sie legt 13 Kilometer mit insgesamt 16 Haltestellen zurück. Damit ist „RUBIN" (Realisierung einer automatisierten U-Bahn in Nürnberg) die erste Linie in Deutschland, doch weitere werden sicher folgen. Längst haben sich die Nürnberger an ihre fahrerlose U-Bahn gewöhnt. Doch es gibt weiterhin Szenarien, die Lynda Gratton in ihrem Buch über die Zukunft der Arbeit beschreibt, die uns teilweise noch wie Science-Fiction vorkommen, aber tatsächlich eines Tages – vielleicht sogar schon bald – Wirklichkeit werden könnten: Da ist beispielsweise Rohan, ein Gehirnchirurg aus Mumbai. Wir schreiben das Jahr 2025 und Rohan bereitet sich auf die erste OP des Tages vor. Seine Patientin befindet sich bereits anästhesiert auf dem Operationstisch und Rohan beginnt die schwierige Mission, eine Blutung in ihrem Gehirn zu stoppen. Er benutzt dazu kein OP-Besteck, sondern einen Joystick, mit dem er einen Roboter steuert, der die Handgriffe an der Patientin durchführt. Diese liegt nicht vor ihm, sondern ist eine holografische Darstellung auf einem Bildschirm an der Wand. Denn Rohan sitzt während des Eingriffs in seinem

Home-Office in Mumbai, seine Patientin befindet sich in einem Krankenhaus in Peking. Ein Ärzteteam ist bei ihr vor Ort, doch Rohan, ein weltweit anerkannter Spezialist, muss nicht persönlich anwesend sein. Am selben Tag wird er noch einem Patienten in Chile das Leben retten. Mit den lokalen Ärzten kommuniziert er via Simultanübersetzung, voll automatisiert, versteht sich. Auch wenn das heute noch nach ferner Zukunftsmusik klingt, öffnen solche Geschichten einem jedoch die Augen, was technisch möglich ist und zu welchem Wandel unsere Arbeitswelt in der Lage ist, im Positiven wie auch im Negativen.

Noch vor 20 Jahren wäre es sicherlich auch für alle Büroarbeiter unvorstellbar gewesen, dass sie außerhalb ihrer vier Arbeitswände Zugriff auf sämtliche Akten und Unterlagen haben können, ja, dass sie ganze Arbeitstage für Außenstehende unbemerkt an einem anderen Ort verbringen und trotzdem durchgängig erreichbar sein können. Auch Sekretäre, die nicht mehr nebenan, sondern irgendwo auf der Welt sitzen, waren kaum denkbar. Heute ist ein ganzer Wirtschaftszweig daraus entstanden. Im Internet werden virtuelle Assistenzdienste angeboten, die alle Aufgaben übernehmen, die früher im Nachbarbüro ausgeführt wurden: Recherchedienste, Rechnungs- und Mahnwesen, Kundenakquise, Terminvereinbarungen oder das Aktualisieren von Webseiten und Blogs – alles bekommt der Auftraggeber hier aus der Ferne erledigt, was im Umkehrschluss heißt, dass all diese Aufgaben an jedem beliebigen Ort ausgeführt werden können. Nun liegt es nahe, darin eine Bedrohung zu sehen, dass nicht nur die Produktion, sondern bald auch Dienstleistungen in ferne Länder ausgelagert werden und dadurch unzählige Arbeitsplätze in Gefahr geraten. Die Sprachbarriere wird uns vielleicht noch so lange davor bewahren, bis vollautomatische Simultanübersetzer, wie in Rohans Fall, auch diese Hürde aus dem Weg räumen. Wir können aber durchaus Chancen darin sehen. Wenn der

Assistent künftig mehrere Tausend Kilometer entfernt auf einem anderen Kontinent sitzen kann, dann kann er ebenso von einem Heimarbeitsplatz in Deutschland aus arbeiten. Dieser kann nur wenige Kilometer vom Büro entfernt sein oder aber in einer anderen Stadt oder gar einem anderen Bundesland. Arbeitsplätze werden damit weniger ortsgebunden und bieten Mitarbeitern die Möglichkeit, am Wohnort zu arbeiten, auch wenn der Arbeitgeber an einem anderen Standort angesiedelt ist. Pendler ersparen sich so stundenlange Anfahrten, für Paare und Familien wird es leichter, Beruf und Privatleben zu vereinbaren und an einem Ort zu leben, auch wenn ihre jeweiligen Arbeitgeber an verschiedenen Standorten ansässig sind. Als einer Bekannten eröffnet wurde, dass ihr Job künftig nicht mehr in München, sondern in Los Angeles angesiedelt sein würde, war sie zunächst schockiert. Ihr Mann war ebenfalls berufstätig, ihre Kinder gingen zur Schule. Stand der Familie nun ein Umzug bevor oder sollte sie ihren Arbeitsplatz ganz aufgeben? Weder noch, denn ihr Arbeitgeber machte ihr ein anderes Angebot – zunächst auf Probe. Sie wurde zwar offiziell nach Los Angeles versetzt, doch konnte ihren Wohnort beibehalten und weiterhin von München aus arbeiten. Sie nahm in Kauf, dass ihr Arbeitstag von nun an später begann und später endete, und dass sie, wenn Meetings angesetzt waren, auch einmal spät abends zur Verfügung stand. Ihre Kollegen andererseits nahmen Rücksicht auf ihre Zeitzone und versuchten, Treffen vormittags anzuberaumen, sodass sie auch mit neun Stunden Zeitverschiebung noch vor dem Zubettgehen daran teilnehmen konnte. Alle arrangierten sich, der Versuch gelang und meine Bekannte ist froh über die Möglichkeit, weiterhin für ihren Arbeitgeber tätig zu sein. Ein anderes Beispiel erzählte mir eine Workshop-Teilnehmerin, die als Führungskraft von New York nach Zürich versetzt worden war. Obwohl der neue Job ihr viel Spaß machte und tolle Chancen bot, hatte sie nach kurzer Zeit wahnsinniges Heimweh nach New

York. Sie war todunglücklich, ihre Leistungen ließen nach und sie war kurz davor, zu kündigen. Da fragte sie ihr aufmerksamer Vorgesetzter, worauf die Veränderungen, die nicht unbemerkt blieben, zurückzuführen waren. Erleichtert klagte sie ihm ihr Leid und bot ihm gleichzeitig an, ihren Platz zu räumen. Doch davon wollte ihr Chef nichts wissen. Stattdessen bot er ihr an, dass sie jeden Monat eine Woche von New York aus arbeiten konnte und nur die übrigen drei Wochen in Zürich vor Ort sein musste. Dankbar nahm sie dieses Angebot an und pendelt nun zwischen den beiden Städten.

Über die Einzelschicksale hinaus bieten die neuen Möglichkeiten der Mobilität und Flexibilität gerade für strukturschwache Regionen völlig neue Potenziale: Der dünn besiedelte Landkreis Cochem-Zell in Rheinland-Pfalz hat beispielsweise eine „Offensive Home-Office" gestartet, um der Landflucht entgegenzuwirken. Als Grundlage dient die flächendeckende Breitbandversorgung, die es ermöglichen soll, eine Vielzahl von Heimarbeitsplätzen anzubieten. Denn bisher müssen drei Viertel der Chochem-Zeller lange Arbeitswege in Kauf nehmen, da Wohn- und Arbeitsorte viele Kilometer voneinander entfernt liegen. In den USA geht man mittlerweile davon aus, dass 64 Millionen – das ist in etwa die Hälfte aller Arbeitnehmer – einer Tätigkeit nachgehen, die nicht mehr ortsgebunden ist. Für Deutschland liegen zwar bisher keine vergleichbaren Zahlen vor, doch wissen wir, dass mittlerweile fast drei Viertel der arbeitenden Bevölkerung im Dienstleistungssektor tätig sind. Davon könnte ein großer Anteil von räumlich flexiblen Arbeitsplätzen Gebrauch machen.

Wollen wir überhaupt raus aus der Fabrik?

Der Arbeitsalltag eines von mir sehr geschätzten, ehemaligen Kollegen – nennen wir ihn an dieser Stelle einmal Herrn Schmidt – sieht folgendermaßen aus: Um 6:30 Uhr verlässt er das Haus, um noch vor dem Münchner Berufsverkehr gut durchzukommen. Wenn alles gut geht, erreicht er um sieben Uhr – pünktlich zu Beginn der Gleitzeit – sein Büro. Dort holt er sich zunächst einen Kaffee und drei Tageszeitungen, die er ausführlich bis neun Uhr studiert. Als Politikberater gehört das zu seinem Job. Wenn dann auch die letzten Kollegen eingetroffen sind, ergibt sich meist die Gelegenheit für einen kleinen Gedankenaustausch – man könnte es auch Klatsch und Tratsch nennen. Danach ist Zeit für konzentrierte und intensive Schreibtischarbeit, die von der Mittagspause zwangsläufig unterbrochen, jedoch am Nachmittag fortgesetzt wird. Mit den Worten „Jetzt müssen wir forschen" pflegte mich mein Kollege gelegentlich aus seinem Büro zu komplementieren, wenn wir wieder einmal die Zeit vergessen hatten. Pünktlich um 15:45 Uhr verlässt Herr Schmidt das Gebäude, um auch auf dem Nachhauseweg dem Berufsverkehr zuvorzukommen. Seine 7,6 Arbeitsstunden hat er präzise eingehalten, die Stechuhr führt darüber Buch. Häufig habe ich mit ihm und anderen Bürokollegen darüber diskutiert, dass ich meine Arbeit manchmal lieber an anderen Orten ausführen würde als am Schreibtisch. Fast immer war ich mit diesem Wunsch die Einzige. Meine Kollegen waren zufrieden mit den Möglichkeiten, die ihnen die Gleitzeitregelung bot. Wer zwischen sieben und neun Uhr beginnen und zwischen 15:45 und 19 Uhr aufhören kann, hat in der Tat einen gewissen Gestaltungsspielraum für seinen Arbeitstag. Was will man eigentlich mehr?

Zwar können wir heute – wenn wir einmal unseren Arbeitsalltag unter die Lupe nehmen – viele der mit der Industrialisierung einhergegangenen Zwänge durch die

Digitalisierung wieder auflösen, doch gleichzeitig stellt sich die Frage, ob die Mehrheit der Arbeitnehmer überhaupt gewillt ist, von den Annehmlichkeiten, die die Industrialisierung im Laufe ihrer Entwicklung mit sich gebracht hat – strikte Trennung von Arbeits- und Ruhephasen, Abgabe von Verantwortung, gleichmäßig verteiltes Arbeitsvolumen, langfristige berufliche und damit soziale Absicherung –, zumindest teilweise abzurücken. Bisher entsteht der Eindruck, dass trotz Abnahme der Industriearbeit und Zunahme der Wissensarbeit – also Arbeit, deren In- und Output Wissen ist, die Wissen verarbeitet, produziert und damit handelt – die Arbeitsabläufe noch lange nicht die sich bietenden Möglichkeiten ausschöpfen.

Was wird sich in Zukunft verändern und was wird gleich bleiben? Stellen wir uns einmal vor, wie unsere Kollegen vor 50 Jahren den Job ausgeführt haben, den wir heute machen, und nehmen uns als Beispiel eine Bürotätigkeit vor: Damals gab es keine Computer und folglich keine E-Mail-Korrespondenz, keinen Server und damit zentral zugreifbare Ablagesysteme, keine Kopierer, Diktier- und Faxgeräte oder tragbare Telefone, geschweige denn Smartphones. Stattdessen gab es viel Papier, Durchschläge, Schreibmaschinen, Matrizen, Stempel und Stempelkissen, Stenoblöcke, Aktenordner und Ablagesysteme. Nun sehen wir uns in unserem Büro um und überlegen, was gleich geblieben ist: der Schreibtisch, an dem wir sitzen (auch wenn die Art, wie wir sitzen, heute strengeren ergonomischen Vorschriften entspricht), die Tür, die wir je nach Bedarf offen oder geschlossen halten, vielleicht sogar die Grünpflanzen auf dem Fensterbrett und die Kaffeemaschine neben dem Waschbecken, wobei auch hier die gute alte Filtermaschine einer Kapselmaschine oder einem Vollautomaten gewichen sein mag. Während unsere Arbeitsgeräte sich vollständig gewandelt haben und damit auch die Art, wie wir unsere Arbeit verrichten, hat sich das Arbeitsumfeld, sprich unser Büro, kaum verändert. Ebenso wenig wie der Ablauf des Arbeitstages, der nach wie vor aus dem Zurücklegen des Weges zur Arbeitsstelle, dem Aufenthalt am eigenen Schreibtisch oder im Besprechungszimmer, manchmal auch die Teilnahme an externen Terminen und dem abendlichen Nachhauseweg besteht. Dieser Tagesablauf ist jedoch ursprünglich entstanden, weil bestimmte Tätigkeiten nur mit bestimmten, nicht-mobilen Geräten an bestimmten Orten im Beisein bestimmter Menschen durchführbar waren. Doch ist dies auch heute noch der Fall? Müssen wir heute noch an ein und demselben Schreibtisch sitzen, um unserer Arbeit nachzugehen, um die Notizen zur Hand zu haben, die wir am Vortag dort säuberlich hinterlegt haben, um Kommunikationsmittel wie das Telefon nutzen zu können oder mit unseren Kollegen zu sprechen?

Glauben wir Forschern wie Lynda Gratton, so steht uns ein Wandel bevor, der weit über das hinausgeht, was wir uns bisher vorstellen. Verändern werden sich nicht nur die Arbeitsweise und -umstände, sondern auch und vor allem das Selbstverständnis der Arbeitenden und deren Einstellung zur Arbeit. Aber ... wir müssen keine Angst haben und an Althergebrachtem festhalten! Wir sollten unsere Kräfte lieber dazu nutzen, uns Gedanken zu machen und Ideen zu entwickeln, wie wir uns die Veränderungen zu eigen machen und so positiv wie möglich für uns nutzen können.

Auf keinen Fall sollten wir abwarten und uns von den Entwicklungen überrollen lassen, denn dann können wir ziemlich sicher davon ausgehen, dass viele Veränderungen nicht in unserem Sinne verlaufen werden. Wir müssen uns schon jetzt wappnen und gut vorbereiten, um Prozesse und Umbrüche rechtzeitig zu erkennen und darauf, in unserem eigenen Interesse, reagieren zu können. Besser (und auch sinnvoller) als sich dem unabwendbaren Wandel entgegenzustellen ist es, ihn anzunehmen und dabei aktiv die Mitgestaltungsmöglichkeiten zu nutzen, die sich uns bieten. Die Trends sind unumkehrbar und sie werden alles und jeden treffen. Fabrikarbeiter genauso wie Dienstleister und hier wiederum jene, die direkt mit Menschen zusammenarbeiten, ebenso wie diejenigen, die vorrangig vor dem Computer sitzen. Auch eine unserer größten Sorgen, dem Arbeitsplatzabbau durch die weiter zunehmende Automatisierung, sollte man mit fundiertem Wissen entgegentreten. Verhindern werden wir es nicht können. Aber wenn wir bereits erste Silberstreifen am Horizont sehen, dass unser Arbeitsplatz vielleicht noch nicht der nächste, dafür aber der über-über-nächste sein könnte, der von einer Maschine verdrängt wird, dann sollten wir uns langsam – aber nicht zu langsam – in Gang setzen und darüber nachdenken, wie wir uns zu dem Experten entwickeln, der die Maschine nicht nur bedienen, die App nicht nur nutzen und den Zug nicht nur fahren, sondern all diese Dinge auch programmieren oder besser noch entwickeln kann.

Industrie 4.0: Die intelligente Fabrik

Sehen wir uns im Folgenden einmal etwas genauer an, was sich in der Produktion, der Dienstleistung und der Wissensarbeit verändern wird. Wir blicken heute bereits auf drei industrielle Revolutionen zurück und befinden uns schon mit mindestens einem Bein in der vierten.

- *Erste industrielle Revolution (1784)*: Durch die Mechanisierung der Arbeit wird die Produktion aus der menschlichen Hand genommen und auf die Maschine übertragen. Mit der Erfindung des mechanischen Webstuhls kommt die maschinelle Verarbeitung in Gang und gibt den Anstoß zur Entstehung weiterer Industriezweige. In dieser Entwicklung wird die Grundlage für das entstehende Fabriksystem gesehen.

- *Zweite industrielle Revolution (1870)*: Die Einführung des Fließbands schafft schließlich die Voraussetzung für die Massenproduktion mithilfe von elektrischer Energie Ende des 19. Jahrhunderts. Das erste Fließband wurde 1870 in den Schlachthöfen von Cincinnati installiert.
- *Dritte industrielle Revolution (1969)*: Der Einsatz von Elektronik und Informationstechnologien führt zu einer weiteren Automatisierung der Produktion. Erstmals werden nicht mehr nur mechanische Aufgaben, sondern vermehrt auch Kopfarbeit von Maschinen übernommen.
- *Vierte industrielle Revolution (seit 2010)*: Heute stehen wir, getrieben durch die Digitalisierung, an der Schwelle zur vierten industriellen Revolution, der Industrie 4.0. Durch die Vernetzung von physikalischer und virtueller Welt im sogenannten „Internet der Dinge" agieren Produktionssysteme selbstständig untereinander sowie mit dem Internet. Theoretiker und Praktiker sind sich einig, dass die vierte industrielle Revolution zu einer allumfassenden Neuausrichtung der Industrie führen wird. An die Stelle von Massenproduktion und Automatisierung treten nun Individualisierung und Flexibilität.

Eines ist sicher: Die Fabrikarbeit der Zukunft ist intelligent und vernetzt. Nicht nur Mensch und Maschine, sondern auch Maschinen und Anlagen untereinander, ja sogar ganze Fabriken werden bald selbstständig miteinander kommunizieren, sich abstimmen und auf diese Weise flexibler, effizienter und ressourcenschonender arbeiten als bisher. Die Vorteile liegen auf der Hand, denn die Individualisierung der Produktion ermöglicht es den Betrieben, zu geringen

Kosten eine hohe Zahl an Produktvarianten herzustellen und auf diese Weise auf spezifische Kundenwünsche einzugehen.

Ermöglicht wird dies durch Maschinen, die nicht mehr auf eine Anwendung beschränkt sind, sondern die in direkter zeitlicher Abfolge unterschiedliche Funktionen ausführen oder Werkzeuge einsetzen können. Flexibel können sie auf Marktentwicklungen, auf kurzfristig geänderte Produktanforderungen oder auf schwankende Rohstoff- und Energiepreise reagieren. Selbst bei unvorhergesehenen Ereignissen oder Störungen, wie Stromausfällen oder Lieferungsverzögerungen, erfolgt die Anpassung schnell und präzise. Auch die Wartung und Reparatur von Anlagen werden erheblich vereinfacht: Eingebettete Systeme (embedded systems) geben Auskunft über den Zustand aller Maschinen und veranlassen die Bestellung von Ersatzteilen selbstständig, sobald Verschleißerscheinungen auftreten. Die hohe Anpassungsfähigkeit erhöht gleichzeitig die Auslastung der Produktionskapazitäten; das flexible Ressourcenmanagement verbessert die Effizienz des Gesamtbetriebs. Die Kosten für Lagerhaltung und Fertigung sinken durch die wirksame Nutzung der vorhandenen Optimierungspotenziale. Fehler können häufiger vermieden und schneller behoben werden.

Die Technologie der cyber-physischen Systeme –kurz CPS – macht das möglich. Es handelt sich dabei um Netzwerke von kleinen, mit Sensoren und Aktoren ausgestatteten Computern, die als eingebettete Systeme in Materialien, Gegenstände, Geräte und Maschinenteile eingebaut und über das Internet miteinander verbunden werden. In einem derartigen Internet der Dinge verbinden sich die physische und die digitale Welt. Anlagen, Maschinen und einzelne Werkstücke tauschen kontinuierlich Informationen aus und sämtliche Produktions- und Logistikprozesse werden integriert.

69

Die Vernetzung schafft die Voraussetzung für den kontinuierlichen Austausch von Daten, aus denen automatisch situationsgerechte Prozessanpassungen abgeleitet werden. Auf diese Weise wird die Produktion erheblich flexibler werden, wobei die Optimierung der Arbeit die Optimierung der Prozesse ablösen wird, was nicht zuletzt den einzelnen Mitarbeitern zugutekommt. Arbeiter am Band werden durch eine agile und partizipative Arbeitsplanung flexibler arbeiten können, als dies heute in der Produktion der Fall ist. Maschinen werden künftig, gesteuert durch Social Media und mobile Endgeräte, schneller, präziser und flexibler werden und immer enger mit dem Menschen zusammenarbeiten. Durch cyber-physische Systeme werden Personen in der industriellen Produktion interaktiv in einer vernetzten Umgebung arbeiten, die durch intelligente Maschinen gekennzeichnet ist, die einerseits selbst Entscheidungen treffen, aber auch Entscheidungen einfordern. Während ein Teil der Arbeiter künftig von den Maschinen gelenkt wird, ist ein anderer Teil hauptsächlich dafür verantwortlich, die Maschinen selbst zu entwickeln, zu installieren und immer wieder anzupassen. Diese Arbeitsteilung führt allerdings unweigerlich dazu, dass die Qualifikationsanforderungen von Personen im produzierenden Gewerbe insgesamt höher werden und diese eine viel größere Bandbreite als heute abdecken müssen – einfache Arbeiten werden mehr und mehr auf Maschinen übertragen. Die Angst, als Fließbandarbeiter schon bald von einem Roboter ersetzt zu werden, ist also vollkommen berechtigt. Anfang des Jahres hat beispielsweise der Volkswagen-Konzern verkündet, die Produktionskosten durch den Einsatz von Robotern deutlich senken zu wollen. VW-Personalvorstand Horst Neumann nennt zwei Gründe, die Automatisierung der Fabrikarbeit bei Volkswagen voranzutreiben. Zum einen könne die nicht ergonomisch ausgeführte Arbeit abgeschafft, qualifizierte Arbeit verstärkt und damit Beschäftigung gesichert werden. Zum anderen könne das Unternehmen mithilfe von Robotern Fertigungskosten senken und somit den Nachteil des Hochlohnstandorts Deutschland ausgleichen. In der deutschen Automobilindustrie liegen die Arbeitskosten bei mehr als 40 Euro pro Stunde, in Osteuropa sind es elf, in China gegenwärtig noch unter zehn Euro. Ein Roboter am Band koste je nach Einsatz und Maschinenart drei bis sechs Euro pro Stunde – Kosten für Instandhaltung und Energie inklusive. Kein Mensch, der nur halbwegs wirtschaftlich denkt, würde von dieser Möglichkeit keinen Gebrauch machen wollen. Allerdings muss, beim gerade genannten Beispiel von VW, aufgrund dieser Maßnahmen kein Bandmitarbeiter um seinen Arbeitsplatz fürchten – durch die herannahende Verrentungswelle der Babyboomer aus der Belegschaft sollen zwar Arbeitsplätze abgebaut, aber keine Mitarbeiter entlassen werden. Somit ist sogar der VW-Betriebsrat milde gestimmt und sieht ebenfalls eine Verbesserung darin, dass gesundheitlich belastende Tätigkeiten künftig auf Roboter verlagert werden sollen.

In vielen Bereichen werden mobile Leichtbauroboter künftig Menschen bei der Verrichtung von physischer Arbeit unterstützen und intelligente Assistenzsysteme bei der Arbeitsorganisation. Dabei geht es heute nicht mehr, wie in der Vergangenheit, in erster Linie darum, menschliche Arbeit durch Roboter zu ersetzen. Vielmehr steht heute der Roboter als Assistenzmedium im Vordergrund und die Trennung zwischen starrer Automation und Handarbeit wird zunehmend aufgehoben. Leistungsfähige Sensoren, intelligente Steuerungstechnik und fortschrittlichste Softwaretechnologien sind so integriert, dass sie die sichere Zusammenarbeit von Menschen und Robotern gewährleisten. Im Arbeitsalltag bedeutet das, dass bisher nicht automatisierbare, ergonomisch ungünstige Arbeitsschritte vom Roboter übernommen werden, wie das Über-Kopf-Arbeiten oder das Heben schwerer Lasten. Bei Bedarf können anwendungsspezifische Hilfsangebote aufgerufen werden, um jeden Mitarbeiter bei der Erfüllung seiner Aufgaben optimal zu unterstützen. In der Weiterentwicklung lernt das System sogar die Stärken und Schwächen der Beschäftigten kennen und kann diese Kenntnisse in die Planung des Personaleinsatzes entsprechend miteinbeziehen. Die Produktionssteuerung kann so auf die individuelle Situation eines Mitarbeiters eingehen, seinen Rhythmus berücksichtigen und auf seine kurzfristigen Anliegen zügig reagieren.

Die Rückkehr der Produktion

Durch die zunehmenden Möglichkeiten, Mensch und Roboter zusammenarbeiten zu lassen, ist sogar damit zu rechnen, dass Unternehmen ihre Produktion aus dem fernöstlichen Ausland zurück nach Europa verlagern. Denn auch in Fernost steigen die Lohnkosten und die bisherigen Einsparungen wiegen die Defizite in der Qualität und Flexibilität häufig nicht mehr auf. Hinzu kommen Währungsschwankungen, Transportkosten sowie der häufig noch recht mangelhafte Ausbau der Infrastruktur und die Unzuverlässigkeit der Stromnetze. Gut ausgebildete Fachkräfte siedeln sich darüber hinaus lieber in Wolfsburg, Herzogenaurach oder Ludwigshafen an als in Shenyang, Chengdu oder Guangzhou. Schon heute ist die Verlagerungsquote ins Ausland die niedrigste seit 20 Jahren, während gleichzeitig bis zu 400 deutsche Firmen jährlich ihre Produktion zurück ins Bundesgebiet holen. Zu den Rückkehrern gehören unter anderem der Spielzeughersteller Steiff, der Kettensägenfabrikant Stihl und der Haushaltswarenproduzent Fackelmann.

Wieder einmal könnte es übrigens die Textilindustrie sein, die hier eine Vorreiterrolle übernimmt und die Weltordnung der Produktion in neue Bahnen lenkt. Denn die Verbindung von Technologie und individuellen, im wahrsten Sinne des Wortes „maßgeschneiderten" Produkten schafft gänzlich neue Möglichkeiten. So tüftelt die Adidas-Gruppe an einem völlig neuen System, der sogenannten Speedfactory. Bewahrheiten sich die Vorstellungen der Konstrukteure, dann könnten künftig in kleinen, weitgehend automatisch arbeitenden Fabriken Turnschuhe maschinell aus Kunststofffasern hergestellt werden – genau nach den Wünschen der Kunden, als sogenannte „individualisierte Produkte". Adidas-Forschungschef Gerd Manz will damit „näher an die Kunden heranrücken und die Ware dort fertigen, wo die Käufer sind. Ziel ist es, flexibel, lokal und auf kleinstem Raum zu produzieren". Neben dem Anstieg der Lohnkosten in Asien spricht die Zunahme von weltweiten Handelshemmnissen dafür, die Ware künftig nicht mehr ausschließlich in Fernost herstellen zu lassen. Lieber will der Sportartikelhersteller künftig an jedem beliebigen Ort produzieren können und damit unabhängiger von Arbeitskosten und Regularien werden. Hinzu kommt, dass die Marke mit den drei Streifen näher am Kunden sein und ihm auch individualisierte Produkte anbieten möchte, was bisher bei den großen Stückzahlen in Asiens Fabriken kaum möglich war. Dieser Trend könnte der Vorreiter eines anstehenden Paradigmenwechsels in der industriellen Produktion sein: Von den riesigen Produktionsstätten in Asien hin zu einem Netzwerk aus kleinen Fabriken, die weltweit verstreut sind. Adidas mag mit der Speedfactory nur den Anfang machen, aber vielleicht werden andere bald folgen.

Wer sich nun auf die Schaffung neuer Arbeitsplätze im großen Stil freut, wird allerdings enttäuscht werden. Mehr Produktion in Deutschland bedeutet nicht zwangsläufig mehr Jobs, denn die neuen Fabriken kommen, wie gesagt, mit immer weniger Arbeitskräften aus. So wie der Mittelständler Hipp Medical, der auf der Schwäbischen

Alb medizinische Geräte produziert, setzen immer mehr Hersteller auf die vollautomatische Fabrik. Dort kann eine Fünfachs-CNC-Schleifmaschine eine ganze Serie von Knochenbohrern – vom Rohling bis zum fertigen Produkt – in zweieinhalb Tagen selbstständig herstellen. Alle Arbeitsschritte sind vorprogrammiert, der Computer zeigt an, wie viele Werkzeuge zu welchem Zeitpunkt hergestellt worden sind. Drei Personen arbeiten in drei Schichten an zehn Maschinen, die Nachtschicht kommt dabei schon ganz ohne menschliches Einwirken aus. Bei Bedarf laufen die Maschinen sogar ganze Wochenenden durch. Falls etwas schiefgeht oder gar eine Maschine in Brand geraten sollte, löscht sie sich automatisch. Um die Fabrik nicht vollkommen sich selbst zu überlassen, können Mechatroniker mit der technischen Ferndiagnose daheim vom Sofa aus überprüfen, ob alles rundläuft. Auf dem Bildschirm ihres Tablets können sie auf dieselben Informationen wie auf den Monitoren der Maschinen im Werk zugreifen und damit von zu Hause aus sogar Fehler beheben oder bei Softwareproblemen die Maschinen neu starten.

Roboter, unsere neuen Dienstleister

Iwazume nimmt im Hotel „Henna Hoteru" in Nagasaki Gäste in Empfang, checkt sie in ihre Zimmer ein und begleitet sie persönlich dorthin. Egal wie viel los ist, die hübsche Japanerin bleibt immer gelassen und freundlich und gerät dabei nicht einmal ins Schwitzen. Auch große Gruppen fertigt sie souverän ab und hat keine Probleme damit, die zahlreichen Fragen ihrer Gäste zu beantworten. Japanisch, Koreanisch, Chinesisch und Englisch beherrscht sie fließend. Selbst nach einem Zwölfstundentag merkt ihr der Gast keine

Müdigkeit an, das Make-up sitzt weiterhin ebenso tadellos wie ihr Kostüm. Antrainierte asiatische Disziplin und Höflichkeit? Jein. Eher anprogrammiert. Denn Iwazume ist eine Roboter-Dame. Sie arbeitet seit letztem Jahr mit ihren neun Roboter-Kolleginnen in einer Gästeherberge im Freizeitpark Huis Ten Bosch. Zwei weitere Roboter-Damen unterstützen Iwazume am Empfang, vier kümmern sich ums Gepäck, eine um die Garderobe und zwei übernehmen die Raumpflege. Noch ergänzen zehn menschliche Arbeitskräfte die Roboter-Kolonne, doch das soll sich bald ändern. Idealerweise ist das Mensch-Roboter-Verhältnis in Zukunft eins zu neun, meint der Betreiber. Der Name des Hotels ist Programm, heißt Henna Hoteru doch übersetzt „seltsames Hotel". Was heute noch seltsam ist, soll jedoch bald Alltag werden, denn es handelt sich um den Prototyp eines kostengünstigen Smart-Hotels mit 72 Zimmern, in dem menschliche Arbeitskräfte möglichst bald durch Roboter ersetzt werden sollen. Die Maschinenmenschen selbst werden von ihrem Hersteller Kokoro als langbeinig, mit einem umwerfenden Lächeln und mädchenhaft-süßen Gesten angepriesen.

Was sich wie Science-Fiction anhört, kann auch bei uns irgendwann einmal zur Realität werden. An der Entscheidung werden wir als Kunden maßgeblich beteiligt sein – Sie können ja schon einmal überlegen, ob menschliche Betreuung künftig in Ihrem Urlaubsbudget eine Rolle spielen soll oder nicht. Denn auch in der personenbezogenen Dienstleistungsbranche stehen uns Veränderungen bevor, deren Ausmaß die wenigsten von uns heute absehen oder sich auch nur vorstellen können. Speziell im Pflegebereich können diese vielleicht schneller eintreten und extremer ausfallen, als wir denken. Schon heute wird die Kranken- und Altenpflege maßgeblich durch Computer unterstützt. Bald werden wir auch jenseits von Messen und Fachzeitschriften erfahren, dass assistive Techniken wie Serviceroboter oder sensorbasierte Überwachungssysteme Hilfe- und Pflegebedürftige in ihrer häuslichen Umgebung unterstützen und das Personal in Krankenhäusern, Alten- oder Pflegeheimen entlasten. Monitoring- und Notrufsysteme können für die nötige Sicherheit bei Alleinlebenden im häuslichen Umfeld sorgen und die Verwaltung der täglichen Medikamentendosierung übernehmen, indem ein Alarm eingerichtet wird, der Pflegebedürftige an anstehende Einnahmezeiten erinnert. Pflegerobotern scheint sowohl in häuslichen als auch in stationären Umgebungen eine große Zukunft beschieden, etwa indem sie schwere Lasten befördern, Hol- und Bringdienste erledigen oder Pflegende darin unterstützen, bewegungseingeschränkte Menschen zu heben, zu positionieren und zu transportieren.

Mit Bausteinen kommunizieren

Klar, von Robotern haben wir alle schon gehört und können uns in etwa ausmalen, wie sie unser Leben in Zukunft begleiten. Kühlschränke, die selbstständig Lebensmittel nachbestellen, oder Waschmaschinen, die ihre Waschprogramme nach dem Sonnenstand und damit der gerade auf dem Dach erzeugten Solarenergie ausrichten, erscheinen uns nicht mehr wie Versatzstücke aus einem Science-Fiction-Film. Aber haben Sie schon einmal über intelligente Baustoffe nachgedacht? Darunter versteht man Steine, Dämmplatten oder Fensterrahmen, die per Barcode kommunizieren und ihrem Auslieferer genau sagen können, wo auf der Großbaustelle sie zu welchem Zeitpunkt abgeliefert werden sollen. Es spart Zeit, Wege und damit Geld, wenn große Lieferungen künftig sehr viel schneller und punktgenau abgewickelt werden können. Und es geht noch mehr: Globale Baustellenmanagement-

Systeme verbinden künftig die Baustelle mit dem Büro. Per Satellit übertragen Baumaschinen ihre Arbeitsdaten auf Internet-Server, sodass der Baustellenleiter den Baufortschritt permanent am Computer verfolgen kann. Egal, ob vom Schreibtisch nebenan oder von weiter weg. Wie viel Material wurde bereits bewegt? Wo muss noch gearbeitet werden? Wo geht es schneller oder langsamer voran als geplant? Das System weiß Bescheid. Auf Basis der aktuellen Daten kann die Baustellenleitung Probleme erkennen und die weiteren Arbeitsschritte anpassen – und zwar sekundenaktuell. Selbst eine Echtzeit-3-D-Simulation der kompletten Baustelle ist möglich. Wenn es mal nicht so läuft, wie geplant? Die Baumaschine streikt, die Arbeit nicht weitergeht? Alles kein Problem mehr. Mithilfe des Fernzugriffs hat ein Servicetechniker direkten Zugang auf die Steuerungseinheit und kann das Problem aus der Ferne beheben. Wir sehen: Der Wandel macht vor keiner Branche Halt. Möglichkeiten, wie die genannten aus der Fertigung, der Pflege oder dem Bauwesen, eröffnen sich in jedem anderen Arbeitsgebiet auch.

Wissensarbeit: Das Büro für unterwegs

Fast langweilig muten sich nach diesen Beispielen die neuen Bürolösungen an, die heute in vielen Unternehmen bereits umgesetzt werden. So stellt Siemens in seinem flexible Office nur mehr für etwa die Hälfte seiner Vertriebsmitarbeiter am Münchner Standort Schreibtische zur Verfügung, um – nach eigenen Angaben – die Büronutzung zu optimieren, die Flächenkosten zu senken, direkte Kommunikation unter den Mitarbeitern zu fördern sowie deren mentale und organisatorische Fähigkeiten zu steigern. Da nie alle

Vertriebsmitarbeiter im Haus sind, sollen im Büro an der Richard-Strauss-Straße 116 Arbeitsplätze für 300 Personen ausreichen. Anstelle eines festen Schreibtisches besitzt jeder Mitarbeiter nur noch einen hellgrauen Rollwagen mit seinem Namensaufkleber darauf. Nicht jedem mag es gefallen, morgens eine leere Buchenholzplatte mit LAN-Kabel in der Desk-Sharing-Zone vorzufinden, die er abends ebenso leer wieder zu hinterlassen hat, denn schließlich soll der nächste Schreibtischbenutzer nicht die Papiere und Gerätschaften seines Vorgängers vorfinden. Auch Telefone sucht man im neuen Siemens-Büro vergeblich. Telefoniert wird mithilfe des Laptops übers Internet, dem sogenannten Voice Over IP. Grundvoraussetzung für die neuen Büros ist die technische Ausstattung – und die ist minimalistisch: ein Laptop mit Netzwerk-Anschluss und ein Headset – und natürlich viele Steckdosen.

Auch bei Microsoft wird auf flexible Lösungen zur Reduktion von Bürokosten gesetzt. Das IT-Unternehmen wollte 2013 in Deutschland drei Standorte schließen und den dort angesiedelten Mitarbeitern Home-Office-Lösungen anbieten – Stellen sollten bei diesem Vorhaben nicht abgebaut werden. Hintergrund war, dass die Hälfte der 500 betroffenen Mitarbeiter ohnehin schon überwiegend von zu Hause aus arbeitete. Besprechungen sollten fortan in dafür angemieteten Räumen stattfinden. Doch der Betriebsrat stellte sich quer, beklagte massive Verstöße gegen das Arbeitsrecht, witterte hinter den Standortschließungen Angriffe auf die Arbeitnehmervertretung – und gewann. Die Büros bleiben vorerst erhalten. Doch wer meint, damit mehr als nur einen Etappensieg errungen zu haben, der irrt. Großunternehmen – noch dazu kreative wie Microsoft – werden Mittel und Wege finden, ihre Büronutzung zu optimieren. Anstatt Angebote zur Heimarbeit zu machen, könnten sie die Angestellten zwingen, künftig von der Deutschlandzentrale in München aus arbeiten zu müssen. Wer hätte dann gewonnen? Dieses

Beispiel verdeutlicht, dass es unklug ist, sich dem übermächtigen Wandel entgegenzustellen. Anstatt sich mit den Veränderungen auseinanderzusetzen und das Beste daraus zu machen, könnte den Microsoft-Mitarbeitern nun drohen, dass sie an den Hauptstandort umziehen oder pendeln müssen.

Flexibilität ... zuerst einmal definieren, bitte!

Was wir in Zukunft unter Flexibilität verstehen werden, wird nicht nur Arbeitszeit und -ort betreffen. Nehmen wir einmal das Beispiel von IBM, das viel weiter geht, als dass es diese Faktoren überhaupt noch groß thematisieren würde. Der IT-Konzern hat sich mit IBM Liquid ein völlig neues Modell einfallen lassen. Zusätzlich zu den Festangestellten soll es hier einen Pool an Freelancern – in Deutschland würden wir sie wohl „feste freie Mitarbeiter" nennen – geben. Diese können sich über eine unternehmensinterne Plattform ständig neue Projekte, an denen sie mitarbeiten wollen, aussuchen und sich dafür bewerben. Arbeitsinhalte, Umfang und damit letztendlich auch den Verdienst kann sich jeder dieser freien Mitarbeiter selbst einteilen. Die Gewerkschaften schreien Zeter und Mordio, befürchten den Abbau fester Arbeitsplätze und die Aufkündigung des sozialpartnerschaftlichen Modells der Arbeitsorganisation, welches darauf abzielt, Chancen und Risiken gleichmäßig zu verteilen. Diese Bedenken sind durchaus berechtigt und es ist Pflicht und Aufgabe der Gewerkschaften, auf potenzielle Nachteile für die Arbeitnehmerschaft aufmerksam zu machen. Was jedoch weit über die nachvollziehbare Sorge um den festen Arbeitsplatz inklusive sozialer Absicherung hinausgeht, sind Befürchtungen, dass solch ein Programm die

Arbeitsleistung des Einzelnen transparenter machen könnte und zur Benachteiligung leistungsschwacher Mitarbeiter führen könnte. Wer langsamer arbeitet und weniger Leistung bringt, muss am Ende fürs gleiche Geld länger schuften als jemand, dem die Arbeit leicht von der Hand geht und der in kürzerer Zeit zum gewünschten Ergebnis kommt. Wirklich ungerecht, so ein Leistungsdenken! IBM wirbt hingegen damit, dass jeder Mitarbeiter die Möglichkeit bekommt, sich die Projekte auszusuchen, die ihm spannend erscheinen und an denen er gerne mitarbeiten möchte; dass Transparenz im gesamten Konzern geschaffen wird, sodass es nicht von einzelnen Fürsprechern abhängt, ob und wie Mitarbeiter ihre Leistung präsentieren und sich selbst weiterentwickeln können, und letztendlich mit der Autonomie, sich Arbeitsumfang und damit auch den Verdienst selbst einteilen zu können. Vorteile für das Unternehmen selbst liegen darin, den Wettbewerb unter den kreativsten und innovativsten Köpfen der Welt anzuheizen und diese für sich zu gewinnen, sowie auf Markt- und Auftragsschwankungen flexibel reagieren zu können. Aus Unternehmenssicht durchaus legitim – aus Sicht der Arbeitnehmer sicherlich besorgniserregend und gewöhnungsbedürftig.

„Plattform-Kapitalismus" nennt der Digitalisierungs-Vordenker Sascha Lobo diese neue Form des Wirtschaftens, bei dem die gigantischen Internetplattformen als eine Art Meta-Händler fungieren und sowohl den Zugang als auch die Prozesse eines ganzen Geschäftsfeldes an sich reißen, kontrollieren und bestimmen. Nicht nur Produkte werden angeboten, auch Arbeitskraft wird hier als Ware gehandelt. Plattformen präsentieren sich gerne als simple digitale Marktplätze; doch sie sind in Wirklichkeit weit mehr als das. Denn Marktplätze, wie wir sie ursprünglich kennen, führen lediglich Angebot und Nachfrage zwischen Anbieter und Kunden zusammen. Eine Plattform hingegen führt gezielt ideale Kunden und ideale Anbieter zusammen, indem diese jedes Detail ihrer Geschäftsprozesse definieren, technisch handhabbar machen und kontrollieren. Nehmen wir einmal das Beispiel Houzz, eine Plattform für Wohnungseinrichtung, Haus- und Gartengestaltung. Ähnlich wie in den einschlägigen Zeitschriften findet man dort Anregungen und Tipps für die eigenen vier Wände. Gefällt einem ein Projekt, kann man nicht nur mit einem Klick erkennen, wo es den Stuhl, die Lampe, den Gartenzaun oder die Hollywoodschaukel zu kaufen gibt, sondern findet auch Architekten und Landschaftsgärtner, die bereits Projekte durchgeführt haben, die dem eigenen Geschmack entsprechen. Anstatt also Baumärkte zu besuchen oder die Gelben Seiten nach Handwerkern zu durchforsten, finden über Houzz klick-genau die Menschen und Produkte zusammen, die sozusagen nur aufeinander gewartet haben. Kunden, die ihren Garten neu gestalten oder einen Anbau planen wollen, können auch selbst ihr Anliegen auf die Plattform stellen und darauf warten, dass sich ein Anbieter bei Ihnen meldet, der genau dafür die passende Lösung zu bieten hat. Dabei ist das Internet auch perfekt dafür geeignet, Eintrittsbarrieren zu senken und damit per Definition die Grenze zwischen professionellem Angebot und amateurhaftem Gelegenheitsdienst aufzulösen. Wenn allerdings Privatleute beginnen, einen professionellen Service zu ersetzen, kann eine regelrechte Dumpinghölle entstehen, warnt Lobo. Wenn etwas, was bisher nur Profis konnten, plötzlich jeder kann, wird die Konkurrenz unüberschaubar groß und der Preis für die geleistete Arbeit geht gegen null. Beispiele sind hier wieder UberTaxi und airbnb, die aus ganz normalen Autofahrern und Wohnungsbesitzern quasi über Nacht Amateur-Taxifahrer und -Hoteliers machen.

Agieren statt reagieren

Die bisher genannten Beispiele zeigen, dass Unternehmen längst damit beschäftigt sind, die Veränderungen und Möglichkeiten, die der Wandel in der Arbeitswelt mit sich bringt, für sich selbst bestmöglich zu nutzen. Es wäre geradezu sträflich, wenn wir als Arbeitnehmer und Einzelpersonen dieses Feld allein den Arbeitgebern überlassen würden. Auch die Vorgehensweise der Gewerkschaften, lediglich zu reagieren und protestieren, wenn sich Veränderungen anbahnen, ist auf Dauer nicht zielführend. Viel besser ist es doch, sich selbst mit den Chancen und Herausforderungen auseinanderzusetzen, die die Arbeitswelt der Zukunft für uns bietet. Wir haben so viel Entscheidungsspielraum wie noch nie, also sollten wir schnellstens damit beginnen, uns Gedanken zu machen, wie wir uns bestmöglich vorbereiten und unsere Entscheidungen entsprechend treffen können. Wir müssen uns überlegen, für welche Unternehmen wir künftig arbeiten, mit welchen Menschen wir uns umgeben und in welche Netzwerke wir uns einbringen wollen. Wir müssen den Mut haben, auszuprobieren, was uns gefällt und was nicht, müssen voneinander lernen, gute Ideen aufschnappen und weiterentwickeln. Nur so bringen wir uns in eine Position, die uns davor schützt, von einem ungewollten Wandel überrascht oder gar überrollt zu werden. Um uns dafür zu rüsten, sollten wir anfangen, uns ein paar Fragen zu stellen:

- Welche Veränderungen und Fortschritte werden mein Arbeitsleben am stärksten beeinflussen und was bedeutet das für mich konkret?
- Welche bahnbrechenden Ereignisse könnten sich auf mich und mein persönliches Umfeld besonders stark auswirken?
- Was kann ich tun, um mich so gut wie möglich auf diese Veränderungen vorzubereiten?

Wenn wir uns diese Fragen verinnerlichen und insbesondere dann, wenn wir Veränderungen sich bereits am Horizont abzeichnen sehen, können wir agieren, anstatt nur zu reagieren, und damit unsere Zukunft zumindest ein gutes Stück weit selbst in die Hand nehmen.

Bildung von gestern für die Jobs von morgen?

Während wir uns als Erwachsene informieren und entsprechend aufstellen können, werden unsere Kinder leider nicht in dem Maße vorbereitet, wie es nötig wäre. „Die Jugend lernt, was gestern wichtig war", titelte beispielsweise die Wirtschaftswoche und schrieb weiter: „Mit dem heutigen Unterricht bereiten wir niemanden auf das Leben vor." Und tatsächlich müssen wir uns die Frage stellen, ob die Vermittlung von Fachwissen unsere Kinder fit macht für das, was auf sie zukommt. Uns überlegen, warum trotz jahrzehntelanger Debatte immer noch zu wenig Wert gelegt wird auf interdisziplinäres Denken oder die Aufnahme und Verarbeitung von Informationen, die heute wie Wellen auf uns hereinbrechen. Warum wir meinen, mit dem Zur-Verfügung-Stellen von Smartphones, Tablets und Laptops genug zu tun, um unsere Kinder auf die digitale Welt vorzubereiten, in der sie leben und sich zurechtfinden müssen. Wieso Programmieren in Großbritannien und Estland bereits als Fach in der Grundschule auf dem Lehrplan steht, bei uns aber nicht, obwohl es konzentriertes Arbeiten, Kombinieren und logisches Denken fördert.

So fordert die Internetbeauftragte der Bundesregierung, Gesche Joost, bereits im Grundschulalter Programmierkenntnisse zu vermitteln. „Ich bin als Internetbotschafterin in ganz Europa unterwegs und merke, dass in ande-

ren Ländern mehr für die digitale Bildung getan wird",
sagte die Professorin für Designforschung, die das
Bundeswirtschaftsministerium in digitalen Fragen berät. Im
Gegensatz zu anderen Ländern zeige sich Deutschland in
der Diskussion zu zurückhaltend und abwartend, so Joost.
Dabei gibt es längst akuten Handlungsbedarf. „Selbst wenn
wir jetzt ein Konzept schreiben, würde die Umsetzung noch
Jahre dauern. Wir müssen heute anfangen, die bestehenden
Initiativen auszubauen und in die Fläche zu bringen."

Demgegenüber stehen jedoch die Lehrer selbst, denn
die Lehrergewerkschaft GEW sieht die Ideen eher skep-
tisch. Programmieren ja, aber erst nach der sicheren
Beherrschung der Kulturtechniken – Lesen, Schreiben und
Rechnen – sowie des sozialen Lernens. Joost hingegen
sieht darin keinen Widerspruch: „Ich würde das nicht als
Gegensatz sehen und sehe auch keinen Zwang, dass man
es als neues Schulfach einführt", sagt Joost. Neue Formen
des digitalen Recherchierens, des Programmierens oder
der Mediengestaltung könnten auch in den bestehenden
Fächern in der Schule vermittelt werden. Damit bereits im
Grundschulalter zu beginnen, sei alles andere als verfrüht.
Im Gegenteil: Die kindliche Neugier wäre sogar eine Stärke,
sagt Joost. „Irgendwann in der frühen Pubertät entstehen
plötzlich Berührungsängste, gerade bei Mädchen. Daher
müssen wir früh die positiven Erfahrungen im Umgang mit
Technologien ermöglichen."

Nicht alle sollen später Programmierer werden (obwohl
wir viele davon brauchen werden). Aber zu wissen, wie eine
Software aufgebaut ist, sollte genauso selbstverständlich
sein wie die Kenntnis, dass die Tinte für den Füller aus der
Patrone kommt. Denn nur so begreifen unsere Kinder, dass
sie Knöpfe nicht nur drücken können, sondern verstehen, wie
die Technik dahinter funktioniert. Damit sind sie wesentlich
besser für die Herausforderungen gerüstet, vor die sie die
Technik zweifellos im Leben stellen wird, als sie es durch die

bloßen Warnungen vor den Gefahren, die im Netz auf sie lauern, jemals sein könnten. Unsere Kinder sollen keine Angst bekommen – sie sollen lernen, als verantwortungsbewusste Nutzer die Möglichkeiten der Datenverarbeitung durch Algorithmen zu durchschauen und anhand dieses Wissens aufmerksam, aber nicht ängstlich, selbstverständlich, aber nicht blind, durch die digitale Welt zu navigieren. Nicht ohne Grund ist Datenanalyst bereits heute einer der Jobs, mit den besten Zukunftsaussichten. Erinnern wir uns noch einmal daran, was eingangs bereits erwähnt wurde: 65% der heutigen Gymnasiasten werden später einmal in Berufen arbeiten, die derzeit noch nicht existieren. Sorgen wir dafür, dass unsere Kinder rechtzeitig mit diesen Tätigkeitsfeldern in Berührung kommen und ebenso gut darauf vorbereitet sind wie heute auf kaufmännische oder technische Berufe.

5. WAS BRINGT UNS VORAN – UND WIE BEKOMMEN WIR ES?

„Die Zukunft sollte man nicht voraussehen wollen,
sondern möglich machen.“
Antoine de Saint-Exupery

Die Sieger von morgen

Natürlich wünschen sich die meisten Chefs Mitarbeiter, die anständige Arbeit leisten. Sie erwarten, dass die Beschäftigten hart arbeiten, sich anstrengen, pünktlich, zuverlässig und ihrem Unternehmen gegenüber loyal sind. Sich mit dem System arrangieren und versuchen, die an sie gestellten Anforderungen so gut wie möglich zu erfüllen. Gelingt ihnen das und sind sie dabei sogar noch etwas besser als der Durchschnitt, haben sie gute Chancen – wenn auch keine Garantie – mit Anerkennung in Form von mehr Geld, mehr Ansehen und mehr Verantwortung belohnt zu werden. So weit, so gut. Doch reicht all das wirklich aus, um als Angestellter langfristig erfolgreich zu sein?

Durch die zunehmende virtuelle Vernetzung, vor allem über berufsorientierte Social Networks wie XING und LinkedIn, sind Arbeitskräfte heute weit über ihre eigenen Firmengrenzen hinaus auffindbar und damit auch erreichbar. Deshalb empfiehlt es sich, sich frühzeitig eine Präsenz im Internet aufzubauen. Zum einen, um Kontakte zu knüpfen und zu pflegen, zum anderen aber auch, um sich selbst sichtbar zu machen, sei es durch Profile bei XING oder LinkedIn, mit einer eigenen Website oder einem Blog. Gerade Letztere werden immer wichtiger. So schreibt das Karriereportal karrierebibel.de: „Wer seine Personenmarke ausbauen, seine Reputation aktiv gestalten und sich klar positionieren will, braucht 2015 eine solche Plattform."

Neue Möglichkeiten schaffen auch Websites wie Talents Connect. Sie macht Bewerber auf Jobs aufmerksam, von denen diese gar nicht wussten, dass es sie gibt. Und Unternehmen auf mögliche Mitarbeiter, die sie über die klassischen Wege immer seltener erreichen. Ein Algorithmus erledigt, was anbiedernde Briefe und mit Standardfloskeln gespickte Beurteilungen nicht mehr leisten können. Dabei ähnelt Talents Connect in Aufbau und Anwendung einer Datingplattform: Wer einen Job sucht, legt ein Profil an. Etwa zehn Minuten lang hangelt sich ein Bewerber dazu durch verschiedene Fragen: Er gibt an, wo er seine Arbeitszeit verbringen will – im Büro, unterwegs, zu Hause, im Labor oder der Werkstatt? Ob er eher jemand ist, der forscht, oder einer, der anpackt? Er erstellt eine Reihenfolge von Dingen, die ihm wichtig sind, beispielsweise der Zusammenhalt im Team oder die Möglichkeit, Fehler offen anzusprechen. Er beschreibt, wie er mit bestimmten Situationen umgeht – ob er eine Kundenanfrage lieber selbst beantwortet oder erst Rücksprache hält. Auf der Grundlage all dieser Informationen bekommt der Arbeitsuchende Stellenangebote, sortiert nach einer Trefferquote in Prozent. Unternehmen, die sich auf der Plattform umsehen, sehen im

Gegenzug zunächst nur, wo der Interessent lebt und wie alt er ist, ebenfalls mit einer Trefferquote. Sie können Kontakt zu ihm aufnehmen, und dabei auch bestimmte Filter setzen, sich beispielsweise nur die Leute anzeigen lassen, die eine zwei in Mathe haben. Oder nur diejenigen, die nicht weiter weg wohnen als 25 Kilometer. Dann schrumpft die Anzahl der Treffer schon mal auf ein Zehntel zusammen. Robin Sudermann, der Erfinder und Gründer von Talents Connect, hat eine klare Absicht hinter diesem System: „Bisher hat sich ein Bewerber nicht so präsentiert, wie er ist, sondern so, wie er nach der Stellenbeschreibung glaubte, sich präsentieren zu müssen. Der gesamte Stellenmarkt ist starr und dreht sich um die Unternehmen. Dort sitzt ein Personalbeauftragter mit einem mehrere Jahre alten Text, etwa der Stellenbeschreibung eines Industriemechanikers. Den publiziert er als Anzeige bei Jobbörsen wie StepStone, Monster oder Jobware. Der Kandidat wiederum loggt sich in die Karriereseiten vieler Konzerne ein, schreibt um die 40 Bewerbungen und erhält am Ende im besten Fall eine politisch korrekte Absage. Diese Abläufe sind überholt, sie existieren seit 20 Jahren." Vorbei ist, seiner Meinung nach, die Zeit, in der Unternehmen Anzeigen schalteten, in denen stand, der Kandidat solle belastbar und teamfähig sein. Die Zeit, in der sie Bewerbungen von Menschen bekamen, die sich selbst als belastbar und teamfähig beschrieben. Die Zeit, in der Arbeitgeber und Arbeitnehmer zwar die gleichen Worte wählten, sich aber trotzdem nicht verstanden. „Jetzt aber beschreibt der Bewerber seine Sicht auf die Arbeitswelt – ohne vorher zu wissen, was im jeweiligen Fall von ihm verlangt wird", so Sudermann. Das hat Zukunft, davon ist er überzeugt. Wir leben eben nicht mehr in Zeiten, in denen die Unternehmen sich aus einem nahezu unerschöpflichen Pool an Bewerbern bedienen konnten. Je härter der Kampf um die besten Kräfte wird, desto mehr müssen sich die Arbeitgeber ins Zeug legen. Bislang haben die Unternehmen vor allem ihre Produkte angepriesen. Wir wissen, dass BMW schnelle Autos fertigt und E.ON dafür sorgt, dass Strom ins Haus kommt. Dass BMW und E.ON der Welt da draußen aber auch erklären müssen, was sie als Arbeitgeber attraktiv macht, diese Überzeugung setzt sich erst langsam durch. Die Unternehmen arbeiten nun vermehrt daran und scheinen Sudermanns Konzept recht zu geben, über 1.000 Menschen nutzen bereits den Service von Talents Connect.

Arbeitgeber oder Arbeitnehmer?

Sind Sie Arbeitgeber oder Arbeitnehmer? Wenn wir uns die neuen Möglichkeiten und Verhältnisse auf dem Arbeitsmarkt vor Augen halten und den Gedanken noch etwas weiterentwickeln, dann könnte Ihre Antwort vielleicht anders ausfallen, wenn ich Ihnen diese Frage am Ende des nächsten Absatzes noch einmal stellen würde.

In unserem heutigen Verständnis ist ein Arbeitgeber jemand, der Arbeit, die erledigt werden muss, zu vergeben hat. Ein Arbeitnehmer hingegen ist derjenige, der diese Arbeit annimmt und ausführt. Wir können dieses Konstrukt freilich auch anders herum denken. Dann wäre ein Arbeitnehmer derjenige, der die Arbeitskraft eines anderen annimmt und ein Arbeitgeber jemand, der Arbeitskraft zu vergeben hat. Wer hat wohl bei diesen beiden Herangehensweisen das Sagen? Das richtet sich nach der Angebots- und Nachfragesituation. Wenn viele Arbeitskräfte zur Verfügung stehen, aber nur wenig Arbeit, dann können sich Unternehmen (denn die sind meist diejenigen, die Arbeitsaufträge zu vergeben haben) ihre Mitarbeiter aussuchen. Die Mitarbeiter buhlen um die Gunst des Unternehmens und machen Zugeständnisse, in

Form von längeren Arbeitszeiten, geringerem Verdienst etc., um den Job zu bekommen. Wenn aber umgekehrt viel Arbeit erledigt werden muss und im Verhältnis dazu nur wenige Personen zur Verfügung stehen, die ihre Arbeitskraft anbieten, bemühen sich die Unternehmen ihrerseits um die vorhandenen Fachkräfte. Dann geben die Arbeiter ihr Wissen und ihre Arbeitskraft dem Unternehmen, das diese dankbar in Anspruch nimmt und entsprechend entlohnt. Ist das das Szenario, auf das wir zusteuern? Führt der vorausgesagte Fachkräftemangel tatsächlich zum ebenso häufig beschworenen War for Talents, dem Krieg um die Talente? Werden sich in absehbarer Zeit nicht die Bewerber um die besten Stellen prügeln, sondern die Unternehmen um die besten Bewerber? Das alles kann passieren, ja es ist sogar wahrscheinlich. Allerdings muss uns eines klar sein: Zwar müssen die Unternehmen Zugeständnisse machen und sich vielleicht noch mehr einfallen lassen, als wir uns heute vorstellen können, sie werden dies aber nur in dem Maße tun, in dem es sich für sie auch lohnt. Dazu gehört, dass sie nach Wegen und Lösungen suchen werden, mit denen sie mit weniger Mitarbeitern ein größeres Arbeitsvolumen erbringen können. Effizienzsteigerung wird dabei ebenso wichtig werden wie die Suche nach Arbeitskräften, die ganz besonders herausragende Leistungen einbringen. Sich ausruhen und darauf bauen, dass uns die Unternehmen in Zukunft die Tür einrennen und wir auch eine ruhige Kugel schiebend erfolgreich durchs Arbeitsleben kommen, wird auch künftig keine vernünftige Option sein. Sich so aufzustellen, dass wir kompetent und effizient unsere Arbeitsleistung anbieten können, umso mehr. Employability – also Beschäftigungsfähigkeit – heißt das Wort, das uns immer wieder begegnen wird, wenn wir auf die Arbeitskräfte der Zukunft blicken. Was bedeutet das konkret? Lebenslanges Lernen? Ja, sicher. Gesunderhaltung der eigenen Arbeitskraft? Natürlich auch. Aber vor allem gehört dazu die Bereitschaft, sich auf immer neue Anforderungen, vielleicht auch auf immer neue Jobs unter Umständen in neuen Unternehmen einstellen zu können. Das alles lässt sich nicht allein durch fachliche Weiterbildung sicherstellen. Ebenso wichtig – oder noch wichtiger – sind soziale Kompetenzen wie flexibles Denken, Team-, Kommunikations- und Anpassungsfähigkeit, aber auch eine unternehmerische Einstellung.

Ein bisschen selbstständig geht auch

Unternehmerische Einstellung? Wir sprechen doch gerade von den Angestellten, oder? Ja und nein. Denn ob die Mehrheit der Erwerbstätigen weiterhin in langfristigen Angestelltenverhältnissen arbeiten wird, ist ungewiss. Gut möglich ist, dass wir uns immer wieder neue Jobs, neue Projekte und neue Aufgaben suchen und diese für einen gewissen Zeitraum ausüben, bis es neue Möglichkeiten gibt und wir weiterziehen. Somit werden Eigenschaften wie Eigeninitiative, Reflexionsfähigkeit, Beobachtungsgabe und Umsichtigkeit immer mehr zu Qualitäten, über die der künftig erfolgreiche Arbeitserbringer verfügen sollte. Nicht Berufe oder Berufsbezeichnungen werden auf den Arbeitsmärkten der Zukunft gefragt sein, sondern Kompetenzen und Erfahrungen. Einmannbetriebe, Ich-AGs, Solo-Unternehmer oder Solopreneure werden wir in Zukunft wesentlich häufiger antreffen, als das heute der Fall ist. Dabei muss nicht zwangsläufig jeder den Sprung ins kalte Wasser der Selbstständigkeit wagen. Möglich sind Mischformen, beispielsweise ein Angestelltenverhältnis in Teilzeit und Projektarbeit als Zuverdienst, oder auch der schrittweise Übergang. Auch wenn feste Arbeitsverhältnisse enden – oder bevor diese entstehen –, können projektbezogene in Angriff genommen werden. Rentner können dabei ihr Wissen ebenso einbringen wie Studenten und natürlich auch Personen, die vorübergehend ohne festen Job sind, beispielsweise auf Arbeitsuche oder in Elternzeit. Immer beliebter wird die Arbeit als „digitaler Tagelöhner", wie die Internet-Freiberufler manchmal genannt werden, für Leute, die einfach mal eine Job-Pause einlegen wollen und dabei weiterhin ein Einkommen brauchen, das sie zeit- und ortsungebunden arbeiten lässt.

Melissa gehört zu dieser Gruppe von Menschen, die sich „digitale Nomaden" getauft hat. Sie hat einige Zeit in Indonesien verbracht und von dort aus als Freelancer gebloggt, beraten und Videos geschnitten. In ihrem Blog indojunkie.com gibt sie Insider-Tipps für alle, die einfach mal für ein paar Wochen oder Monate aussteigen wollen und dabei trotzdem Geld verdienen wollen. Melissa selbst ist nach eigenen Angaben mit 600 Euro Budget im Monat ausgekommen. Sie kennt die Hotspots für produktives Arbeiten, weiß, wo die Internetverbindung am besten ist, welche SIM- und welche Telefonkarte gut funktioniert. Darüber hinaus rät sie Nachahmern, sich zwischendurch auch mal ein bisschen Luxus zu gönnen – ihrer Erfahrung nach erhöht die Aussicht auf eine javanesische Massage nach getaner Bildschirmarbeit die Produktivität erheblich. Wer es doch etwas professioneller mag, geht in einen Co-Working-Space und sitzt dort mit anderen Freiberuflern gemeinsam im Büro. Diese perfekt ausgestatteten und natürlich voll klimatisierten Arbeitsplätze schießen in Bali gerade wie Pilze aus dem Boden und ziehen Freiberufler, Unternehmen und Gründer aus aller Welt an. Erbaut in traditioneller Bauweise mit einheimischen Materialien, bieten sie einen inspirierenden Ausblick in traumhaft grüne Landschaften. Freiberufler aus aller Welt arbeiten hier zusammen, gemeinsam haben sie vor allem drei Dinge: die Schnauze voll vom Büroalltag zu Hause, die Lust auf

Abenteuer und letztlich auch den Mut, etwas völlig Neues auszuprobieren.

Wer sich bisher noch nicht mit den Möglichkeiten des freiberuflichen Arbeitsmarktes befasst hat, fragt sich an diese Stelle sicherlich, wo überhaupt die Jobs zu finden sind, die einem ein Arbeitsleben unabhängig von Zeit und Ort ermöglichen. Der einfachste – wenn auch nicht gerade lukrativste Weg – führt über Online-Plattformen. Hier finden Freelancer Unternehmen, die kleinere und größere Aufträge an Externe zu vergeben haben. Beim weltweit größten Anbieter Upwork (bis vor Kurzem Elance-oDesk) sind über 3 Millionen Freiberufler – auch Clickworker genannt – registriert und über 500.000 Unternehmen bieten mehr als 100.000 Projekte pro Monat an. Die Arbeitsfelder reichen dabei von Webdesign, Programmierung, Übersetzungen, Content Marketing und Vertrieb über generelle Services wie Buchhaltung und Customer Support bis hin zur virtuellen Assistenz. Eigentlich gibt es so ziemlich alles, was online erledigt werden kann. Die Spanne reicht dabei von sehr speziellen Aufgaben bis zu Jobs für Generalisten. Je spezialisierter jemand in seinem Kompetenzbereich ist, desto besser. Allerdings werden einfachere Aufgaben und vor allem solche, für die keine besonderen Sprachkenntnisse notwendig sind, auch zu Dumpingpreisen von wenigen Euro pro Stunde angeboten. Mit Deutschkenntnissen sieht es da schon besser aus, denn die wenigsten Anbieter aus den meist asiatischen Billiglohnländern können damit aufwarten. Eine englischsprachige Assistentin aus Bangalore bietet eben keinen Mehrwert für den niederbayerischen Mittelständler – eine niedersächsische dagegen schon, auch wenn hier unter Umständen ebenfalls kleine Sprachbarrieren zu überwinden sind.

Einer, der den Ausstieg gewagt hat, ist Tim Chimoy, studierter Architekt und ehemals fest angestellt als Projektmanager im Bauwesen. Heute fertigt der 33-Jährige als freier Dienstleister Bauzeichnungen und 3-D-Modelle an und beschäftigt sogar selbst freie Mitarbeiter. Sein Geschäft hat er so organisiert, dass er es von überall aus führen kann. Den Sommer verbringt er meist in Berlin, den Winter in Asien, bevorzugt in Vietnam. Wenn er unterwegs ist, geht seine Post per Nachsendeauftrag an die Firma Dropscan, die seine Briefe einscannt und ihm per Mail zuschickt. Rechnungen lässt er über einen Online-Dienstleister verschicken. Ist er telefonisch nicht erreichbar, geht ein externes Sekretariat ran. Seine Erfahrungen gibt er über seinen Blog www.earthcity.de weiter. Hier erfahren Personen, die vorhaben, dem Angestellten-Dasein Lebwohl zu sagen, und als Freiberufler durchstarten wollen, worauf es ankommt. An erster Stelle stehen für ihn Selbstvermarktung und Akquise, denn wer sich nicht verkaufen kann, wird es schwer haben, als Freiberufler Fuß zu fassen, egal, wie gut die geleistete Arbeit oder die Ausbildung ist. Er rät davon ab, Plattformen wie Upwork zu nutzen, da die Erträge letztendlich zu gering sind. Lieber sollten wir die Zeit investieren, entscheidende Skills selbst zu erlernen, um einschlägige Job-Plattformen als Akquise-Tool überflüssig zu machen. Er nutzt sie jedoch gerne aus der Perspektive eines Auftraggebers und hat gute Erfahrungen gemacht, qualifizierte und zuverlässige Mitarbeiter für wenig Geld zu finden. Wer jedoch hofft, mit Online-Projektarbeit schnell das große Geld zu machen, wird vermutlich enttäuscht werden. Einen ausschweifenden Lebenswandel lässt dies meist nicht zu. Doch mittlerweile mehren sich die Ansprüche, insbesondere von jungen Menschen, Reichtum jenseits von materiellem Einkommen anzuhäufen, in Form von Zeit, Freiheit und der Möglichkeit zur Selbstverwirklichung.

Die Schattenseite der großen Freiheit

„Freedom's just another word for nothin' left to lose", sang einst Janis Joplin und ein wenig können wir diese Zeile auch auf die Situation von digitalen Freiberuflern übertragen. Während es eine immer größer werdende Gruppe von Mensch gibt, die diese Art der Arbeitsgestaltung begrüßen, gibt es natürlich auch jene, die warnend den Finger heben und auf die Gefahren hinweisen, die die Loslösung aus festen Dienstverhältnissen mit sich bringt. Zu dieser Gruppe zählen naturgemäß die Gewerkschaften, die den Rückgang von Angestelltenverhältnissen zugunsten der freiberuflich tätigen Personen mit Sorge betrachten und befürchten, dass die Stammbelegschaft in Betrieben ins Hintertreffen gerät und durch freie Mitarbeiter sukzessive ersetzt wird. Denn auf vieles, was Festangestellten geboten wird, haben Freiberufler keinen Anspruch. Klassische Arbeitnehmerschutzrechte wie Kündigungsschutz, Urlaub, Entgeltfortzahlung im Krankheitsfall, Mutterschutz, Sozialversicherung, Mindestlohn, Tarifverträge oder Mitbestimmungsrechte durch einen Betriebsrat gelten für sie nicht. Bei aller Freiheit sind die Warnungen vor einem rechtsfreien Raum nicht von der Hand zu weisen. Wenn die Zukunft der Arbeitswelt immer mehr von diesen Auftraggeber-Auftragnehmer-Beziehungen hervorbringt, dann ist der Ruf nach Mindeststandards sicherlich legitim. Gute Ideen dazu gibt es bereits. So organisieren sich Clickworker in den USA, um Auftraggeber anhand eines Reputationssystems zu bewerten und eine Art „Workers' Bill of Rights" zu etablieren. Deutsche Arbeitnehmervertreter tun gut daran, diese Trends genau zu beobachten, um von diesen Erfahrungen zu profitieren. Wenn sie ihre Rolle und Bedeutung nicht verlieren wollen, werden sie künftig nicht umhinkommen, auch die Rechte und Interessen von Freiberuflern zu vertreten. Pläne zur Einführung eines Fair-Crowd-Labels vonseiten der IG Metall gehen da durchaus in die richtige Richtung.

Gefragt sind Lösungen, die den offensichtlich vermehrt vorhandenen Wunsch nach freiberuflicher Beschäftigung unterstützen, anstatt ihn generell zu verteufeln und sich ihm entgegenzustellen. Die falsche Antwort wären neue Gesetze, die Selbstständigkeit erschweren und Auftraggebern und -nehmern Lasten aufbürden, die freiberufliche Arbeit weitgehend unattraktiv machen würde. Die Antwort der global agierenden Unternehmen wäre eine Verlagerung in andere Länder, was unweigerlich die Beschäftigten in Deutschland treffen würde.

Beschäftigungsfähigkeit durch Reflexion

Die Beispiele zeigen: Unser Arbeitsleben gestaltet sich heute zweifellos vielfältiger, komplexer und dynamischer denn je zuvor, sowohl für den Einzelnen wie auch in der Gesamtbetrachtung. Während einige dem traditionellen Erwerbsverlauf – jahrzehntelange Tätigkeit in ein und derselben Firma, oft von der Ausbildung bis zum Ruhestand – hinterhertrauern, so hält die Zukunft der Arbeitswelt viele neue, spannende und vor allem abwechslungsreichere Modelle für uns bereit. Was sie dafür eingebüßt hat, das muss offen gesagt werden, ist die Sicherheit. Wir müssen damit klarkommen, dass die Unsicherheit zunimmt, dass lebenslange Beschäftigung bei einem Arbeitgeber nicht mehr erwartet werden kann und dass wir in zunehmendem Maße in der Arbeitswelt für uns selbst verantwortlich sind. Aber anstatt dies zu beklagen, sollten wir rechtzeitig darüber nachdenken, wie und womit wir unseren Lebensunterhalt sicherstellen können. Beschäftigungsfähigkeit oder Employability lautet das Schlagwort, unter dem wir die Fähigkeit verstehen, uns selbst über ein ganzes Erwerbsleben hinweg in die Lage zu versetzen, tätig zu sein und damit für unseren eigenen Unterhalt aufkommen zu können. Nicht der Arbeitgeber muss dafür sorgen, dass seine Mitarbeiter dauerhaft in Lohn und Brot stehen, sondern jeder Einzelne ist für sich und seine Beschäftigung selbst verantwortlich. Das mag sich für so manchen bedrohlich anhören und mit den Erfahrungen und Kenntnissen, die wir bisher über den Arbeitsmarkt besitzen, ist das auch nicht verwunderlich. Umso wichtiger ist es, dass wir uns schrittweise darüber klar werden, wo die Chancen und Herausforderungen künftig liegen werden. Dass wir lernen, uns und unsere Arbeitskraft, mit all unseren Qualifikationen und Kenntnissen, Stärken und Schwächen, besser einzuschätzen und damit auch besser einzubringen. Die Frage, die wir uns immer wieder stellen sollten, lautet: Was kann ich und was davon wird künftig besonders dringend gebraucht werden? Wenn wir die Antwort darauf stets parat haben, brauchen wir uns vor der Zukunft der Arbeitswelt nicht zu fürchten.

Glauben wir aktuellen Einschätzungen, wird sich künftig die Nachfrage nach Arbeitskräften in drei Bereiche gliedern: In die Entwicklung, die Betreuung und die Inszenierung. Dabei ist jedes einzelne Feld mehrdimensional zu verstehen. Die Entwicklung bezieht sich sowohl auf gesellschaftliche als auch auf industrielle Veränderungen und Fortschritte. Konkret bedeutet das, dass Menschen, Maschinen und digitale Vorgänge (Algorithmen) beobachtet, reflektiert und permanent weiterentwickelt werden müssen, ebenso wie ihre wechselseitigen Auswirkungen. Diesen Tätigkeiten werden von hoch qualifizierten Wissensarbeitern übernommen, sodass der Bedarf an jenen weiter zunehmen wird. Die Betreuung wird künftig weit über das hinausgehen, was wir heute schon als Dienstleistung kennen. Neben der Fürsorge für Menschen, müssen heute schon, aber künftig noch vermehrt, auch Maschinen und digitale Vorgänge (Algorithmen) betreut werden. Es fallen also traditionelle Pflegeberuf wie

Kranken-, Alten- und Kinderpfleger ebenso darunter wie IT-Dienstleister, Mechaniker und Handwerker. Zur Betreuung gehören die klassischen Aufgaben wie Prävention, Pflege und Heilung. Die Dienstleister der Zukunft müssen Branchenkenntnisse mitbringen und diese paaren mit technischem Verständnis – je mehr davon, desto besser für sie. Neben Entwicklung und Betreuung braucht es als dritte Komponente die Inszenierung, in Form von Darstellung und Vermarktung der angebotenen Leistungen. Sie ist dafür zuständig, Wissen zu transportieren, Angebot und Nachfrage einzuordnen und zusammenzuführen. Diese Rolle übernehmen die Medien, darunter Bücher wie dieses, aber auch Trainer, Berater, PR- und Werbe-Spezialisten.

Dass das Angestelltenverhältnis, wie wir es kennen, zwar nicht vom Aussterben bedroht, aber dennoch auf dem Rückzug ist, wurde zuvor schon erwähnt. An seine Stelle treten lose Arbeitsverhältnisse und wir sollten uns auf einen Arbeitsmarkt der Projektarbeit vorbereiten. Auf eine Kultur, in der wir uns einige Zeit einer Aufgabe widmen und dann wieder einer anderen. Vielleicht beim selben Auftraggeber, vielleicht bei einem neuen. In diesem Modell werden sich Perioden der intensiven Arbeitsbelastung abwechseln mit solchen, in denen wir weniger arbeiten und mehr Zeit für andere Dinge haben. Dabei muss das Wort Job-Nomaden für diejenigen, die sich diese Art der Beschäftigung bewusst aussuchen, gar keinen negativen Beigeschmack haben, denn es handelt sich dabei um selbstbeherrschte, hierarchiebefreite Arbeitnehmer, die ihren Wert kennen und diesen zu nutzen wissen. Flexibilität und Mobilität fordern sie einerseits vom Auftraggeber ein, bieten sie andererseits aber auch als Arbeitskraft an.

Der Mutige ist der Schlaue

Die grundlegende Eigenschaft, eine neue Arbeitgeber-Arbeitnehmer-Beziehung zu erschaffen, ist Mut. Nicht nur der Mut, sich aus dem Netz von Sicherheiten zu befreien, die uns der deutsche Arbeitsmarkt bietet, sondern auch jener Mut, gelegentlich gegen den Strom zu schwimmen. Neue, noch nie dagewesene, vielleicht auf den ersten Blick völlig hirnrissig erscheinende Dinge auszuprobieren. Und dabei auch mal Fehler zu machen. Unbequem zu sein und sich unbeliebt zu machen. Kurz, die eigene Komfortzone zu verlassen, wenn es uns richtig, wichtig und notwendig erscheint. Bei einem Lunch für Gründerinnen lernte ich Anna Mangold und Claudia von Boeselager kennen. Die beiden BWL-Absolventinnen hatten nach dem Studium zunächst einige Zeit in der Beraterbranche gearbeitet, bis ihnen die Idee zum eigenen Geschäftsmodell kam. Angefangen hat alles mit der Frage: „Was ziehe ich auf der nächsten Hochzeit an?" Für jeden Anlass ein neues Designerkleid zu kaufen, kann irgendwann ganz schön ins Geld gehen. Und nach einem glamourösen Auftritt hängt das teure, gute Stück jahrelang unbenutzt im Kleiderschrank. Zu schade, fanden die beiden Freundinnen, und kamen so auf die Idee, internationale Designermode online zu vermieten. Glamour auf Zeit also, bezahlbar für fast jeden. Anna und Claudia hängten ihre Beraterinnen-Karrieren an den Nagel, analysierten ein Jahr lang den Modemarkt und erfanden ihr Geschäftsmodell „Laremia" – die Kurzversion von „Love and Rent – Every Moment is Amazing". Ihr wirtschaftlich-analytisches Denken kam ihnen dabei zweifellos zugute. Ein klassischer Karriereschritt war es aber keineswegs.

Wieso machen so wenige Menschen so etwas? Die Antwort liegt, meiner Meinung nach, sehr nahe. Weil bei uns Mut im Arbeitsleben bisher nicht belohnt wurde. Weil in unseren Unternehmen Mut sogar bestraft wird. Weil wir viel zu wenige Vorgesetzte haben, die sagen „Machen Sie mal, ich stehe hinter Ihnen, egal was passiert". Das hat über die Jahre hinweg zu einer unglaublichen Duckmäuser- und Absicherungsmentalität geführt. Die meisten Angestellten denken doch „Bloß keinen Fehler machen, dann kann mir nichts passieren". Warum sollten sie auch anders denken? Wer ermuntert sie, einmal etwas völlig Neues, anderes, Risikoreiches auszuprobieren? Darauf gibt der deutsche Journalist Christoph Keese eine, wie ich finde, sehr überzeugende Antwort: „Manager müssen mutigen Innovatoren aus den eigenen Reihen zum Erfolg verhelfen. Eine radikale Idee vorzubringen, sollte zu wünschenswertem Verhalten erklärt werden. Dazu bedarf es einer gründlichen Reform der Unternehmenskultur." Denn kreative und innovative Gedanken dürfen nicht an der Engstirnigkeit von Vorgesetzten scheitern. Unsere gewohnten Berichtswege über den direkten Vorgesetzten zum Abteilungsleiter und weiter zum Geschäftsführer – und das ist noch ein relativ kurz gehaltenes Beispiel – sind der sichere Tod von Innovation. Auch das betriebliche Vorschlagswesen, bei dem Mitarbeiter ihre Ideen einreichen können und mit dem sich einige Unternehmen mittlerweile schmücken, weil sie dies als besonders fortschrittlich und revolutionär empfinden, ist nicht der richtige Weg. Wirkliche Innovationen brauchen kein Komitee, um umgesetzt werden zu können. Sie müssen einfach gemacht werden. Oder vielmehr, gemacht werden dürfen. Zumindest bis zu einem gewissen Punkt, an dem der Erfolg oder der Misserfolg absehbar wird. Beides ist übrigens wünschenswert, auch der Misserfolg. Denn nur aus Fehlern kann jeder Einzelne letztendlich lernen, in sich gehen, darüber nachdenken und es schließlich noch einmal anders versuchen – und vielleicht dann Erfolg haben. Oder auch erst beim dritten oder vierten Mal. Viele Dinge, die die Welt nachhaltig verändert haben, klappten nicht beim ersten Versuch, waren das Ergebnis von Zufällen oder entstanden sogar erst aus Rückschlägen. So war der Bakteriologe Sir Alexander Fleming frustriert, als ein Schimmelpilz immer wieder seine Bakterienkulturen zerstörte. Fast wollte er die vernichteten Kulturen schon wegwerfen, als ihm plötzlich die Idee kam, seine Betrachtungen umzukehren. Anstatt auf seiner Versuchsanordnung zu beharren, untersuchte er den geheimnisvollen Schimmelpilz Penicillium chrysogenum genauer und fand dabei heraus, dass dieser einen Wirkstoff produzierte, der zahlreiche Bakterien vernichten konnte. Fleming war flexibel genug, seine Konzentration auf das zu lenken, was seine eigentliche Forschung störte, und änderte daraufhin seine Zielrichtung. So entstand aus seiner anfänglichen Niederlage einer der größten Erfolge in der Geschichte der Medizin. 1945 bekam er den Nobelpreis für die Entdeckung des Penizillins.

Keese geht sogar so weit, zu fordern: „Scheitern sollte als Auszeichnung gelten. Wer noch nie gescheitert ist, darf nicht befördert werden. Aufstieg in höhere Funktionen sollte denen vorbehalten bleiben, die schon einmal ein größeres Risiko eingegangen sind. Glatte Karrieren haben nicht mehr als Ausdruck von Zielstrebigkeit zu gelten, sondern als Beweis von Ideenlosigkeit." Finde ich klasse und denke gleich mal darüber nach, welcher meiner bisherigen Vorgesetzten heute noch an seinem Platz wäre, wenn dieses Prinzip tatsächlich gelten würde ...

Außerhalb der Box denken

Was könnten wir nicht alles erreichen, wenn wir uns einfach ein bisschen mehr (zu)trauen würden? Wenn wir hin und wieder ein bisschen mehr machen würden, als von uns erwartet wird? Doch unser bisheriges System ist darauf nicht

• • • Nehmen Sie sich einen Bleistift und
verbinden Sie die neun im Quadrat
• • • angeordneten Punkte mit vier
Strichen, ohne den Stift dabei abzu-
• • • setzen.

Anpassung oder gute Idee

ausgerichtet. Suggeriert es doch, dass es ausreicht, wenn wir
die an uns gestellten Anforderungen vollständig erfüllen und
zwar möglichst pünktlich, zuverlässig und engagiert. Ist dies
stetig und langfristig der Fall, wird es anerkannt und honoriert, wir steigen auf und genießen damit einen kontinuierlichen Zugewinn an Status und Wertschätzung. Wir tun, was
von uns als guter Angestellter erwartet wird. Doch dieses
Vorgehen trägt ein grundlegendes Problem in sich – es befriedigt nämlich in der Regel nur den aktuellen Bedarf und be-
dient lediglich Anfragen, die bereits bestehen; nicht weniger,
aber eben auch nicht mehr. Was fehlt, ist der Blick über die
Gegenwart hinaus, auf neue Optionen, neue Bedürfnisse und
neue Chancen. Wer heute gute Leistung bringt, ohne dabei
an morgen zu denken, übersieht mitunter Möglichkeiten,
die in der Zukunft liegen. Das Problem ist: Unternehmen
und ihre Führungskräfte sind so darauf getrimmt, Vorgaben
zu machen und das Erfüllen genau dieser zu belohnen, dass
sie häufig die wirklich innovativen und zukunftsweisenden
Ideen ihrer Mitarbeiter gar nicht sehen, geschweige denn sie
fördern und anerkennen. Belohnt wird vielmehr, wer sich
anpasst und aus dem System das meiste herausholt, ohne
es dabei grundsätzlich infrage zu stellen oder neu zu denken. Den großen Wurf werden wir damit nicht erreichen.
Fatal, in einem Land, das von seiner Innovationsfähigkeit
lebt und von jeher großen Erfindern den Boden bereitet
hat. Die Autoren Anja Förster und Peter Kreuz verweisen

in diesem Zusammenhang auf Gottlieb Daimler, der den Verbrennungsmotor von Carl Benz niemals in ein Fahrgestell montiert hätte, wenn er nur auf Anerkennung im System aus gewesen wäre. Denn dann hätte er sich damit begnügen können, Pferdekutschen leichter und schneller zu machen. Doch er hat nach etwas völlig Neuem gesucht, es ausprobiert und schließlich gefunden. Dabei hat er viele Rückschläge hinnehmen müssen und lange Zeit wenig Anerkennung genossen. Aber er war getrieben von einer Vision, von Erfindergeist und Mut, etwas noch nie Dagewesenes auszuprobieren. Im Neudeutschen hieße das, er hat „außerhalb der Box" gedacht.

Zwar bekennen sich Unternehmen – vor allem in Stellenanzeigen – immer wieder dazu, dass sie Mitarbeiter suchen, die kreativ, erfinderisch und innovativ sind. Unternehmerisches Denken, Risikobereitschaft, Ausdauer und Mut gehören ebenso zu den häufig geforderten Eigenschaften wie die Fähigkeit, eigenverantwortlich, zielstrebig und leistungsorientiert zu handeln. Doch honorieren sie dies dann tatsächlich bei ihren Mitarbeitern und, noch viel entscheidender, sind ihre Führungskräfte überhaupt darauf geschult, diese Qualitäten zu erkennen und optimal zu nutzen? Führung bedeutet nämlich weitaus mehr, als nur Fähigkeiten und Talente managen zu können. Führung bedeutet, sie zu entdecken und abzurufen, ihnen Raum zur Entfaltung zu geben und auf diese Art und Weise den optimalen Nutzen für das Unternehmen zu schaffen, während der Mitarbeiter sich gleichzeitig gefördert, geschätzt und anerkannt fühlt. Denn Ideenreichtum, Kreativität und Engagement können nicht von oben angeordnet werden – ein Unternehmen kann nur die Grundlage dafür schaffen, dass diese Begabungen auch eingebracht werden. In der Arbeitswelt von morgen wird die Fähigkeit, Potenziale zu erkennen und weiterzuentwickeln, mehr denn je gefragt sein, ja, sie wird zu einer unverzicht-

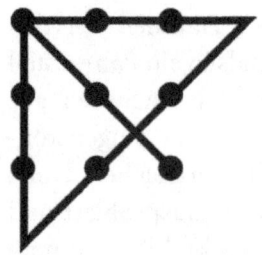 Ist es Ihnen gelungen, die neun Punkte auf der vorherigen Seite zu verbinden, ohne den Stift abzusetzen? Sicherlich haben Sie bemerkt, dass das nur gelingt, wenn Sie über die äußeren Punkte hinausfahren, also den auf den ersten Blick naheliegenden Bereich verlassen.

baren Schlüsselqualifikation für Führungskräfte! Es liegt auf der Hand, dass bei Weitem nicht alle Arbeitnehmer ihre Talente und Begabungen offen und gut sichtbar für alle vor sich her tragen, geschweige denn, sie freiwillig und ohne besondere Anreize von außen in ihren Arbeitsalltag einbringen. Im Gegenteil. Viele machen Dienst nach Vorschrift, teils aus tatsächlicher Motivationslosigkeit, mehr zu leisten, teils aber nur aus schierer Vorsicht. Sie haben Angst, Fehler zu machen und dafür bestraft zu werden, und bleiben deshalb weit hinter ihren eigenen Möglichkeiten zurück. Die Reaktion vieler Vorgesetzter darauf sind straffere Vorgaben und Anweisungen oder der für beide Seiten zermürbende Versuch, die unengagierten Mitarbeiter permanent anzutreiben und zu besseren Leistungen anzuspornen.

Besser als gut

Halten wir hier einmal inne und stellen uns eine grundlegende Frage: Ist es in einem Angestelltenverhältnis, wie wir es heutzutage in der Regel vorfinden, überhaupt erstrebenswert, besser als gut zu sein und mehr als die von einem erwartete Arbeit zu leisten? Carl Benz war kein Angestellter und wenn wir seinen Erfindergeist einmal in unser Zeitalter übertragen würden, stünde er vielleicht auf einer Stufe mit Menschen wie Steve Jobs oder Mark Zuckerberg – beide ebenfalls selbstständige Unternehmer. Allen dreien ist gemein, dass sie nicht einfach nur ihren Job machen wollten und dabei etwas Großartiges erfanden, sondern dass sie etwas komplett Neues ausprobiert haben – mit überwältigenden Ergebnissen.

Die meisten Unternehmen bieten ihren Mitarbeitern kaum Anreize, um wirklich bahnbrechende Erfindungen zu machen. Im Gegenteil, sie schränken sie so sehr ein, dass echte Innovation oft schon im Keim erstickt wird. Die wirklich guten Leute brechen entweder aus diesem System aus und gründen selbst oder sie bleiben weit hinter ihren Möglichkeiten zurück. So schreibt der Harvard-Professor Clayton Christensen in seinem Buch *The Innovator's Dilemma*, dass etablierte Unternehmen zwar brillante Leute beschäftigen, sie aber dermaßen in ein System aus Prozessen und Werten einschließen, dass sie ausschließlich erhaltende Innovationen fördern und bahnbrechende Innovationen unmöglich machen. Auch Christoph Keese ist dieser Meinung: „Vorschriften töten Ideen. Menschen werden kreativ, wenn sie beruflich so arbeiten dürfen, wie sie privat leben: eng verwoben, in freundschaftlichem Abstand, im ständigen Dialog, im freien Spiel der Ideen, ohne Angst vor Bestrafung durch eine höhere Instanz." Wenn wir einmal an unsere eigenen Erfahrungen als Angestellte denken und die vielen Male, die wir aus diversen Gründen zum Chef beordert werden und uns rechtfertigen müssen, dann weiß der ein oder andere Leser hier sicherlich schnell, was ich meine. Über Grenzen hinauszudenken, etwas Neues auszuprobieren und zu experimentieren bedeutet eben immer auch ein gewisses Risiko, vielleicht sogar ein relativ großes. Auf dieses Risiko wollen oder können sich die meisten Angestellten gar nicht einlassen. Sie haben weder den Anreiz noch den Mut, vom herkömmlichen Pfad weiter als ein paar Schritte abzuweichen. Also bleiben sie in den meist altbewährten, ausgetretenen Wegen und ziehen den Kopf lieber ein, als sich zu weit aus dem Fenster zu lehnen. Vorsicht und Angst werden in unserer Geschäftswelt weitaus seltener sanktioniert als Mut und Risikobereitschaft.

Das Ziel vor Augen

Arbeit muss als sinn- und wertvoll betrachtet werden, um denjenigen, der sie ausführt, zufrieden, glücklich und letztendlich auch erfolgreich zu machen. Google führt den eigenen Unternehmenserfolg vor allem darauf zurück, dass jeder einzelne Mitarbeiter dazu angehalten ist, einer Mission zu folgen: Die Informationsflut der Welt zu organisieren und sie universell zugänglich zu machen. Eine solch simple Leitlinie schweißt zusammen und stellt ihnen ein klar verfolgbares Ziel vor Augen. Doch leider sind heutzutage viel zu wenige Menschen in der Lage, das Ziel hinter ihrer Arbeit zu erkennen und dieses auch als persönlich erstrebenswert zu betrachten. Viele von uns denken doch, dass sie lediglich Arbeiten ausführen müssen, die ihnen von den oberen Führungsriegen aufoktroyiert werden, während sie einem selbst wenig transparent und nachvollziehbar erscheinen. Dabei ist Transparenz eine der ganz entscheidenden Voraussetzungen nicht nur für die Motivation der Mitarbeiter, sondern für den gesamten Unternehmenserfolg. Ray Dalio, der Gründer und CEO des größten Hedgefonds der Welt, Bridgewater, führt sein Unternehmen anhand von 210 Prinzipien, die in einem Handbuch für alle Mitarbeiter festgehalten sind. Eines dieser Prinzipien ist absolute

Transparenz. Alle Besprechungen, auch die der obersten Führungsebene, werden bei Bridgewater aufgezeichnet und allen Mitarbeitern zur Verfügung gestellt. Dies signalisiert zum einen natürlich riesiges Vertrauen in die Mitarbeiter, und zum anderen, dass niemand im Unternehmen etwas zu verbergen hat. Fragen Sie mal Ihren Chef, ob er sich vorstellen könnte, von nun an eine Videokamera in allen Besprechungsräumen zu installieren und künftige Meetings per Livestream auf alle Mitarbeiterbildschirme zu übertragen. Wer daraufhin die Antwort „Ja" erhält, darf sich gerne bei mir melden und seine Erfahrungen berichten. Ich kenne bisher leider niemanden, der diesem Beispiel gefolgt ist.

Auch wenn die meisten von uns von solch radikalen Schritten noch weit entfernt sind, sollten Führungskräfte das Ziel und damit den Wert der Arbeit deutlich und für den Einzelnen nachvollziehbar machen. Dazu gehören klare Aufgabenstellungen ebenso wie regelmäßige Rückmeldungen zur geleisteten Arbeit, sowohl für jeden Einzelnen als auch für das gesamte Team. Sie können damit die Arbeitssituation erheblich verbessern, weil die Beschäftigten – das Ziel vor Augen – Möglichkeiten zur freien Entscheidung in einem vorher klar abgesteckten Rahmen haben und damit ein Gefühl der Kontrolle über das eigene Tun bekommen. Mike Murray, Personalmanager bei Microsoft, bringt die drei Voraussetzungen, die Teams zum Erfolg führen, auf den Punkt: Erstens klare Zielvorgaben, die von jedem Teammitglied verstanden und akzeptiert werden. Zweitens die vorausschauende Planung aller notwendigen Tätigkeiten und drittens zeitnahe und verständliche Rückmeldung. Sobald einer dieser drei Aspekte fehlt, kann die Arbeit nicht mehr reibungslos verlaufen.

Dabei sollte das Hauptaugenmerk auf den Gesamtzielen liegen und die einzelnen Arbeitsschritte nicht zu streng definiert sein. Stellen wir uns einmal vor, dass sich Mitarbeiter in einem Unternehmen strikt an die Vorgaben ihrer

Vorgesetzten halten und gewissenhaft erledigen, was ihnen aufgetragen wird. Dabei hüten sie sich, zu improvisieren oder gar einen anderen Kurs einzuschlagen, selbst dann, wenn sie der Meinung sind, dass es anders besser funktionieren oder schneller gehen würde, ja sogar dann noch, wenn sie sehen, dass es so wie bisher gar nicht weitergeht. Wer sich in einem solchen System befindet, das in erster Linie Arbeitsabläufe stur vorgibt und das strikte Einhalten dieser auch honoriert, wird einen Teufel tun, aus diesem Schema auszubrechen. Warum in eigene Gedanken und Ideen investieren, wenn diese nicht belohnt, sondern vielleicht sogar sanktioniert werden? Das Ergebnis ist eine immer stärker werdende Absicherungsmentalität. Bloß nicht aus dem Raster fallen, nur keine Fehler machen, unter keinen Umständen unangenehm auffallen.

Ich weiß, wovon ich spreche, denn ich habe selbst in so einem System gearbeitet und dabei regelmäßig eins auf die Mütze bekommen. Von den Vorgesetzten, die meine Ideen für abwegig hielten. Von den Kollegen, die ihre Arbeit durch meinen Übereifer (den ich natürlich nie als solchen empfunden habe) herabgewürdigt gesehen haben – wenn sie nur sechs, ich aber elf Projekte pro Jahr von gleicher Größe und Relevanz bewältigen konnten, dann musste bei mir etwas nicht stimmen, aber keinesfalls die Schuld bei ihnen liegen. Und von den hausinternen Dienstleistern, die gewohnt waren, Neues und Unerprobtes sofort abzulehnen und Althergebrachtes mit den Worten „Das haben wir schon immer so gemacht" zu manifestieren, jedoch nicht mit meinem Überzeugungswillen gerechnet hatten. Ein schönes Beispiel ist die Bestellung von Ledersesseln für eine Podiumsdiskussion. Diese wurden regelmäßig ausgeliehen, weil im Haus die Lagermöglichkeiten fehlten. Zweimal leihen kostete dabei so viel wie einmal kaufen, was mir völlig unverhältnismäßig erschien. Also erklärte ich zunächst meinem Vorgesetzten, dann dem Veranstaltungsmanagement und schließlich dem Hausmeister, warum ich diese Sessel, die ich für eine Veranstaltungsreihe mindestens viermal pro Jahr benötigte, gerne kaufen wollte. Den erste Einwand – „zu teuer" – konnte ich mit einer kleinen Rechnung – zweimal leihen gleich einmal kaufen – noch relativ schnell entkräften. Den zweiten – „sicherlich schlechtere Qualität" – mit dem Argument, dass Sessel, die viermal im Jahr benutzt werden, uns sicherlich auch bei geringerer Qualität einige Jahre erhalten bleiben würden. Dem dritten Einwand war am schwierigsten zu begegnen – „keine Lagermöglichkeiten im Haus". Aber ein Blick in mein bis dato noch ziemlich leeres Büro ließ mich auch hier schnell kontern, dass sich die Sessel zwischen den Veranstaltungen an meinem Besprechungstisch gut machen würden. Meine Argumente wurden abgewogen, diskutiert und in schriftlicher Vermerkform zwischen zwei blaue Aktendeckel gepresst. Nach eingehender Prüfung machte sich schließlich der Hausmeister mit seinem Kleinbus auf den Weg in das Möbelhaus, bei dem ich die Sessel entdeckt hatte. Von diesem Tag an zierten sie die Bühne meiner Veranstaltungsreihe und in der übrigen Zeit mein Büro, was postwendend zu Nachfragen meiner Kollegen führte, warum ich so schicke Bestuhlung hatte, obwohl ich doch erst viel kürzer hier arbeitete als sie. Alles in allem, angefangen bei der Zeit, die ich zur Beantwortung solcher Fragen, für die zahlreichen Gespräche vorab und zum Verfassen des Vermerkes gebraucht habe, so waren das am Ende vielleicht tatsächlich die teuersten Sessel, die dort je bestellt worden sind. Ich habe mich im Nachhinein oft gefragt, ob es meiner Mühen wert war, dem Unternehmen das Geld einzusparen; immerhin haben wir ab der dritten Veranstaltung praktisch keinen Cent mehr für die Bestuhlung ausgegeben und die Reihe läuft bis heute erfolgreich (und siehe da, die Sessel halten noch immer). Anerkennung habe ich dafür allerdings keine bekommen, eher im Gegenteil. Wenn ich in den darauffolgenden Wochen einen Vorschlag machen wollte, hieß es immer: „Frau Kürschner, Sie haben doch erst Ihre Sessel bekommen. Nun halten Sie aber mal die Füße still." Dass es sich dabei niemals um meine Sessel gehandelt hat, sondern ich einfach eine kostengünstigere und wesentlich effizientere Art und Weise der Beschaffung gesehen habe, ging in dem ganzen Hin und Her irgendwie unter. Doch das Beispiel hat sich fest in meinem Gedächtnis eingebrannt, den blauen Aktendeckel mit dem Vermerk darin habe ich noch immer. „Zur Genehmigung empfohlen" steht darunter in Rot, der Farbe des Geschäftsführers, „Genehmigt" in Grün, der Tinte des Vorsitzenden.

Keine Ängste mehr

„Man braucht nichts im Leben zu fürchten, man muss nur alles verstehen", sagte einst Marie Curie und dieser Satz hat bis heute nichts an Aktualität eingebüßt. Je mehr wir uns über die Arbeitswelt von morgen informieren, desto weniger bedrohlich wird sie uns erscheinen. Dennoch dürfen wir nicht die Augen davor verschließen, dass es in der Tat Gefahren und negative Aspekte gibt, die wir kennen sollten, um entsprechend auf sie zu reagieren. Zu den am häufigsten geäußert Bedenken gehören:

- Der Verlust von dauerhaften Bindungen und Jobsicherheit.
- Die Übernahme von Tätigkeiten, die bisher von Menschen ausgeführt wurden, durch Maschinen.
- Überforderung durch den Anspruch auf ständige Erreichbarkeit.
- Die Entgrenzung von Arbeit und Leben.
- Das Auflösen gewachsener Strukturen.

- Isolation und Vereinsamung, insbesondere durch dezentrale Arbeitsorte.

Sie alle sind berechtigt und es ist legitim, sich Gedanken über ihre Auswirkungen zu machen. Deshalb wird in diesem Buch jeder dieser Aspekte an einer oder auch an mehreren Stellen aufgegriffen. Dabei erfahren wir, dass wir diesen Veränderungen nicht hilflos gegenüberstehen, sondern dass wir sie nach unseren Bedingungen mitgestalten, ja mitunter sogar in unserem Sinne an unsere spezielle Situation anpassen können. Je mehr wir darüber wissen, desto eher sind wir in der Lage, dies auch zu tun. Ich bin optimistisch, dass die Zukunft eine bessere Arbeitswelt für die meisten von uns bereithält, wenn wir uns gut auf sie vorbereiten und, darauf aufbauend, ganz bewusste Entscheidungen treffen. Wenn wir über unsere Ängste nachdenken, dann sollten wir uns immer wieder die Frage stellen, warum wir uns eigentlich vor etwas fürchten und ob es tatsächlich so schlimm wäre, wenn es tatsächlich eines Tages eintreten würde.

Mein Blog-Eintrag vom 8. November 2014 auf
www.isabellekuerschner.com

Was ist das Schlimmste, das passieren könnte?
Gestern bin ich wieder einmal einer meiner beruflichen Lieblingsaufgaben nachgegangen. Die Moderation eines Workshops mit Führungskräften für das audit berufundfamilie. Ein zentrales Thema war auch hier, wie fast immer in diesen Runden, die Frage nach mehr Flexibilität für die Angestellten. Insbesondere Home-Office, ja oder nein? Während einige Führungskräfte gute Erfahrungen damit gemacht haben, lehnten es andere aus teilweise mehr und teilweise weniger nachvollziehbaren Gründen ab.

Die Diskussion richtig in Gang gebracht hat schließlich ein Geschäftsbereichsleiter, der offen zugab: „Ich habe Angst davor, meine Mitarbeiter aus den Augen zu verlieren. Und ich denke immer, wenn ich es einem erlaube, dann wollen es plötzlich alle. Womöglich alle freitags?! Und dann stelle ich mir vor, dass ich künftig am Freitag ganz alleine im Büro sitze. Aber ganz ehrlich muss ich mich dann fragen: Wäre das denn so schlimm? Was würde sich denn ändern, wenn freitags alle von zu Hause anstatt vom Büro aus arbeiten würden. Die Antwort lautet: Vermutlich gar nichts."

Diese Aussage, die ich als sehr ehrlich und mutig zugleich empfinde, hat mich einerseits selbst zum Nachdenken gebracht, und mir andererseits eine wunderbare Denkaufgabe für kommende Vorträge und Workshops beschert. Denn tatsächlich handelt es sich dabei um eine sehr zentrale Frage: Was wäre das Schlimmste, das eintreten könnte, wenn man etwas verändert? Und wenn es tatsächlich eintreten würde, wie schlimm wäre das wiederum? Wenn die Antwort wie bei der oben beschriebenen Führungskraft lautet „Gar nicht schlimm", dann sind wir der Lösung doch einen guten Schritt näher gekommen, oder?

6. DAS UNTERNEHMEN DER ZUKUNFT

„Die Zukunft gehört denen, die die Möglichkeiten erkennen, bevor sie offensichtlich werden."

OSCAR WILDE

Wer nicht wagt, der nicht gewinnt

Der 18-jährige Student Shawn Fanning löste 1998 eine Revolution aus. Der blasse, unscheinbare Teenager, der sich dem Hörensagen nach fast ausschließlich von Pizza ernährte, war gemeinsam mit einigen Studienkollegen auf der Suche nach kostenloser Musik im Internet. Fannings Onkel leitete ein Online-Schachportal und bot damit alles an technischem Equipment, was Shawn benötigte, um im Netz Unfug zu treiben. Er hackte, was die Tastatur hergab, und entwickelte schließlich ein Softwareprogramm, mit dem ans Internet angeschlossene Computer auf der Grundlage des sogenannten Peer-to-Peer-Konzepts direkt Dateien austauschen konnten. Einmal installiert, durchforstete das Programm die Festplatte nach Musikdaten. Eine Liste dieser Daten ging an einen zentralen Server. Im Gegenzug bekamen die Nutzer Einblick in die Listen anderer Teilnehmer oder konnten über eine Suchfunktion gezielt Titel oder Künstler erfragen. Ein Traum für jeden Musikliebhaber, ein Albtraum für den Datenschutz. Aber daran dachte damals kaum einer. Also gründete Fanning die Internet-Plattform Napster und veränderte damit die Musikbranche für immer. Napster wurde Ende der Neunzigerjahre zur am schnellsten wachsenden Community des Internets. Zwar wurde der Dienst selbst 2002 eingestellt, doch der Aufstieg des digitalen Musikhandels war nicht mehr zu bremsen. Damit einher ging der Abstieg der traditionellen Musikverlage. Nach Angaben des Bundesverbands Musikindustrie (BVMI) wurden 2003 noch 106,3 Millionen CDs abgesetzt. 2012 waren es nur noch 92,8 Millionen. Dagegen wächst der digitale Musikabsatz kontinuierlich – von 7,9 Millionen Basis Units im Jahr 2004 auf 116,3 2012.

Dieses Beispiel steht stellvertretend für viele und zeigt auf, dass der Wandel häufig an ganz anderer Stelle auftritt, als erwartet. Nicht ein Musikverlag hat hier durch ein cleveres Geschäftsmodell einen anderen verdrängt. Sondern ein bis dato völlig unbekannter junger Mann mit einer Idee, die aus einem persönlichen Bedürfnis heraus entstanden war, hat quasi über Nacht eine ganze Industrie auf den Kopf gestellt. Traditionell erfolgreiche Unternehmen zeichneten sich bisher dadurch aus, dass sie die Bedürfnisse ihrer Kunden sehr gut kannten und besonders gut darin waren, ihre Produkte und Dienstleistungen kontinuierlich zu verbessern und weiterzuentwickeln. Nehmen wir einmal die Automobilbranche: Da werden in immer kürzeren Abständen neue Modelle auf den Markt gebracht, die die Ansprüche der Konsumenten – und zwar vorzugsweise aller Konsumenten – möglichst punktgenau treffen. Dabei wird peinlichst genau darauf geachtet, kein Feld offenzulassen oder besser, kein Kundensegment den Mitbewerbern zu überlassen. Ein gutes Beispiel ist der

BMW 2er Active Tourer. Er steht für all das, womit BMW sich eigentlich nie in Verbindung bringen lassen wollte: Eine Familienkutsche mit hohem Schwerpunkt und Frontantrieb. Das wird als geradezu revolutionär dargestellt. Und doch ist es nur eine Kopie der vielen bereits verfügbaren Minivans – natürlich im Premiumsegment und natürlich mit BMW-Handschrift. So stellt sich die Frage: Reichen diese kleinen „Revolutionen" tatsächlich aus, um die Zukunft der deutschen Automobilhersteller zu sichern?

Was würde passieren, wenn man dem Folgendes entgegensetzen würde: Ein nahezu wartungsfreies Auto, online bestellbar ohne Zwischenhändler, für das der Käufer nur gelegentlich eine Software-Aktualisierung herunterladen muss. Bei dem nach zwölf Jahren der erste Ölwechsel nötig ist und dessen Bremsbeläge durch die Energierückgewinnung so gut wie nicht verschleißen. Für das er mit dem Kauf gleich eine Tank-Flatrate erwirbt, für alle Supercharger-Elektro-Zapfsäulen der Republik, besser noch Europas. All das bietet das Elektroauto Tesla, entwickelt von PayPal-Erfinder Elon Musk fernab jeglichen Automobil-Fertigungswerkes. Schon heute gibt es Menschen, die im Tesla das neue iPhone sehen. Die davon überzeugt sind, dass die etablierten Autobauer ihre Chance verschlafen haben und damit ihre eigene Existenz aufs Spiel setzen.

Das bisherige Erfolgsrezept unserer zweifellos erfolgreichen Wirtschaft baut darauf auf, die bestehenden Produkte besser, schneller und zeitgemäßer zu machen. Neue Vorschriften zu erfüllen, sei es im Bereich der Sicherheit oder des Umweltschutzes. Die Bedürfnisse der Kunden rechtzeitig zu erkennen und darauf zu reagieren. Darin sind wir Deutschen ohne Frage gut und daher auch nach wie vor Marktführer in vielen Bereichen. Doch was passiert, wenn Unternehmen den Verbrauchern Dinge vorsetzen, nach denen sie nicht gefragt haben, die aber gerade den Zeitgeist treffen? Dann ist es durchaus möglich, dass sie den Sprung wagen und etwas ganz Neues ausprobieren und nicht das etwas verbesserte Nachfolgeprodukt dessen, was sie bereits in der Hand halten.

Nun bin auch ich der Meinung, dass Menschen bei ihrem Smartphone eher zu Experimenten neigen als bei ihrem Auto. Dass Apple nicht völlig neu am Markt war, als es das iPhone herausbrachte. Und ganz ehrlich, wer kennt in Europa schon Tesla? Doch Achtung, hier kann bereits wieder der Denkfehler des Unterschätzens passieren! Wenn bei uns auch noch relativ unpopulär, so gehört das Elektroauto in den USA bereits zu den fünf bekanntesten Marken unter den Autobauern, hinter Toyota, Ford, Honda und Chevrolet. Sogar Daimler, BMW und General Motors landen im Ranking schon weiter hinten. Gut, nun ist das nur Amerika. In Deutschland kann das nicht passieren, oder? Zwar wird kaum ein Deutscher Audi, BMW, Mercedes, Porsche und VW vergessen, doch eines ist interessant: Die Marke Tesla machte in den USA innerhalb eines Jahres einen Sprung von 41 Prozentpunkten, was ihren Bekanntheitsgrad angeht, von 47 auf 88 Prozent! Dazu beigetragen haben neben dem in die Höhe geschnellten Aktienkurs auch die zahlreichen Auszeichnungen in Automagazinen und überzeugende Crash-Tests. So wie es die Musikbranche getroffen hat, so kann es auch eines Tages die Automobilindustrie treffen und damit jede andere Sparte unserer Wirtschaft. Sie erinnern sich: Nichts bleibt bestehen, nichts bleibt wie es ist.

Die Gewinner der Zukunft

Das Problem, vor dem etablierte Unternehmen stehen, ist, dass sie sich nicht wehren können gegen die unerwarteten Angriffe von außen. Sie kennen ihre Gegner nicht, bis der Angriff bereits erfolgt und es zu spät ist, denn der disruptive Wandel mit seinen Durchbruchsinnovationen – fast alle von bis dato in Branchenkreisen unbekannten Quereinsteigern – schreibt die Gesetze der Wirtschaft neu. Die bisherigen Erfolgsrezepte der Konzerne sahen vor, dass sie selbst Schritt für Schritt sorgfältig erforschte Neuerungen vorantrieben, ausgerichtet auf die Bedürfnisse ihrer Kunden. Unterstützt wurden sie dabei von der konventionellen Marktforschung. Doch darauf ist heute kein Verlass mehr, weil sie lediglich die bekannten Wünsche der gegenwärtigen Durchschnittskunden aufzeigen und nicht die zukünftigen Ansprüche, wie sie beispielsweise die sogenannten Lead User, die Vorreiter unter den Kunden, vorgeben. Während Konzerne und Marktforscher also sorgfältig analysieren und optimieren, betreten kleine Unternehmer den Markt und positionieren völlig neuartige Produkte, wobei sie häufig zunächst ganz kleine, bisher wenig beachtete Kundensegmente adressieren, die mit den herkömmlichen Produkten und Technologien entweder nicht angesprochen wurden oder es sich nicht leisten wollten, die meist hohen Preise der Marktführer zu bezahlen. Der Wettbewerb um diese Käuferschicht ist meist nur schwach ausgeprägt, und somit ist sie für Marktneulinge leichter zu erschließen. Dazu kommt, dass die neuen Produkte beim Markteintritt häufig noch weit von der Perfektion entfernt sind, die sie später einmal erreichen. „Done is better than perfect" steht in großen Lettern an den Wänden in der Facebook-Zentrale. Erst einmal machen, dann kann immer noch nachgebessert werden. Wenn es dann im weiteren Verlauf also gelingt, die neue Technologie so weiterzuentwickeln, dass sie zu einem späteren Zeitpunkt auch Teile der ursprünglichen Kundensegmente der etablierten Firmen anspricht, dann kann ein Wechsel der Konsumenten von den etablierten Unternehmen zu den neuen Anbietern stattfinden. Ein gutes Beispiel dafür ist der Nachrichtendienst WhatsApp, heute unverzichtbar auf jedem Smartphone. Er ermöglichte zu Beginn lediglich das Verschicken einfacher Textnachrichten. Die Bild-, Video- und Gruppenfunktionen kamen erst später hinzu. Zunächst ging es nur um einen Test, ob Smartphone-Nutzer überhaupt in Erwägung ziehen würden, von der altbewährten SMS als Kommunikationsmittel abzurücken. Sie waren es, wie der Erfolg von WhatsApp heute beweist. Ist der Disruptionsprozess einmal so weit fortgeschritten, dann ist eine erfolgreiche Reaktion der etablierten Firmen auf die Bedrohung durch die neue Technologie meist nicht mehr möglich.

Der Harvard-Professor Clayton Christensen hat diese Muster der Entwicklung disruptiver Innovationen schon vor rund 20 Jahren als Erster beschrieben und damit für Aufsehen gesorgt. Viele bahnbrechende Technologiesprünge, wie zum Beispiel die Entwicklung von der Schreibmaschine zur Textverarbeitung am Computer oder von der Petroleumlampe zum elektrischen Licht, wurden von den Branchenführern selbst verpasst. Es sind häufig die kleinen und jungen Unternehmen, die auf eine neue Technologie setzen und damit alte Marktstrukturen ins Wanken bringen oder ganz zerstören. Sie entwickeln eigene Märkte und schaffen ganz neue Geschäftsmodelle für ihre Branchen. Zerstörerische Innovationen werden sie auch deshalb genannt, weil sie zuvor kein anderes Unternehmen angeboten hat und sie mit hoher marktbezogener und technologischer Unsicherheit verbunden sind. Scheitern ist sehr wahrscheinlich. Gelingt jedoch der Durchbruch, ist es möglich, damit ganz neue Regeln im Wettbewerb einer Branche aufzustellen.

Obwohl Christensen davon ausgeht, dass sich die etablierten Firmen prinzipiell nicht dagegen wehren können, Opfer erfinderischer Neulinge zu werden, hilft es sicher nichts, den Kopf in den Sand zu stecken. Was können Unternehmen, die den Anschluss nicht verlieren wollen, also tun? Ausgehend von den oben genannten Beobachtungen, macht es sicherlich Sinn, das eigene Unternehmen mit den Augen eines Innovators oder Disruptors zu betrachten und sich die Frage zu stellen: An welcher Stelle würde ich meinen Markt von außen attackieren? Diese Frage stellte sich auch Gisbert Rühl, CEO des Stahlgiganten Klöckner aus Duisburg und seine Geschichte liest sich ein bisschen wie das „Märchen von einem, der auszog, das Fürchten zu lernen" der Gebrüder Grimm. So machte sich Rühl auf den Weg nach Palo Alto, dem Herzen des Sillicon Valleys, um dort herauszufinden, was Kaliforniens kreative Köpfe über Unternehmen wie seines dachten und wie sie sich vorstellen könnten, es zu zerstören. Seine Absicht war, selbst anzugreifen, bevor er angegriffen würde. Deshalb sieht Rühls neues Konzept vor, innerhalb von fünf Jahren mehr als die Hälfte des Stahlumsatzes über Webshops im Internet zu erzielen. Kurz gesagt: Rühl möchte Klöckner zum Amazon des Stahlhandels machen. Das ist ehrgeizig, denn bisher ist der Online-Umsatz in dieser Sparte nicht der Rede wert. Im Stahlhandel läuft es immer noch so wie seit Jahrzehnten üblich: Der Kunde fordert ein Angebot und bekommt dieses von Klöckner vorgelegt. Dann entscheidet er sich für oder gegen den Auftrag. Ein langwieriger, umständlicher und ressourcenbindender Prozess mit immenser Logistik, die die Planung der kostenintensiven Zwischenlagerung der Stahlprodukte übernimmt. Vom Stahlhandel im Internet verspricht sich Rühl hingegen höhere Vorhersehbarkeit und mehr Effizienz. Vielmehr Produkte als bisher könnten dann von Klöckner direkt vom Lager des Herstellers zum Kunden gebracht werden – ohne lästige Zwischenlager. Die Lieferzeit könne sich damit um die Hälfte reduzieren. Müssen nur noch die Stahllieferanten beim Online-Handel mitziehen. Dort trifft Rühl zurzeit noch auf die größten Vorbehalte. Manche fürchten, dass die Einsparungen, die Klöckner zugutekommen, auf ihre Kosten gehen und dass sie sogar mehr Lager als zuvor vorhalten müssen. Doch dafür hat Rühl eine Lösung parat, kann doch online künftig eine viel breitere Produktpalette der Lieferanten angeboten werden, wovon diese dann letztendlich auch profitieren würden.

Tradition versus Innovation

Obwohl den Konzernen schon seit Längerem und immer wieder vorgeworfen wird, die Entwicklungen zu verschlafen und sich damit selbst angreifbar zu machen, sind überall noch die alten Mentalitätsmuster zu beobachten:

- *Festhalten an Struktur- und Prozessdenken*: Konzerne denken und funktionieren seit jeher in Prozessen, Strukturen und Richtlinien. Sie setzen darauf, dass ein Zahnrad ins andere greift, um das große Getriebe am Laufen zu halten. Innovation und Disruption funktionieren aber dann am besten, wenn Bestehendes infrage gestellt und etablierte Prozesse und Technologien verändert werden. Wer Innovation will, muss also geradezu Unruhe provozieren und die einzelnen Bausteine ins Wanken bringen, damit diese sich neu sortieren – auch gegen Widerstände.

- *Angst vor Fehlern*: Etablierte Unternehmen sind darauf getrimmt, Fehler zu vermeiden und Risiken zu minimieren. Deshalb machen typischerweise diejenigen Karriere, die ihre Arbeit möglichst effizient und fehlerfrei erledigen. Doch damit wird die Innovation von vornherein im Keim erstickt. Denn sie ist nicht kalkulierbar. Wer bestehende Dinge infrage stellt, geht immer das Risiko ein, mit neuen Ansätzen zu scheitern. Dabei gilt es nicht, Fehler prinzipiell zu vermeiden, sondern aus ihnen zu lernen. Doch solange die

Angst vor Konsequenzen für die persönliche Karriere größer ist als die Anreize und Belohnung für die Entwicklung von Neuerungen, wird Innovation von Anfang an gehemmt werden.

- *Die Absicherungs-Mentalität*: Um bloß keine Fehler zu machen und die Konsequenzen daraus tragen zu müssen, sichern sich Angestellte in Unternehmen sorgfältig ab, bevor sie einen (neuen) Arbeitsschritt unternehmen. Doch Abstimmungsrunden und Genehmigungsverfahren verlangsamen Neuerungen in einem Maße, das sie häufig bereits vor ihrer Fertigstellung längst überholt sein lässt.

- *Im eigenen Saft schwimmen*: In der öffentlichen Meinung herrscht derzeit die Annahme vor, dass die besten Mitarbeiter für ein Unternehmen idealerweise in diesem groß werden müssen. Nur so kennen sie die DNA des Betriebes und haben die Kultur quasi schon mit der Muttermilch aufgesogen. Siemens-Chef Joe Kaeser – ein Siemens-Urgestein – wird im Vergleich zu seinem Vorgänger Peter Löscher – einem Quereinsteiger – dieser entscheidende Vorteil nachgesagt. Doch was bei einem CEO vielleicht von Vorteil sein mag, gilt bei Weitem nicht für alle Mitarbeiter. Denn diejenigen, die erfinden und entwickeln und dabei alles bisher Dagewesene auf den Kopf stellen sollen, brauchen den frischen Blick von außen, um Veränderungen, unbeirrt von den vorherrschenden Prozessen und Strukturen, mit der dafür notwendigen Radikalität vorantreiben zu können.

- *Perfektionismus*: Eine deutsche Tugend oder eine deutsche Schwäche? Ein bisschen was von beidem wahrscheinlich. Denn während ein durch und durch vollendetes Produkt den Kunden begeistern kann, so hilft es alles nichts, wenn dieses Produkt zu spät auf den Markt gelangt. Nach dem Prinzip des *Minimal*

Viable Products ist das Entscheidendste, dass die Grundzüge des Produkts vorhanden sind, wenn es auf den Markt kommt. Die Perfektionierung kann dann mithilfe der Kunden, deren Nutzungsverhalten und Rückmeldungen in Angriff genommen werden. Oder um es noch einmal mit Facebook zu sagen: „Done is better than perfect."

Wer über diese Dinge nachdenkt, sie sich zu eigen macht und rechtzeitig handelt, hat durchaus noch eine Chance, den Anschluss nicht zu verpassen. Dabei sollten sich deutsche Unternehmen auf eine Fähigkeit berufen, die ihnen schon häufiger große Erfolge beschert hat (ja, ich erkenne an dieser Stelle an, dass natürlich auch in der Vergangenheit nicht alles schlecht war): Beobachten, spät starten, beschleunigen und dann volle Kanne von hinten angreifen – und überholen!

Interview mit Steffi Czerny, Geschäftsführerin von DLD Media

Steffi, du siehst durch DLD ja weltweit fast alles, was im digitalen Bereich passiert. Was sind für dich die Top-Themen, die die Zukunft der Arbeitswelt beeinflussen werden?
Was mir auffällt, ist, dass die Firmen, die die Welt wirklich verändern – wie Google, Facebook, LinkedIn oder XING – von Gründern betrieben werden, die eine Mission haben. Das sind Menschen, die die Welt verändern wollen, die für ihre Mission brennen, die Arbeit und Leben nicht trennen. Ihre Mission ist ihr Leben und es gelingt ihnen, ihre Kollegen und Mitarbeiter damit anzustecken. Das hat manchmal schon fast einen Sektencharakter – so

wie bei Google zum Beispiel die „Googlers". Das kann ich immer wieder feststellen, auch bei kleineren Start-ups. Die Leute haben eine Idee und dafür brennen sie. Da geht es nicht darum, ob sie an einem Tag 20 Stunden arbeitet und am nächsten Tag nur vier Stunden. Da geht es einfach um die Umsetzung. Das hebt dann schließlich Dinge wie starre Hierarchien oder Stechuhren aus den Angeln. Ich glaube, dass es heute sehr viel leichter ist, ein Unternehmen selber zu gründen als früher. Ich glaube auch, dass es leichter ist, Hierarchien zu durchbrechen oder Hierarchien zu verlassen, als das früher der Fall war.

Du hast jetzt lauter sehr junge Unternehmen genannt. Was ist mit den Unternehmen, die es schon länger gibt, von denen viele schon über 100 Jahre alt sind – schaffen die es, da mitzukommen?
Ja, ich glaube, dass sie begreifen, dass sie mitkommen müssen. Da geht es einmal um den Kampf um die Talenten; sie kriegen heute ja niemanden mehr, wenn sie sich nicht anpassen. Auch der Innovationsdruck ist so groß, was wir in Deutschland besonders bei der Industrie 4.0 sehen. Da erkennen sie schon, dass sie sich verändern müssen, dass sie schneller werden müssen, dass sie diesen Spirit integrieren müssen.

Gibt es dafür schon konkrete Ansätze?
Natürlich. Wenn man heute mit Herrn Kayser [Leiter der Hauptabteilung Corporate Strategies] von Siemens spricht, dann sieht man, was da getan wird. Aber es ist natürlich eine Mammut-Aufgabe bei einem Konzern mit 400.000 Mitarbeitern alle auf ein neues Denken einzuschwören.

Genau, wie nimmt man auch diejenigen mit, die nur noch ihre Zeit absitzen wollen, gerade in so großen Unternehmen?

Die dürfen uns gar nicht interessieren. Ich glaube, dass jede Firma quer durch alle Hierarchiestufen Leuchtturmprojekte definieren muss, wo man diese Themen durchexerziert. Es müssen unbedingt alle Hierarchiestufen und alle Altersgruppen beteiligt werden, das ist ganz wichtig! Man braucht dafür nicht nur die Jungen, sondern auch die Älteren, die viel Erfahrung haben. Man muss also identifizieren, wer sind die Change Makers und wer die Opinion Leaders, und diejenigen dann gezielt fördert.

Wie sieht es denn in Deutschland aus? Sind wir wach genug? Oder haben wir schon etwas verschlafen?
Da ich das Glas immer als halb voll und nie als halb leer betrachte, denke ich, es ist nie zu spät. Manche Entwicklungen fangen ja gerade erst an, zu greifen, da kommen wir auf jeden Fall mit. Man muss es nur wollen. Es gibt ja die sogenannte Leapfrog-Theorie, die besagt, dass die Ersten, die „First Movers" also, von den Zweiten oder Dritten überholt werden; denn sie können die Fehler, die andere bereits begangen haben, überspringen. Dafür haben wir in Deutschland ganz gute Voraussetzungen.

Welche sind das?
Ich glaube, wir haben begriffen, dass wir die Infrastruktur verändern müssen. Da setzt ja die Politik mittlerweile die richtigen Rahmenbedingungen, wie die Förderung von jungen Unternehmen oder die Anpassung der Lehrpläne in den Schulen. Was ich besonders interessant finde, ist, dass Startup-Unternehmen aus Amerika nach Deutschland kommen und hier investieren. Die New Economy geht sozusagen in die Old Economy – diesen Weg finde ich einfach faszinierend. Da sehe ich einen Trend zu deutscher Wertarbeit im Verbund mit amerikanischem Spirit, und das finde ich gut.

Wenden wir uns nun einmal ab von den Unternehmen und hin zu den einzelnen Menschen, die sich ja auch verändern müssen. Deine eigene Karriere ist nicht stromlinienförmig verlaufen, du hattest eine lange Unterbrechung und bist anschließend richtig durchgestartet. Was würdest du Menschen sagen, die alles bis zur Rente aufschieben?

Das ist mir nie in den Kopf gekommen. Mir macht die Arbeit extrem viel Spaß. Und dieser Spaßfaktor ist etwas, was mich immer weitergetrieben hat. Rente? Ich bin jetzt 61, aber an Rente habe ich noch nie gedacht. Und, ehrlich gesagt, auch so ein Konzept wie Urlaub ist für mich keine Größe. Wenn ich erschöpft und müde bin und eine Auszeit brauche, dann nehme ich sie mir.

Wie kannst du das auf dein Team übertragen?

Das ist ein schwieriger Prozess. Also ich glaube, dass mein nicht-lineares Denken, mein sehr vernetztes Denken, manchmal auch mein chaotisches Denken, für meine Mitarbeiter schon eine Herausforderung ist. Manchmal hätten sie gerne klare Ansagen. Ich mag aber keine klaren Ansagen, bei uns muss man die Themen selber finden.

Was würdest du Leuten sagen, die keinen Spaß mehr an ihrer Arbeit haben?

Erst einmal sollen sie hinterfragen, warum sie keinen Spaß mehr haben. Liegt es an der Arbeit? Liegt es an der familiären Situation? An der zu geringen Bezahlung? Was hat ihnen die Motivation geraubt? Wenn man davon ausgeht, dass zunächst jeder Mensch gerne lernt und auch gerne arbeitet, muss man sich diesem Prozess der Hinterfragung unbedingt stellen. Und dann würde ich fragen „Was tun Sie denn wirklich gerne? Was macht Ihnen denn wirklich Spaß?". Und wenn einer einfach mal nur auf dem Sofa liegen und nichts tun mag, dann soll er eben mal sechs Wochen auf dem Sofa liegen und dann sprechen wir uns nochmal. Wenn er dann immer noch nichts machen will, dann ist das ein schwieriger Kandidat. Aber ich kann aus der Erfahrung sagen, dass die meisten Menschen nach einer gewissen Erholungspause doch wieder Ideen haben.

Vielen Dank für deine offenen Worte, Steffi!

7. GLÜCK IN DER ARBEIT

„Wenn du eine Stunde glücklich sein willst: Schlafe.
Wenn du einen Tag glücklich sein willst: Gehe fischen.
Wenn du eine Woche glücklich sein willst:
Schlachte ein Schwein.
Wenn du ein Jahr glücklich sein willst:
Habe ein Vermögen.
Wenn du ein Leben lang glücklich sein willst:
Liebe deine Arbeit. "
CHINESISCHE WEISHEIT

Mein Blog-Eintrag vom 2. Dezember 2014 auf
www.isabellekuerschner.com

Geht Ihnen das auch so? Sie lesen etwas, interessieren sich für das Thema und plötzlich scheint es Ihnen an jeder Ecke zu begegnen. Mir ist es heute mit dem Thema Glück am Arbeitsplatz so ergangen.
Zuerst habe ich im Buch „Hört auf zu arbeiten!" von Anja Förster und Peter Kreuz über das Glück, in der eigenen Arbeit aufzugehen, gelesen. Und darüber, dass es eigentlich inakzeptabel ist, dass viele Menschen das berühmte Funkeln in den Augen am Arbeitsplatz – wenn überhaupt – nur noch beim Gedanken an den

Feierabend bekommen. Dann bin ich über einen Beitrag der ehemaligen ProSieben-Personalchefin Heidi Stopper mit dem wunderbaren Titel „Das Leben ist zu kurz, um unglücklich im Job zu sein" gestolpert. Und schließlich habe ich noch ein Interview mit Ex-Telekom-Personalvorstand Thomas Sattelberger gelesen, in dem er sagt: „Wer seiner Bestimmung folgt, dem fallen Stress und das Verkraften von Niederlagen nicht so schwer."

Alles gute Aussagen, wie ich finde, und alle gehen in dieselbe Richtung: Der Spaß am Arbeiten ist ein hohes Gut, das in der Realität aber häufig einen viel zu geringen Stellenwert einnimmt. Davon darf ich mich regelmäßig bei Vorträgen und Workshops in Unternehmen überzeugen. Zwar kann ich auch bestätigen, dass viele Unternehmen mittlerweile sehr gute Vorsätze haben und ihre Personalpolitik mitarbeiter- und vor allem auch familienbewusster gestalten. Was neben den wichtigen Zielen und Maßnahmen wie Flexibilität, Home-Office, private Dienstwagennutzung oder Kinderbetreuungszuschuss aber häufig zu kurz kommt, sind Überlegungen, wie man die Freude an der Arbeit erhält. Wie man das Funkeln in die Augen der Mitarbeiter zurückbekommt. Was das Unternehmen als Ganzes, aber auch jeder für sich allein tun kann, um echte Erfüllung im Job zu finden.

Denn ich muss zugeben, Angebote gibt es viele – und auch die Forderungen der Beschäftigten sind oft nicht von schlechten Eltern. Aber sie alle zielen eher darauf ab, die Arbeit ein bisschen erträglicher zu machen. Besser mit dem Leben zu vereinbaren. Vielleicht auch etwas weniger stressig. Aber erfüllter? Glücklicher? Sinnvoller? Diese Attribute scheinen auf einem anderen Blatt zu stehen. Vielleicht zurecht. Vielleicht war ich bisher auch nur nicht darauf aus, sie zu finden. Ich werde aber, das habe ich mir heute vorgenommen, künftig stärker nach ihnen Ausschau halten. Meinen Gesprächspartnern und Workshop-Teilnehmern öfter mal die Frage stellen: „Was macht Sie eigentlich richtig glücklich im Job? Und wann haben Sie zum letzten Mal tiefe Befriedigung bei ihrer Arbeit empfunden?" Angefangen habe ich heute damit, mir selbst diese Fragen zu stellen. Zum Glück sind mir die Antworten nicht schwergefallen.

Erst die Arbeit, dann das Vergnügen – warum nicht gleichzeitig?

Wann hatten Sie das letzte Mal das Gefühl, bei der Arbeit richtig glücklich zu sein? Lauthals rufen zu wollen „Ich liebe meinen Job"? Kleine Glücksmomente haben wir ja häufig. Wenn etwas besonders gut gelingt. Oder ein Projekt noch vor der Deadline fertig wird. Wenn wir Anerkennung vom Vorgesetzten bekommen. Oder nette und interessante Menschen treffen. Vielleicht, wenn einen der Job an einen besonders schönen Ort führt. Habe ich selbst kürzlich bei einer Facebook-Freundin gesichtet, die den Blick über den Genfer See bei Sonnenaufgang mit ihren Freunden teilte mit der Unterschrift: „I love my job." Auch ich freue mich, wenn mich eine Dienstreise an schöne Orte bringt. Oder zu gutem Essen. Neulich dachte ich, über einem Wiener Schnitzel (in Wien) gebeugt: „Was habe ich doch für einen tollen Job!" Natürlich schätze ich auch positive Rückmeldungen aus dem Publikum nach einem Vortrag. Wenn ein Manuskript oder ein Konferenzbeitrag angenommen wird. Wenn ich Folgeaufträge bekomme, weil der Kunde richtig zufrieden war. Oder wenn ich eine Telefonkonferenz mit Personen in sieben verschiedenen Ländern führe und mich einfach darüber freue, in einem internationalen Umfeld arbeiten zu dürfen. Aber auch, wenn die Sonne scheint und ich meinen Laptop auf die Terrasse trage, um dort zu arbeiten. Es müssen ja nicht immer große Dinge sein.

Wir lieben unseren Job

Wer kann eigentlich seinen Job lieben? Jeder? Oder vielleicht nur eine kleine Elite, die das Glück hat, den richtigen Arbeitsplatz gefunden zu haben? Ich behaupte: „Jeder!" Und möchte vorausschicken: Wir alle haben uns unseren Job zu einem bestimmten Zeitpunkt einmal aus bestimmten Gründen ausgesucht. Uns weiterentwickelt, verändert oder ganz neu orientiert. Die Zeiten, in der Jobs aus der Not heraus, weil der Bub oder das Mädel schnell Geld verdienen mussten, ergriffen wurden, sind zum Glück bei uns so gut wie vorbei. Selbst, wenn es bei dem einen oder der anderen noch so war, so haben wir heute zahlreiche Möglichkeiten zur Umschulung, auch in fortgeschrittenem Alter. Natürlich gibt es Situationen und Lebensphasen, in denen wir weniger frei sind und auch mal ausharren und Durststrecken überwinden müssen, um schlicht und ergreifend Geld zu verdienen. Oder weil wir ein Ziel vor Augen haben, das ein gewisses Durchhaltevermögen – auch in weniger schönen Positionen – erfordert. Aber keine dieser Phasen sollte zum unüberwindbaren Dauerzustand werden.

Generell gibt es drei Faktoren, die – berufsübergreifend – dazu beitragen, dass Arbeit als angenehm empfunden wird. Da sind zunächst einmal rein objektive Gegebenheiten, die die Arbeitsplatzgestaltung betreffen. In einem klimatisierten Raum werden wir im Sommer lieber arbeiten als in einem, in dem das Thermometer 28 Grad anzeigt. Ein heller Arbeitsplatz wird den meisten Menschen behaglicher erscheinen als einer, den niemals Tageslicht erreicht. Wer sich gerne im Freien aufhält, wählt bewusst keine Tätigkeit, die drinnen ausgeführt werden muss, wer gerne Umgang mit Menschen hat, entscheidet sich eher für einen Job mit Kundenkontakt als für eine zurückgezogene Bürotätigkeit. Der zweite Faktor ist die Anerkennung, die mit einem Job ② einhergeht. Ein Sekretär, der von seiner Chefin regelmäßig Bestätigung für seine Arbeit erhält, wird seinen Job ebenso gern verrichten wie ein Altenpfleger, dem eine pflegebedürftige Person dankbar ist und dies zum Ausdruck bringt. Auch eine hohe gesellschaftliche Anerkennung trägt dazu bei, dass wir unsere Arbeit eher mögen, als wenn sie auf der Skala der angesehenen Berufe ganz unten rangiert. Und schließlich hängt die Freude an der Arbeit zum Dritten von der persön- ③ lichen Einstellung zum eigenen Beruf ab. Egal, wie stumpfsinnig eine Tätigkeit für Außenstehende auch wirken mag, es lässt sich eine gewisse Befriedigung daraus ziehen, wenn wir selbst Sinn und Wert darin finden.

Eine allgemeingültige Aussage darüber zu treffen, was Menschen an ihrem Arbeitsplatz glücklich macht, ist nicht einfach. Deshalb habe ich mich für dieses Kapitel besonders intensiv in meiner Umgebung umgesehen. Immer wieder greife ich im Folgenden auf Beispiele aus meinem Freundeskreis, den Social Networks oder aus Zeitungsartikeln zurück. Ich habe dafür ganz bewusst Personen und Unternehmen angesprochen und aufgesucht, die mir aufgefallen sind. Eines jedenfalls habe ich bei diesen Recherchen festgestellt: Jeder Job kann schön sein und glücklich machen. Wirklich jeder. Da ist zum Beispiel Drucker Manuel Kaufmann, der seinen Job in der Blogparade #Lieblingsjob wie folgt darstellt: „Im ersten Moment mag meine Arbeit nicht so wahnsinnig aufregend aussehen, aber dennoch liebe ich meinen Job! Ich finde jeden Auftrag sehr spannend. Dadurch, dass wir mit den verschiedensten Werbeagenturen zusammenarbeiten, von denen jede auch ihre spezielle Kundenzielgruppe hat, ist meine Arbeit niemals langweilig oder eintönig. [...] Alle Druckdaten, die wir bekommen, landen bei mir. Als Erstes überprüfe ich sie und bereite die Daten [...] für den Druck und die Weiterverarbeitung vor. Dann lege ich das entsprechende Material in die Druckmaschine und mache [...] einen Andruck. Wenn alles in Ordnung ist, kann der Auftrag gedruckt werden. Nebentätigkeiten sind noch das Warten der Druckmaschinen, das Suchen und Testen neuer, interessanter Druckmedien und [...] das Pflegen unserer Social-Media-Kanäle. Ja, ich liebe wirklich meinen Job! Er ist spannend, abwechslungsreich und natürlich farbenfroh. Ich finde, es gibt nichts Besseres, als Drucker zu sein. Außer vielleicht, Papa zu sein ..." Oder Sekretärin Bärbel Klein, die der Meinung ist: „Der Beruf der Sekretärin ist total abwechslungsreich. Okay, es steht und fällt mit dem Vorgesetzten. Aber normalerweise hat man viel Abwechslung und der Tag ist immer voll Überraschungen und niemals eintönig. [...] Ob der Handwerksbetrieb, der DAX-Konzern, die Agentur oder das Architekturbüro – eine Assistentin wird immer benötigt und zwar nicht nur zum Kaffeekochen. Ein krisensicherer Job – das macht frei!" Ganz normale Menschen in ganz normalen Berufen also, die beschreiben, warum ihnen ihr Job Spaß macht.

Doch nicht nur Sekretärinnen können ihren Job lieben, sondern auch deren Chefs. Viele von uns können sich wahrscheinlich gar nicht vorstellen, was den Reiz eines Managerjobs mit 80-Stunden-Wochen, riesiger Verantwortung für ein Unternehmen und die Mitarbeiter und gleichzeitig kaum zu erfüllenden Erwartungen vonseiten der Eigentümer ausmacht. So wird der Vorstandsvorsitzende einer der weltweit größten Konzerne in Mihály Csíkszentmihályis Buch zitiert: „Es ist eine gewaltige Verantwortung und eine enorme Herausforderung. Und dabei der größte Spaßbringer [...]

der Welt! Liebend gerne komme ich jeden Morgen an meinen Arbeitsplatz. Ich kann es kaum erwarten, herzukommen. Ich kann es nicht erwarten, weil jeden Tag wieder etwas Neues geschieht.“ Für einen Außenstehenden, der nie das Gefühl dieser übergroßen Macht, Verantwortung und Herausforderung gespürt hat, ist dies nicht nachzuvollziehen. Menschen, die extrem viel Zeit mit ihrer Arbeit verbringen, können diese Mühen eigentlich nur auf sich nehmen, wenn sie ihren Job lieben. Würden sie die Trennung – erst die Arbeit, dann das Vergnügen – wörtlich nehmen, hätten sie nicht viel zu lachen. So sieht es auch Heidi Stopper, bis vor Kurzem Personalvorstand bei ProSiebenSat1. Ihr Credo ist: „Das Leben ist zu kurz, für den falschen Job.“ 54.
Im Laufe ihrer Karriere hat sie sich immer wieder gefragt, was ihr wirklich liegt und welche Arbeitsbedingungen sie braucht, um glücklich zu sein. Aus ihrem ersten Job beim Arbeitsgericht ist die Juristin schnell wieder ausgestiegen. Drei Tage pro Woche Aktenstudium und anschließend ein Sitzungstag erfüllten sie einfach nicht. Zufriedener war sie dann in den Personalabteilungen großer Konzerne, empfand die dazugehörigen Interaktionen, die Psychologie und Chemie als etwas Wunderbares. Ihre Empfehlung: sich morgens selbst die Frage zu stellen, ob man gerne für den Job aufsteht. Die sollte man an mindestens drei Tagen pro Woche mit Ja beantworten oder sich etwas anderes suchen. Dabei, so Stopper, kommt es vor allem auf die Inhalte an. „Kein Mensch steht früh auf und freut sich über einen Titel auf der Visitenkarte. Man freut sich doch auf die Menschen und auf die Inhalte, mit denen man im Laufe des Tages zu tun hat.“

Die Beispiele machen es bereits deutlich: Die Begeisterung für den Job hängt nicht von den Karriereambitionen, der Hierarchieebene oder der Gehaltsstufe ab. Es gibt Personen, die schlichtweg nicht den Ehrgeiz haben, sich kontinuierlich beruflich weiterzuentwickeln, ihren Job aber dennoch sehr gerne und mit großem Engagement ausführen. Für wirklich ambitionierte Personen braucht es hingegen eine entscheidende Voraussetzung: Die Möglichkeit, zu wachsen und sich kontinuierlich weiterzuentwickeln. Während zunehmende Anforderungen und Komplexität vielen Menschen Angst machen und sie in Stresszustände versetzen, gibt es eben auch jene, die genau diese Herausforderungen brauchen, um den Spaß am Job zu behalten. Sie finden dann größtmögliche Erfüllung, wenn sie immer wieder vor neuen Aufgaben stehen, die mehr Verantwortung und letztendlich auch mehr Arbeit bedeuten. Wird das nicht geboten, empfinden sie sehr schnell Langeweile und das Gefühl von Stillstand. Die Aufgabe von guten Vorgesetzten ist es, ihre Mitarbeiter dahingehend einschätzen und beurteilen zu können. Sie müssen in der Lage sein, Verständnis für die Gruppe von Personen aufzubringen, der sie selbst nicht angehören. Während ich mich persönlich beispielsweise zu jenen Menschen zähle, die immer auf Weiterentwicklung aus sind, merke ich, dass es mir manchmal schwerfällt, die Motive derjenigen zu verstehen, die sich auf ihrer einmal erreichten Stufe eingerichtet haben und ihre Aufgaben mit Hingabe ausführen, ohne dabei ständig nach Entwicklungsmöglichkeiten zu schielen. So gibt es in meinem Freundeskreis Lehrer, Polizeibeamte, Krankenpfleger und Kindergärtner, die ihren Beruf sicherlich ebenso lieben wie ich, und mit denen ich schon mehr als einmal darüber diskutiert habe, warum sie nicht Rektoren, Dienststellenleiter, Stationsleiter oder Kindergartenleiter werden wollen. Die Gründe sind vielfältig, aber einer davon trifft auf alle zu: Sie mögen ihren Job so, wie er ist. Eine Weiterentwicklung sehen sie nicht mit einem Zugewinn an Freude an ihrer Arbeit verbunden und auch das zusätzliche Gehalt würde ihrer Meinung nach den Mehraufwand und die Zunahme an Verantwortung nicht rechtfertigen. Also bleiben sie, wo sie sind, machen das, was sie tun, mit Leidenschaft und erfreuen sich daran. Nicht mehr und nicht weniger, und das ist auch gut so.

Love it, change it or leave it!

Was sind jedoch die ausschlaggebenden Faktoren, unseren Job zu mögen? Oder andersherum gefragt: dass wir ihn nicht mögen? Die häufigsten Gründe sind sicherlich: der fiese Vorgesetzte, die nervigen Kollegen, die langweiligen Aufgaben, die unfreundlichen Kunden, das stickige Büro, die langen Arbeitszeiten. Die Liste ließe sich beliebig fortsetzen. Aber viel besser als Jammern ist, sich darüber Gedanken zu machen, wie wir das, was uns nicht gefällt, ändern können. Dabei kommt es zunächst einmal darauf an, zu überlegen, ob uns der Job an sich, mit seinen Inhalten und Aufgabenstellungen nicht gefällt oder ob es an einzelnen Personen liegt. Ob wir also etwas grundlegend anderes machen möchten oder ob wir uns nur ein neues Umfeld suchen sollten. Egal wie, die Devise „Love it, change it or leave it" ist hier maßgebend.

Gehen wir einmal nicht vom Schlimmsten aus. In den meisten Fällen wird es nicht notwendig sein, sich einen komplett neuen Arbeitsplatz zu suchen, sondern vielleicht hier und da ein paar Veränderungen anzustoßen und die eigene Einstellung zu überdenken. Die größten Erfolge erzielen wir dabei sicherlich, wenn es uns gelingt, andere dabei mit ins Boot zu holen. Gemeinsam etwas voranzubringen und zu verbessern. Miteinander, nicht gegeneinander. Der aktuelle Wandel in der Arbeitswelt, mit all seinen Möglichkeiten, dürfte dabei den meisten sehr entgegenkommen, denn in Umbruchsituationen ist es grundsätzlich leichter, etwas zu bewegen.

Mich überrascht und frustriert es zugegebenermaßen häufig, wenn ich in Unternehmen komme, in denen die Führungsspitze zu Veränderungen bereit ist, die Mitarbeiter aber die ihnen gegebenen Freiräume gar nicht nutzen wollen. Wenn mir in Gesprächen oder Workshops Gleichgültigkeit, Behäbigkeit oder gar Starrhalsigkeit entgegenschlagen, und Menschen, die die Möglichkeit haben, etwas für sich und ihre Kollegen zum Positiven zu wandeln, keinen Gebrauch davon machen. Mehr als einmal habe ich erlebt, dass der Geschäftsführer, der Vorstandsvorsitzende oder der Oberbürgermeister gesagt haben: „Ich bin offen für Veränderungen, solange die Arbeit erledigt wird." Diese Aussage fällt bei motivierten und engagierten Mitarbeitern natürlich auf fruchtbaren Boden und sie beginnen sich auszumalen, wie sie sich – frei von übergeordneten Zwängen – Arbeitszeit und -ort einteilen können. Doch diese Rechnung haben sie ohne die Kollegin gemacht, die mit ihrem Einwand „Am Ende sagt dann mein Chef, was ich im Büro nicht schaffe, soll ich doch daheim erledigen." alle Hoffnungen zerstört. Der Kollege legt noch eins oben drauf: „Wenn ich von zu Hause aus meine E-Mails lesen kann, dann muss ich das am Ende auch tun, wenn ich krank bin." Wiederum ein anderer wirft ein: „Wenn ich um fünf aus der Arbeit gehe, dann will ich wissen, dass ich es wirklich hinter mir habe." Anstelle des großen Wurfes kommen so lediglich Ergebnisse zustande wie „Ausdehnung der Gleitzeitregelung von 8:15 Uhr auf 8:30 Uhr" oder „Ein zusätzlicher Urlaubstag an Geburtstagen". Nette Errungenschaften, aber ob die dazu führen, dass auch nur ein Mensch in diesem Unternehmen seinen Job lieber macht, wage ich zu bezweifeln.

Keine neue, aber eine nach wie vor sehr wichtige Erkenntnis ist: Nicht alleine Maßnahmen werden zu Veränderungen führen, sondern es muss eine Veränderung der Betriebskultur an sich stattfinden. Doch das ist leichter gesagt als getan, denn zur Kulturveränderung braucht es alle – sowohl die Führungskräfte als auch die einzelnen Beschäftigten auf sämtlichen Ebenen. Die Frage, die sich hierbei stellt, ist: Wo fangen wir an? Interessant ist an dieser Stelle die Unterscheidung in zwei mentale Prozesse, wie sie Mihály Csíkszentmihályi in seinem Buch über das Geheimnis des Glücks am Arbeitsplatz vornimmt. Der erste

136

Prozess ist demnach die Erkenntnis, dass wir alle einmalige Individuen, für das eigene Überleben und Wohlbefinden und die Freude an einem tätigen Dasein selbst verantwortlich sind. Der zweite Prozess ist die Integration in Form der Erkenntnis, dass wir bei all unserer Einzigartigkeit immer auch eingebunden sind in das Beziehungsgefüge mit anderen Menschen. Kurz zusammengefasst also: Für unser persönliches Glück sind wir einerseits selbst verantwortlich, andererseits aber auch abhängig von den Personen und sozialen Gegebenheiten um uns herum. Eine Veränderung zum Besseren, zum glücklicheren Arbeiten, liegt also immer an uns selbst *und* an unserer Umgebung. Nur wenn beide Teile ihr Zutun leisten, kann das Glück sich in vollem Maße einstellen. Csíkszentmihályi, der für seine Arbeit weitreichende Studien mit vielen Tausend Befragten durchgeführt hat, kann aber noch mehr zum Thema beisteuern. So beschreibt er, dass Erfolg – und damit ein gewisses Glücksgefühl – sich immer dann einstellen, wenn wir etwas leisten, was über die eigene Person hinausreicht. Es genügt also nicht, wenn wir selbst mit einem Arbeitsergebnis zufrieden sind, das Gegenüber aber nicht. Dieses Argument erinnert mich an meine Mutter, die ein Modegeschäft betreibt. Wirklich zufrieden kommt sie von der Arbeit nach Hause, wenn sie berichten kann, dass eine Kundin glücklich ihren Laden verlassen hat, weil sie sich in ihrem neuen Outfit selbst richtig schick und attraktiv gefunden und das zum Ausdruck gebracht hat. Eher frustriert ist meine Mutter hingegen, wenn sie mir erzählt, dass einer Kundin eine Hose zwar richtig gut gepasst und sie diese auch gekauft hat, sie dabei aber ständig an sich selbst zweifelte und sagte: „Ich weiß nicht, ob mir das wirklich steht." Vom Arbeitsergebnis hat meine Mutter dasselbe erreicht, nämlich ein Kleidungsstück verkauft und damit Umsatz gemacht. Glücklich ist sie aber nur, wenn die Kundin sich über ihren Kauf freuen kann und meine Mutter damit etwas zu deren Zufriedenheit beitragen konnte.

Noch besser wird das Ganze natürlich, wenn die zufriedene Kundin immer wieder kommt und bewusst dort einkauft, weil sie sich dort gut beraten fühlt und das Geschäft regelmäßig mit einem guten Gefühl verlässt.

Sie können was verändern!

Wer sich auf die Suche nach dem Glück in der Arbeit begibt, sollte zunächst immer bei sich selbst beginnen. Die Veränderungen, auf die wir persönlich Einfluss haben, sind meist am leichtesten umzusetzen. Zunächst müssen wir uns über ein paar Dinge klar werden: Was mag ich an meinem Job und was nicht? Passt mein Job überhaupt zu mir? Warum habe ich ihn ergriffen und warum führe ich ihn bis heute aus? Und schließlich: Wie wird sich mein Job in den nächsten Jahren verändern? Die Antworten können natürlich völlig unterschiedlich ausfallen. Ganz abhängig davon, ob wir unseren Beruf aus Überzeugung ausüben, aus Notwendigkeit oder vielleicht aus einer Tradition heraus. Eventuell war es auch ursprünglich die richtige Entscheidung, was jedoch nicht heißt, dass dies heute noch der Fall sein muss. Schließlich bedarf es einer zumindest grundsätzlichen Übereinstimmung zwischen den eigenen Qualifikationen und den Anforderungen eines Jobs. Wer sich permanent überfordert fühlt, kann genauso wenig gute Arbeit leisten wie jemand, der sich unterfordert fühlt und sich bei seiner Tätigkeit langweilt. Wenn es hier ein dauerhaftes Missverhältnis gibt, kommen wir wohl nicht umhin, Veränderungen vorzunehmen.

Arbeitgeber und Führungskräfte sind neben ihrer eigenen Zufriedenheit natürlich auch maßgeblich für die Bedürfnisse ihrer Mitarbeiter verantwortlich. Folglich müssen sie sich weitere Fragen stellen: Was macht meine Mitarbeiter glücklich, was macht sie unglücklich? Wovor haben sie Angst? Was können wir als Vorgesetzte dazu beitragen, ihre Zufriedenheit am Arbeitsplatz zu erhöhen? Können wir Glücksmomente schaffen? Die Dinge abschaffen, die dem Glück bei der Arbeit im Wege stehen? Welche Veränderungen kommen in den nächsten Jahren auf uns zu und wie können wir sie uns zunutze machen?

Zunächst einmal sollten sich Führungskräfte darüber Gedanken machen, was die Zufriedenheit ihrer Mitarbeiter beeinträchtigt. Viele Menschen haben heute das Gefühl, den Dynamiken einer Welt, die von der Wirtschaft getrieben wird, hilflos ausgeliefert zu sein, dass alles dem Profitdenken untergeordnet wird, insbesondere die Belange der Angestellten. Sie haben Zweifel, selbst einen Beitrag zur Verbesserung ihrer Arbeitsumgebung leisten zu können, egal wie sehr sie sich auch bemühen. Anstelle von Selbstbestimmung tritt das Gefühl der Hilf- und Machtlosigkeit. Wenn dem so ist, muss die Führung sensibel reagieren und, wenn möglich, aktiv gegensteuern. Dazu muss eine Führungskraft selbst mit der richtigen Einstellung an das Thema herantreten und sich einen genauen Eindruck von der eigenen Mannschaft machen. Wer seine Mitarbeiter pauschal als lustloses, faules Volk abstempelt, das nur unter permanenter Kontrolle und ständigem Druck zu Leistung bereit ist, braucht sich nicht zu wundern, wenn sich ihm genau dieses Bild widerspiegelt. Besser ist, sich vor Augen zu halten, dass der Mensch an sich gerne arbeitet. Dass Arbeit Spaß und sogar Glück bringen kann. Dass das menschliche Wesen darauf ausgerichtet ist, gefordert und für Erfolge belohnt zu werden. Wer also eine Arbeitsumgebung schaffen will, die begeistert und zu guten Leistungen anspornt, sollte selbst wissen, welche Bedingungen dazu beitragen, Arbeitskräfte bestmöglich zu motivieren. Zunächst genügt eine ganz einfache Denkaufgabe: Die Mehrheit der Unternehmenslenker (und natürlich auch der Eigentümer) fragt sich heute: „Wie kann ich das Beste aus meinen Beschäftigten herausholen?" Angesichts der beträchtlichen Summen an Personalkosten eine durchaus legitime Frage, doch hört sie sich viel besser an, wenn die Tonalität ein wenig verändert wird: „Wie kann ich Arbeitsbedingungen schaffen, unter denen meine Beschäftigten ihr Bestes geben (wollen)?" Die Antwort auf diese Frage lässt sich in zwei Teile gliedern: Erstens, indem man die äußeren Bedingungen des Arbeitsplatzes so gestaltet, dass Menschen gerne dort arbeiten. Zweitens, indem man dafür sorgt, dass die Mitarbeiter ihre Arbeit als sinn- und wertvoll betrachten. Während der erste Punkt noch relativ leicht zu erreichen ist, ist der zweite die weitaus schwierigere Aufgabe, die alle Mitarbeiter im Unternehmen erreichen und mitreißen muss.

Der Arbeitsplatz als Wohlfühloase

Auf eine schöne Arbeitsumgebung wird heute schon in vielen Unternehmen Wert gelegt. So zählen Obstkörbe, Kickertische, Kaffeevollautomaten und Fitnessräume mittlerweile schon häufig zur Bürogrundausstattung. Wer noch eins oben drauf legen möchte, engagiert Masseure, bietet Wasch- und Bügelservice sowie Kantinenessen to go, sowohl für die Mitarbeiter als auch für deren Familienmitglieder, an. Designmöbel, die natürlich ergonomische Anforderungen erfüllen, gemütliche Sitzecken und stylische Ruhezonen sollen eine Atmosphäre schaffen, in der sich Mitarbeiter rundum wohlfühlen und dabei vielleicht sogar das Bedürfnis, nach Hause zu gehen, aufschieben oder gar vergessen lassen. Wer einmal die Büros der IT-Giganten im Silicon Valley gesehen hat (viele Bilder gibt es online), kann sich in etwa vorstellen, wie die Arbeitsplätze der Zukunft aussehen. Auf dem Google-Campus, einem parkähnlichen Areal in Mountain View in Kalifornien, gibt es nicht nur Volleyball-, Fußball- und Tennisplätze und mehrere Fitnessstudios, sondern auch eine Outdoor-Cafeteria mit bunten Sonnenschirmen, Bio-Gemüse- und Kräutergärten, Spazierwege und ein Amphitheater. Dazwischen stehen überall Kühlschränke mit sämtlichen Getränken, die man sich vorstellen kann und obendrein gibt es täglich drei kostenlose Gourmetmenüs gratis, angeblich sogar zubereitet von Köchen, die die beiden Gründer eigens von Restaurants abgeworben haben sollen, bei denen es ihnen besonders gut geschmeckt hat. Für Entspannung sorgen Yogaklassen und Massagen sowie sogenannte „Nap Pods"-Ruheplätze, an denen Mitarbeiter arbeiten oder schlafen können. Diese Angebote führen dazu, dass Google regelmäßig zum beliebtesten Arbeitgeber der Welt gewählt wird. Doch ist dies wirklich die einzige Intention dahinter? Verfolgen Unternehmen nicht auch andere Ziele damit, dass sie die eigene Mannschaft stets zusammenhalten, was dazu führt, dass die Gespräche meist noch beim Essen und Sport um die Arbeit kreisen?

Neben diesen kleinen – oder größeren – Wohlfühlangeboten, die auch in Deutschland immer mehr an Bedeutung gewinnen, gibt es gleichzeitig sehr bodenständige Maßnahmen, die Mitarbeitern das Leben erleichtern und die Bindung an ihren Arbeitgeber festigen sollen. Dazu gehören beispielsweise Angebote zur Kinderbetreuung, angefangen bei der Notfall-Nanny, über die Ferienbetreuung bis hin zur unternehmenseigenen Kita. In einem Land, in dem immer noch das Scheitern von Frauenkarrieren vor allem auf die schlechten Möglichkeiten der Vereinbarkeit von Familie und Beruf zurückgeführt wird, eine durchaus gute Idee. Auch die zunehmende Flexibilisierung der Arbeitszeit, sei es durch Teil- oder Gleitzeitmöglichkeiten oder bei Bedarf das Angebot, vom Home-Office aus zu arbeiten, gehört in vielen Betrieben längst zum Alltag. Diese Maßnahmen sind sinnvoll, richtungsweisend und sollten unbedingt weitergeführt und ausgebaut werden. Ob sie alleine jedoch ausreichen, eine bessere Arbeitsatmosphäre zu schaffen und glücklichere Mitarbeiter hervorzubringen, ist fraglich. Dazu bedarf es der schon mehrfach erwähnten Veränderung in der Unternehmenskultur, worüber viel geredet und geschrieben, aber wovon noch zu wenig umgesetzt wird.

Kultur kommunizieren

Kulturwandel oder, etwas moderner, *Change* sind Begriffe, von denen die meisten Mitarbeiter in Unternehmen und Organisationen schon einmal gehört haben. Häufig jedoch nicht im Zusammenhang mit Veränderungen, die auf ein besseres Arbeitsumfeld abzielen, sondern im Rahmen von Umstrukturierungen, Übernahmen oder Reorganisationsmaßnahmen. Die Grundlage dafür, dass Wandel tatsächlich erfolgreich gelingen kann, ist Vertrauen – sowohl vonseiten der Mitarbeiter gegenüber ihren Führungskräften als auch umgekehrt. Dass das nicht auf Befehl erreicht werden kann, liegt auf der Hand. Vertrauen kann nur aufgebaut werden, wenn wir miteinander sprechen. Allerdings ist gerade das oft nicht oder nur unzureichend der Fall. Wie häufig auch schlichtweg aneinander vorbeigeredet wird, zeigte mir gerade ein Beispiel im Bekanntenkreis. Meine Freundin Manuela ist vor Kurzem mit ihrer Firma umgezogen. Aus einem alten und maroden, barackenähnlichen Bau in ein neues, sehr schickes Gebäude. Der Neubau sollte genau auf die Anforderungen des Betriebes zugeschnitten werden, dem Arbeitsablauf und den Bedürfnissen der Mitarbeiter und Kunden gerecht werden, doch werden heute, einige Monate nach dem Umzug, viele Beschwerden geäußert. Es ist zu laut, Mitarbeiter und Besucher haben keine Privatsphäre und durch ein Atrium wird zu viel Raum verschenkt, der sinnvoller hätte genutzt werden können. Zwar wurden Mitarbeiter ansatzweise in die Planungen miteinbezogen, doch hätten sie dabei keinen Einfluss auf die wesentlichen Gestaltungselemente gehabt. Die Bauherren loben den Neubau hingegen als große Errungenschaft und das zuständige Architekturbüro beschreibt auf seiner Homepage einen „Ruhe und Abgeschlossenheit vermittelnden Baukörper, dessen Innenraum des überglasten Atriums vielfältige räumliche Situationen und Zusammenhänge für effiziente Arbeitsabläufe in kommunikativer Umgebung" schaffe. Bringen wir die Aussagen der Mitarbeiter und die der Verantwortlichen zusammen, haben wir einen klassischen Fall von gut gemeint, aber nicht gut gemacht. Die Bauherren sind der Meinung, dass sie die Beschäftigten schließlich miteinbezogen hätten, diese also jetzt im Nachhinein keinen Grund zur Beschwerde haben dürften. Die Mitarbeiter hingegen denken, dass ihre Anregungen nicht ausreichend aufgenommen wurden und sie ohnehin nur pro forma gefragt worden sind, ohne dahinter die Absicht zu erkennen, dass ihre Meinung tatsächlich geschätzt und berücksichtigt worden wäre. Das Ergebnis: Unzufriedenheit auf beiden Seiten.

Es gibt aber auch positive Beispiele, die zeigen, was sich durch gelungene Kommunikation erreichen und vielleicht sogar verändern lässt. Vor einiger Zeit habe ich bei einem noch recht jungen, aber schnell gewachsenen IT-Unternehmen einen Workshop geleitet. Dort saßen Führungskräfte und Mitarbeiter zusammen, um über ihre Ziele auf dem Weg zu einer familien- und lebensphasenbewussteren Personalpolitik zu diskutieren. Als es um das Thema Erreichbarkeit ging, erhob eine Mitarbeiterin, die bis dahin noch nicht viel gesagt hatte, ganz zaghaft ihre Stimme: „Es wäre schön, wenn wir nach Feierabend und am

Wochenende wirklich nur dann angerufen werden würden, wenn etwas ganz Wichtiges vorliegt." „Warum hast du mir das noch nie gesagt?", fragte der Geschäftsführer, der mit im Raum saß. Er blickte sogleich in die Runde: „Geht das noch mehreren hier so?" Einige Hände erhoben sich, erst zögerlich, dann immer entschlossener. Andere meldeten sich aber auch zu Wort: „Ich freue mich, wenn ich außerhalb der Arbeitszeiten angerufen werde, auch im Urlaub. Das zeigt mir, dass ich wirklich gebraucht werde in der Firma." Oder: „Ich bin Single und arbeite oft spät abends noch daheim. Da stört es mich nicht, mit den Kollegen zu telefonieren. Ich bin dann selbst froh, wenn ich weiß, wen ich anrufen kann." Die Einstellungen zum Thema gingen also ziemlich weit auseinander, aber plötzlich hatte jeder etwas dazu zu sagen. Schließlich gab der Geschäftsführer zu: „Manchmal, wenn ich abends von einem Kundentermin nach Hause fahre, bin ich so aufgekratzt, dass ich gerne noch mit jemandem reden möchte. Ich habe mir noch nie Gedanken darüber gemacht, ob derjenige dann auch mit mir reden möchte. Das war wirklich sehr unsensibel von mir." Umso wichtiger war es für alle Beteiligten, dass das Thema nun auf den Tisch gekommen war und jeder seine Meinung dazu äußern konnte. Als junge, aber sehr schnell gewachsene Organisation stand das Unternehmen nun vor der Herausforderung, den dynamischen und nach wie vor sehr freundschaftlichen Umgangston firmenintern beizubehalten, dabei aber auch die Anforderungen seiner Mitarbeiter nach einem Leben außerhalb der Arbeit zu respektieren. Die Lösung war schnell gefunden: Prinzipiell wurde vereinbart, dass Feierabend, Wochenenden und Urlaub respektiert und die Mitarbeiter in dieser Zeit nur in Notfällen kontaktiert würden. Wer eine Ausnahme wünschte und auch in seiner Freizeit erreichbar sein wollte, konnte dies ausdrücklich angeben, zum Beispiel in seiner E-Mail-Signatur. Das Ergebnis ist für alle zufriedenstellend – wer abschalten will, kann dies tun, wer sich unentbehrlich fühlt und immer auf dem Laufenden gehalten werden möchte, hat ebenfalls das Recht dazu. Gut, dass sie darüber geredet haben!

Die beiden Beispiele – positiv wie negativ – machen deutlich, dass Kommunikation der Schlüssel zu fast allen Bereichen einer erfolgreichen Unternehmensführung ist. Oder umgekehrt: Der Mangel an Kommunikation ist die häufigste Ursache für fehlendes Vertrauen sowohl in die Unternehmensführung als auch in die Mitarbeiter. Das wiederum führt zu riesigen Reibungsverlusten, die durch nichts aufzufangen sind. Ich finde es erschreckend, wie oft ich in Unternehmen komme, die keine regelmäßigen Mitarbeitergespräche führen. Viele, vor allem kleinere Unternehmen, die keine gezielte Personalentwicklungsarbeit betreiben, sind der Meinung, dass die Führungskräfte Wichtigeres zu tun haben, als ihre Zeit mit Gesprächen zu vergeuden, die sicherlich nice to have, aber nicht zwingend notwendig sind. Doch hier wird eindeutig an der falschen Stelle gespart. Ohne Kommunikation, ohne den Austausch und die beiderseitige Rückmeldung kann eine effiziente Zusammenarbeit gar nicht funktionieren.

Mein Blog-Eintrag vom 30. Januar 2015 auf
www.isabellekuerschner.com

Ausflug in die Arbeitswelt der Zukunft
Gestern habe ich einen Ausflug in die Zukunft der Arbeitswelt gemacht. Dafür musste ich glücklicherweise kein Raumschiff, ja nicht einmal ein Flugzeug benutzen, sondern einfach nur mit dem Auto nach Böblingen fahren. Zur Dexina AG, die beim XING New Work Award in dieser Woche den dritten Platz belegt hat. Ich hatte für sie und ihre LIVE@WORK!-Philosophie abgestimmt

und wollte mich einmal vor Ort erkundigen, worum es sich dabei eigentlich handelt.

Das Bürogebäude habe ich gleich von außen erkannt, denn auf YouTube stellt die Dexina, wie die Mitarbeiter ihr Unternehmen nennen, bereits ihre Arbeitsumgebung vor. Dazu vielleicht gleich eine Anmerkung – ich konnte in meinen Vorrecherchen schnell herausfinden, dass die Dexina darum bemüht ist, ein ganz besonderer Arbeitgeber zu sein. Was etwas länger gedauert hat, war die Antwort auf die Frage, womit diese Firma eigentlich ihr Geld verdient: Als Beratung für Projektmanagement im People Changing Business – das sei hier am Rande erwähnt.

Vor Ort durfte ich dann eintauchen in eine wahrlich ungewöhnliche Arbeitswelt. Bierbänke in Unternehmensfarben, durchgehend weißer Fußboden ohne Fugen, fahrbare Denkzellen, Strandkörbe auf der Dachterrasse und überall Zettel, die an jeder möglichen glatten Oberflächen haften, auch an den Fenstern. Das sind nur einige der Eindrücke, die ich hier in Kürze wiedergeben kann. Genutzt wird das Büro von derzeit 40 festen und 60 freien Mitarbeitern, von denen aber kaum einer einen festen Arbeitsplatz hat. Wenn die Leute ins Büro kommen, setzen sie sich dorthin, wo es ihnen für diesen Tag am besten passt: Vielleicht in ein ruhigeres Eck, weil sie ungestört arbeiten wollen. Oder in die Nähe von Kollegen, mit denen sie gerade an einem gemeinsamen Projekt basteln. Vielleicht wählen sie ihren Arbeitsplatz für einen Tag aber auch nach dem Wetter und dem Stand der Sonne aus ... Und wenn sie gehen, hinterlassen sie den modernen weißen Schreibtisch mit der gemütlichen Vollholz-Eichenplatte wieder so, wie sie ihn vorgefunden haben.

Wer keine Lust auf Schreibtisch hat, kann sich aber auch woanders niederlassen. Zum Beispiel in der

Sitzecke mit dem schönen Ausblick (übrigens die Ecke, in der sich in den meisten Firmen das Corner Office des Chefs befinden würde. Nicht so bei Dexina: Da sitzt der Chef in der Mitte). Oder am großen Esstisch, neben der Kaffeemaschine, mit Blick in die verglaste Küche. Apropos Küche: Mittags müssen die Dexina-Mitarbeiter nicht unbedingt essen gehen. Ein Blick in den gut gefüllten Kühlschrank und das restliche Essen im Wok zeigen mir, dass man sich hier auch vor Ort gut versorgen kann.

Das Wohlfühlklima soll allerdings nicht nur in der Einrichtung und Büroausstattung zum Ausdruck kommen, sondern auch im Umgang miteinander. Die Dexina will entpolitisieren und damit eine hochdynamische Arbeitswelt erschaffen, die Projekte und Prozesse nachhaltig verändert. Jeder darf sein, wer er ist, und tun, was er kann, lautet die Devise. Work-Life-Balance hält man bei der Dexina deshalb für Quatsch, denn Arbeit und Leben gehören für die Menschen hier untrennbar zusammen.

LIVE@WORK! heißt die Philosophie und ich habe sie so verstanden: Dexina-Mitarbeiter sollen so arbeiten, wie sie auch leben wollen, mit Freunden oder der Familie. Dazu gehört gemeinsam zu kochen, sich am Esstisch zusammenzusetzen und gemeinsam zu essen, sich nach dem Essen ein paar Minuten Ruhe zu gönnen oder sich auch einfach mal den Laptop zu schnappen und im Freien weiterzuarbeiten. Dazu gehört aber auch die Möglichkeit, sich selbst so einzubringen, wie man ist, dem Chef auch mal die Meinung sagen zu dürfen, eigene Ideen zu entwickeln und konsequent zu Ende zu denken.

Warum die Dexina diesen Weg eingeschlagen hat? Auf ihrer Homepage finde ich vier Gründe: Mehr Ganzheitlichkeit, mehr Effektivität, mehr Innovation und mehr Leben. Was sich dahinter verbirgt, werde ich noch genauer erkunden, denn ich habe das Gefühl, mit einem Besuch ist es hier nicht getan. Ich bin neugierig geworden, will noch mehr erfahren und werde dranbleiben. Und natürlich auch hier davon berichten. Demnächst wieder.

Interview mit Heiner Scholz, Gründer und Vorstand der Dexina AG

Wie kamen Sie eigentlich auf die Idee zur Philosophie LIVE@WORK!?
Der eigentliche Ursprung liegt in meiner Jugend. Schon damals habe ich meinen Schulkameraden erzählt, dass ich einmal in einer Firma arbeiten werde, in der das Arbeiten Spaß macht. Sie hielten mich für naiv. Zunächst habe ich dann aber die klassische Arbeitswelt kennengelernt. Auch die Dexina AG, die ich 2006 mit einem Partner gegründet habe, war zunächst eine Unternehmensberatung mit Hierarchien, Zeitnachweisen und konservativem Kleidungskodex, bis meine eigene Unzufriedenheit zum Wandel geführt hat. Mir wurde bewusst, dass ich bei meiner Familie und meinen Freunden Leben finde. Auch, wenn ich etwas für mich mache, war da Leben drin. Aber bei der Arbeit habe ich kein Leben gefunden. Also habe ich mir mit Mitarbeitern überlegt, wie wir das Leben wieder zurück in die Arbeit bringen könnten, welches Leben wir uns bei der Arbeit wünschen. Es geht bei LIVE@WORK! also nicht um Work-Life-Balance, sondern darum, auch ein gutes Leben bei der Arbeit zu haben, die Grenzen zwischen Arbeit und Privatleben fließender zu machen und so auch alles besser vereinbaren zu können.

Und was genau ist bei Dexina so anders?
Wir leben jetzt bei der Arbeit. Und wir ermöglichen es unseren Mitarbeitern freier und selbstverantwortlicher zu arbeiten.

Was bedeutet das denn konkret für die Führung eines Unternehmens?
Wir führen in vielen Bereichen über Ergebnisse. Das klingt immer so abstrakt, aber es ist eigentlich ziemlich simpel. Jeder kennt das aus dem Privaten, wenn man zum Beispiel mal einen Skiurlaub mit Freunden organisiert. Dann merken Sie doch am Ende auch, ob Sie das gut gemacht haben oder nicht, denn Sie bekommen ein persönliches Feedback. Und so ist es bei uns auch: Wir schauen auf die Ergebnisse, die entwickelt werden. Wo und wann jemand arbeitet, ist dabei egal.

Reicht Anerkennung tatsächlich aus, um Mitarbeiter erfolgreich zu führen?
Zunächst muss man schon ein paar Dinge definieren, zum Beispiel die Frage, was eigentlich Erfolg ist? Ist das, wenn wir ein Prozent mehr Umsatz machen? Oder wenn wir uns im Jahr 200 High Fives zuwerfen? Oder wenn wir unsere Krankheitsquote um 30% senken? Erfolg ist für uns dieses Gefühl, wirklich etwas erreicht zu haben, von dem man dachte, dass man es vielleicht nie erreichen könnte. Und ich sehe es als meine Führungsaufgabe an, meine Mitarbeiter so zu unterstützen, dass sie über sich hinauswachsen können.

Kann man Erfolg über Geld definieren?
Wenn Mitarbeiter nur aufs Geld schauen, und darüber Erfolg definieren, dann ist das extrem kontraproduktiv. Also, wenn ich Erfolg über Geld definiere, setze ich Geld vor Sinn. Ich treffe vielleicht eine Entscheidung, weil ich dadurch schnell an einen Bonus komme, auch wenn es nicht die beste ist. Wir

setzen den Sinn an erste Stelle, wollen also sinnvolle, nachhaltige Lösungen entwickeln, um mit diesen dann freilich auch Geld zu verdienen. Aus diesem Grund arbeiten wir gerade an einem neuen Gehaltsmodell, das sich nicht mehr an der zu Beginn des Jahres festgesetzten Zielerreichung orientiert. Die beste Lösung kann schließlich etwas anderes sein, als das, was man zu dem Zeitpunkt, als die Ziele definiert wurden, festgelegt hat.

Wie vermittelt man denn allen Mitarbeitern die selben Ziele und Werte?
Indem die Führungskräfte Ziele und Werte vorleben. Indem sie zum Beispiel selbst nicht aufhören, bis sie die richtige, echte Lösung gefunden haben. Oder ganz einfach, indem sie selbst mal ihre Kinder mitbringen, tragen, was sie möchten, bleiben, wer sie sind, oder mal im Home-Office arbeiten. Bei den Mitarbeitern, die wir eingestellt haben, seitdem es LIVE@WORK! bei uns gibt, ist es auch so, dass sie die Werte, die sie bereits zuvor vertreten haben, nun bei Dexina wiederfinden.

Wie findet man denn die richtigen Mitarbeiter für so eine Unternehmensphilosophie?
Über unseren Personalauswahlprozess, den wir drastisch verändert haben. Wir beurteilen Menschen nicht nur nach ihren Zeugnissen und nach ihrem erlernten Beruf, sondern sehr stark nach ihren persönlichen Fähigkeiten, die wir im Auswahlprozess herausarbeiten, und finden so eher heraus, ob sie bei uns ins Team passen. Also, uns interessiert vor allem der Mensch, der hinter dem Beruf steckt. Es gibt aber auch Menschen, die zu uns kommen, die sofort fühlen, dass sie bei uns nicht arbeiten können. Menschen, die weniger Freiheiten und dafür straffe Strukturen brauchen.

*Macht Ihnen das Sorgen, Mitarbeiter deswegen zu verlie-
ren?*

Nein. Dexina hat sich über die Philosophie LIVE@WORK!
stark gewandelt. Natürlich haben einige Mitarbeiter diesen
Wandel nicht mitgemacht. Der Großteil ist aber begeistert
von LIVE@WORK! und nutzt die neuen Möglichkeiten.
Ich denke, dass wir auf dem richtigen Weg sind. Wir möchten, dass unsere Mitarbeiter gerne zur Arbeit kommen. Laut
Studienergebnissen aus dem Gallup Engagement Index sind
nur 17% der Menschen mit ihrem Unternehmen emotional
verbundenen. 16% haben innerlich schon gekündigt. Durch
eine Mitarbeiterbefragung zur aktuellen Stimmung bei
Dexina lagen wir bei über 50%, die sich dem Unternehmen
emotional verbunden fühlen.

*Nun sieht es bei der Dexina AG ja etwas anders aus, als
in den meisten Büros. Bierbänke in Unternehmensfarben,
Strandkörbe auf der Dachterrasse, Eichenholzplatten auf
den Schreibtischen, eine Lounge mit großem Esstisch mittendrin. Warum legen Sie so viel Wert auf eine schöne
Arbeitsumgebung?*

Die Menschen sollen sich am Arbeitsplatz nicht weniger
wohlfühlen als daheim. Dort gehen sie doch auch mit dem
Laptop aufs Sofa, wenn sie Lust dazu haben. Sie können sich
jederzeit etwas zu trinken holen, der Kühlschrank ist immer
voll. Oder sie setzen sich mit Freunden oder der Familie an
den Esstisch, wenn sie sich etwas zu erzählen haben. So
soll es auch bei uns im Büro sein. Alles hier soll mindestens so schön wie zuhause sein, vielleicht sogar noch schöner. Austausch und Kommunikation sind bei uns gewollt.
Wir sorgen zum Beispiel mit der Lounge oder der schönen
Dachterrasse dafür, dass Menschen sich begegnen, sich
näher kommen, lernen sich gegenseitig zu verstehen. Und
vielleicht im Gespräch einfach mal so neue Ideen entwickeln.
Regelmeetings haben wir inzwischen abgeschafft. Wir be-

sprechen die Dinge, wenn sie anstehen. Jeder geht selbst auf den zu, mit dem er sich abstimmen muss. Wir sind also ständig in Kommunikation und nicht nur einmal pro Woche.

Funktionalität ist Ihnen aber auch wichtig.
Ja klar. Wir haben uns bei allem immer überlegt, wie es unseren Büroalltag erleichtern kann. Ein Beispiel: Einer der größten Stressfaktoren – da können Sie in jedem Unternehmen nachfragen – ist oft die Kaffeeküche, insbesondere die Spülmaschine und die Kaffeemaschine. Und jeder kennt die Situation, wenn man einen wichtigen Kundentermin hat und noch schnell einen Kaffee holen will, dann ist entweder kein sauberes Geschirr da, weil die Spülmaschine gerade läuft, oder kein warmer Kaffee, weil die Kaffeemaschine leer ist. Und dann gerät man in eine Stresssituation, die sich negativ auf den Kundentermin auswirkt. Also haben wir eine Hochleistungs-Industriespülmaschine angeschafft, die nur sechs Minuten zum Spülvorgang braucht. Damit ist immer sauberes Geschirr da. Und eine sündhaft teure Kaffeemaschine, die immer auf Knopfdruck frischen Kaffee zubereitet. Die Investition rechnet sich aber durch die Haltbarkeit der Maschine, die Kundenzufriedenheit und die Zufriedenheit unserer Mitarbeiter.

Nun gibt es aber auch Kritiker, die behaupten, die schönen Arbeitsplätze dienen nur dazu, dass die Menschen nur noch arbeiten und gar nicht mehr nach Hause gehen wollen. Was sagen Sie denen?
Ja, die Kritik kenne ich, und sie wird angeheizt durch Unternehmen wie Google oder Facebook. Das ist klar der falsche Weg. Wir wollen nicht, dass die Menschen nur noch arbeiten. Wir wollen, dass die Menschen in der Zeit, die sie bei uns verbringen, optimale Voraussetzungen zum Arbeiten haben, optimale Leistung bringen können und sich dabei wohlfühlen. Dazu gehören auch Maßnahmen

wie unser Eltern-Kind-Büro, das ganz klar zeigt, dass wir die Menschen als Ganzes schätzen. Wir freuen uns unheimlich, wenn Mitarbeiter bei uns ein Kind erwarten. Oder auch unsere großzügige Home-Office-Regelung. Jeder darf bei uns von zu Hause aus arbeiten, wirklich jeder. Sogar die Praktikanten bekommen ein Handy und einen Laptop und dürfen, wann immer sie wollen, von zu Hause aus arbeiten. Außerdem haben wir sogenannte Ausgleichstage. Das sind zwölf Tage im Jahr. Jeder Mitarbeiter kann sich diese Tage nehmen, wann er will. Und das funktioniert.

Funktioniert dieses Konzept wirklich in jedem Unternehmen?
Ja, LIVE@WORK! kann wirklich überall umgesetzt werden. Für den Wandel muss ein Unternehmen aber bereit sein. Denn es geht nicht nur um die Arbeitsumgebung, sondern auch um die Kultur, die eine Firma lebt. Alle schicken Möbel sind nichts wert, wenn die passende Kultur dazu fehlt. Eine schöne Arbeitsumgebung ist aber nicht nur für ein gutes Leben bei der Arbeit wichtig: Man kann noch so tolle Ideen und Konzepte haben; wenn man damit zurück in die alten, grauen Büros kommt, löst sich die Begeisterung ganz schnell wieder in Luft auf. Auch deshalb ist einer der wichtigsten Bestandteile von LIVE@WORK!, dass auch die Arbeitsumgebung umgestaltet wird.

Wie funktioniert das zum Beispiel in der Produktion?
Wenn das Unternehmen bereit ist, auch in die Menschen und nicht nur in Maschinen zu investieren, funktioniert das auch. Wir hatten zum Beispiel vor Kurzem einen Unternehmer, der seine Produktion umbauen will, zu Besuch. Also habe ich ihn gefragt, was ihm am wichtigsten ist. Darauf meinte er, das Wichtigste sei, dass seine Maschinen gut arbeiten, im Dreischichtbetrieb – also 24 Stunden am Tag. Eine Maschine kostet grob 400.000 Euro und hat eine Laufzeit

von 10 Jahren. Das bedeutet eine Abschreibung von 40.000 Euro pro Jahr. Daraufhin fragte ich ihn, wie viele Mitarbeiter an einer solchen Maschine arbeiten. Es seien vier Stück mit einem Jahreseinkommen von jeweils rund 30.000 Euro. Das bedeutet, in einem Jahr kosten ihn seine Mitarbeiter das Dreifache seiner Maschine. Warum bauen Sie dann Ihre Gebäude in erster Linie für die Maschinen, und nicht für die Mitarbeiter, fragte ich ihn. Warum bauen Sie nicht mit mehr Tageslicht, schöneren Pausenräumen, mit echten, schalldichten Ruhezonen? Damit hatte ich ihn überzeugt.

Vielen Dank für das Interview, Herr Scholz.

8. ERGEBNISORIENTIERTES ARBEITEN

*„In einem engeren Sinne ist Arbeitszeit die Zeit, die
unselbstständige Arbeitnehmerinnen und Arbeitnehmer
im Rahmen ihres Arbeitsverhältnisses tätig sind."*

ARBEITSZEITGESETZ

Ergebnis versus Zeit – wie messen wir Arbeit?

„Wenn du morgens der Erste bist und abends der Letzte und
wenn du weniger Urlaubstage nimmst und niemals einen
Krankheitstag, dann wirst du mehr Erfolg haben als Leute,
die das tun. Es ist ganz einfach." Mit diesem Karrieretipp
des ehemaligen New Yorker Bürgermeisters Michael
Bloomberg konnte man es einmal im Berufsleben weit bringen. Im vorigen Jahrhundert auf jeden Fall. Als er ihn im
Jahr 2007 bei einem Vortrag vor College-Absolventen erwähnte, fiel das allerdings auf wenig fruchtbaren Boden
und handelte Bloomberg viel Spott ein.

Auch bei uns wird Arbeit noch in den allermeisten Fällen
anhand der Anwesenheit über eine bestimmte Zeitdauer an

einem bestimmten Ort gemessen und nicht anhand des zustande gekommenen Ergebnisses. Doch wir wissen ja mittlerweile, dass dies der eigentlichen Definition von Arbeit – so, wie sie im Duden steht – widerspricht, nämlich der „Tätigkeit mit einzelnen Verrichtungen" beziehungsweise der „Ausführung eines Auftrags". Arbeit ist und bleibt etwas, was wir tun, und kein Ort, an den wir gehen (oder unsere Zeit absitzen).

Obwohl das Messen von Ergebnissen der ursprünglichen Bedeutung von Arbeit näher kommt als vieles, was wir heute darunter verstehen, gibt es große Vorbehalte gegen dieses Prinzip, denn der Indikator, in dem Arbeit für einen Großteil der angestellten Beschäftigten nach wie vor gemessen wird, ist die Arbeitszeit. Sie ist leicht zu berechnen, einfach zu kontrollieren und gut zu vergleichen. Wer seine vertraglichen Arbeitsstunden leistet, bekommt seinen vereinbarten Lohn dafür. Da diese Regelung für alle Beschäftigten gilt, wird sie zudem als besonders gerecht wahrgenommen. Doch die Wahrheit ist: Arbeitszeit sagt mitnichten etwas über Arbeitsleistung aus. Viele von uns kennen Kollegen, die den ganzen Tag nur mit Ratschen und Tratschen beschäftigt sind und dann am Abend länger bleiben, um ihre Arbeit zu erledigen. Nicht nur, dass sie damit ihre Kollegen vom Arbeiten abhalten, sie selbst bauen auf diese Weise Unmengen von Überstunden auf, die sie dann – vorzugsweise bei schönem Wetter – abfeiern. Demgegenüber ist interessant, was mir Führungskräfte, die Teilzeit arbeiten, berichten. Bei fast allen Fällen, die mir bekannt sind, werden die Aufgaben nicht im gleichen Maß reduziert wie die Arbeitszeit; häufig bleiben sie sogar in vollem Umfang erhalten. Und trotzdem gelingt es allen mir bekannten Beispielen, ihre Arbeit in 75 oder 80% der Zeit zu erledigen. Weil sie unheimlich effizient sind und wissen, dass sie nachmittags eher gehen müssen oder nur vier Tage die Woche im Büro sind. Eine dieser Führungskräfte sagte mir wortwörtlich: „Ich arbeite 100% für 80% des Lohnes.

Mit den 20% Differenz erkaufe ich mir lediglich ein bisschen Freiheit."

Viele Beschäftigte und Arbeitgeber leben gut und gerne mit dem, was sie bisher unter Arbeit verstehen. Für die Arbeitnehmer bietet es einerseits Sicherheit und Vorhersehbarkeit, genau zu wissen, wann sie zu arbeiten haben und wann nicht. Arbeit und Privatleben lassen sich strikt trennen, ohne die Intervention der einen in die andere Sphäre befürchten zu müssen. Mit dem sprichwörtlichen Gongschlag den ebenso sprichwörtlichen Griffel fallen zu lassen und sich dem Feierabend zu widmen, hat unbestritten seine Reize. Für Arbeitgeber andererseits ist anhand der Arbeitszeit leicht zu kontrollieren, wann welche Arbeitskräfte in welchem Umfang zur Verfügung stehen. Die Mitarbeiter sind jederzeit gut greifbar und können auch kurzfristig zur Erledigung von Aufgaben herangezogen werden. Hinzu kommt, dass es weit verbreitet ist, Anwesenheit mit Beschäftigung gleichzusetzen, und somit ist mit einem Blick überprüfbar, wer gerade schafft und wer nicht. Wer sichtbar ist, der arbeitet, und viele Chefs halten an diesem Modell nach wie vor eisern fest.

Auch der Gesetzgeber sieht eine umfassende Regelung der Arbeitszeit vor, was in Deutschland im Arbeitszeitgesetz seinen Ausdruck findet. Es legt die Grundnormen dafür fest, wann und wie lange Arbeitnehmer höchstens arbeiten dürfen, egal, wo die Arbeit ausgeführt wird. Die Begrenzung auf eine Höchstarbeitszeit, festgelegte Mindestruhepausen während der Arbeitszeit und Mindestruhezeiten nach Arbeitsende sollen in erster Linie dem Schutz der Beschäftigten dienen. Darüber hinaus unterliegen Sonn- und Feiertage einem grundsätzlichen Beschäftigungsverbot, das nur in Ausnahmefällen aufgehoben werden kann. Genau diese Schutzfunktion steht aber dem flexiblen und ergebnisorientierten Arbeiten häufig im Weg.

Neue Bedürfnisse erfordern neue Methoden

Arbeit allein über die Arbeitszeit zu definieren, wird in Zukunft weder den Bedürfnissen der Arbeitnehmer noch denen der Arbeitgeber entsprechen. Denn nicht nur viele Arbeitnehmer wünschen sich mehr Flexibilität. Auch Unternehmen müssen immer anpassungsfähiger werden, auf immer schnellere Märkte reagieren und dabei auch ihre Mitarbeiter mitnehmen. So kann es mitunter vorkommen, dass kurzfristig mehr Arbeit zu erledigen ist, genauso kurzfristig aber auch weniger. Für die Beschäftigten kann dies bedeuten, dass sie nicht mehr zwangsläufig nach festen Zeiteinteilungen arbeiten. Denkbar ist sowohl, dass Schichtpläne nach Bedarf organisiert werden, als auch die Möglichkeit, den Mitarbeitern über Abfragen zu ermöglichen, sich selbst in die Dienstpläne einzutragen und sich damit die Arbeit zumindest ein Stück weit selbstbestimmter einteilen zu können. Ein konkretes Beispiel, wie das funktionieren kann, ist ein sogenannter Schicht-Doodle in Form einer App, die es Mitarbeitern ermöglicht, ihre Arbeitszeiten kurzfristig, eigenverantwortlich und selbstbestimmt untereinander zu koordinieren. Der Schicht-Doodle informiert sie über anstehende Arbeitseinsätze, die von der Regelarbeitszeit abweichen. Werden beispielsweise drei Extrakräfte für eine zusätzliche Schicht am Samstag gesucht, wird eine bestimmte Anzahl von Mitarbeitern angefragt, die sich nun untereinander absprechen können. Direkt auf ihrem Smartphone haben sie Zugriff auf ihre Kalender und können mit Kollegen chatten und so entscheiden, ob der anstehende flexible Arbeitseinsatz für sie infrage kommt oder nicht. Ihre persönliche Verfügbarkeit teilen sie über die App mit, indem sie der Arbeitsanfrage zustimmen oder sie ablehnen. So spannend sich diese Innovationen anhören, so stellen sie gerade Mittelständler noch häufig vor große Schwierigkeiten, weil sie entweder nicht über die technischen Möglichkeiten verfügen, ihre Belegschaft schlichtweg nicht computer- oder smartphone-affin ist oder weil Neuerungen aus Prinzip mit Ablehnung begegnet wird.

Während sich nun manche den Veränderungen entgegenstellen oder abwarten, fassen andere den Entschluss, ihr Schicksal selbst in die Hand zu nehmen. So auch die Polizeidienststelle Fürth, die 2006 ein flexibles Schichtmodell für den Streifendienst eingeführt hat. Auslöser war unter anderem die Sorge, früher oder später ohnehin ein neues Zeiteinteilungsmodell übergestülpt zu bekommen, um beispielsweise Personalknappheit zu kompensieren. Dem Eingriff von außen wollten die Beamten in der Dienststelle zuvorkommen und so wurde überlegt, wie sich die Veränderungen nach den eigenen Vorstellungen gestalten und mit den bestehenden Organisationszielen besser vereinbaren ließen. Bis zur Einführung des neuen Modells arbeiteten die Beamten im Wechselschichtdienst nach einem festen Dienstplan. Im immer wiederkehrenden Muster war abzulesen, wie in der darauffolgenden Woche, im darauffolgenden Monat oder Jahr zu arbeiten war. Obwohl die meisten Polizisten sich mit diesem System arrangiert hatten und selbst keinen Anlass für Veränderungen sahen, hatte sich die Dienststellenleitung vorgenommen, zu agieren, anstatt eines Tages zum Reagieren gezwungen zu werden, und überlegt, wie sie innovativ tätig werden, sich selbst verändern und damit flexibler werden konnte. Ein Vorschlag aus der eigenen Mannschaft, die starren Strukturen des Schichtdienstes zu lockern, wurde aufgegriffen, in einer Arbeitsgruppe diskutiert und weiterentwickelt, wobei Beispiele von anderen Dienststellen hinzugezogen wurden. Allerdings gab es zu diesem Zeitpunkt deutschlandweit keine Polizeidienststelle von vergleichbarer Größe, die ein voll-flexibles Modell eingeführt hatte. Abschauen war also nur begrenzt möglich – sie mussten das Rad selbst neu erfinden. So entstand der Entwurf eines komplett flexiblen Schichtdienstes, also eines Dienstplans, in den sich die Beamten völlig frei eintragen und ihre Arbeitszeiten selbst wählen konnten – für das Traditionsunternehmen Polizei geradezu revolutionär. Deshalb setzten die Befürworter dieses Modells auch nur knapp eine einjährige Testphase durch. Das entscheidende Argument war: Bisher hatte ausschließlich der Arbeitgeber vorgegeben, wer wann zu arbeiten hatte. Obwohl es alle so gewohnt waren, ihr Leben und ihre Freizeit nach einem fremdbestimmten Rhythmus zu planen, wussten viele die neu gewonnene Freiheit zunächst nicht zu schätzen, ja, wollten sie eigentlich gar nicht haben. Doch am Ende sollten die Zweifler eines Besseren belehrt werden. In einer weiteren Abstimmung, nach Ende des Testjahres, stimmten über 80% für die Beibehaltung der neuen Regelung. Die Innovatoren hatten sich durchgesetzt und das Modell läuft heute, fast zehn Jahre nach seiner Einführung, mit großem Erfolg.

Die innere Stechuhr

Das Beispiel zeigt, dass Arbeitszeiten zu deregulieren und Mitarbeitern ihren eigenen Arbeitsrhythmus zuzugestehen, keineswegs gleichzusetzen ist mit dem Anspruch, sie rund um die Uhr arbeiten zu lassen und damit allzeit verfügbar zu machen. Zwar spricht nichts dagegen, die vorhandenen Potenziale durch Flexibilität besser auszuschöpfen und damit obendrein die Produktivität der Belegschaft zu steigern. Auch darf der Vorgesetzte, der auf die Bedürfnisse seines Teams in puncto Flexibilität eingeht, durchaus erwarten, dass ihm bei Bedarf ebenso ein gewisses Entgegenkommen gezeigt wird, dass Beschäftigte etwa mal länger oder zu ungewöhnlichen Zeiten arbeiten, für ein Telefonat mit Kollegen in anderen

Zeitzonen zur Verfügung stehen oder Teilzeitkräfte auch mal an einem ganztägigen Workshop teilnehmen.

Doch die Angst vor einer Vermischung von Arbeit und Privatleben führt dazu, dass erneut nach Möglichkeiten gesucht wird, Beschränkungen vorzugeben, um die bestehenden Grenzen aufrechtzuerhalten. So haben Politiker ein ums andere Mal öffentlich darüber nachgedacht, die Erreichbarkeit nach Feierabend per Gesetz zu beschränken und dafür sogar eine Anti-Stress-Verordnung zu erlassen. Der SPD-Vorsitzende und Wirtschaftsminister Sigmar Gabriel nennt dies populistisch „Ein Recht auf Feierabend". Umsetzen lässt sich dies allerdings kaum. Auch übersehen dahingehende Forderungen, dass schon bei heutiger Gesetzeslage Arbeitgeber kaum Möglichkeiten haben, permanente Erreichbarkeit ihrer Mitarbeiter einzufordern. Somit bewegen sich Angestellte zumindest rechtlich auf sicherem Terrain, wenn sie sich selbst Grenzen stecken und diese auch kommunizieren. Ein offensiver Umgang mit dem Thema ist dabei allemal besser, als abzuwarten, dass der Chef von selbst bemerkt, wie heilig einem das ungestörte Abendessen mit der Familie oder die Ruhe beim Sonntagsspaziergang ist.

Neben den ewigen Zweiflern gibt es aber durchaus Menschen, die Veränderungen in puncto Flexibilität und damit auch Verantwortung zu schätzen wissen. Der Autor des Buches „Morgen komm ich später rein" und Befürworter einer flexiblen und mobilen Arbeitsauffassung, Markus Albers, schwärmt von der Freiheit und dem „wunderbare[n] Gefühl, morgens mal später zur Arbeit zu müssen, mehr Zeit für Kinder, Frühstück und Zeitungslektüre zu haben, vielleicht noch kurz in Ruhe seine E-Mails zu checken oder draußen in der Sonne einen Kaffee zu trinken". Wer ohnehin seine Zeit im Büro absitzen muss, so Albers, hat keinerlei Anreize, seine Arbeit schnell und effizient zu erledigen. Wer sich hingegen seine Zeit frei einteilen kann, wird ver-

suchen, seine Aufgaben zügig zu erledigen, um danach freizuhaben. Der klassische Büroalltag frisst hingegen unnötig
viel Zeit auf, die uns dann an anderer Stelle fehlt. „Zwischen
Meetings, Deadlines und purem Abwarten, bis der Chef
Feierabend macht, haben viele Menschen das Gefühl, sie
hätten in vier oder fünf Stunden effizienter, selbstbestimmter Zeit genauso viel leisten können."

Wie werden Sie effizient?

Viele von uns, bei denen die Arbeit bisher in Stunden gemessen wurde, haben sich die Frage nach Effizienz vielleicht noch gar nicht gestellt. Hier gibt, wie ich finde, Ron
Friedman in seinem Harvard Business Review Blog mit dem
Titel „Wie Sie die ersten zehn Minuten Ihres Tages verbringen sollten" einen sehr wertvollen Tipp. Er empfiehlt, es
einem Spitzenkoch gleichzutun, der niemals einfach Töpfe
und Pfannen auf den Herd stellen und draufloskochen
würde. Vielmehr legt er sich zunächst die Zutaten zurecht,
überlegt, was er unter Umständen noch besorgen muss, was
die längste Vorbereitungszeit braucht und was wie lange
garen muss. Beginnen muss er folglich mit den Speisen, die
am aufwendigsten sind und am längsten brauchen, damit
am Ende alles gleichzeitig in einem mehrgängigen Menü auf-
getischt werden kann. Übertragen heißt das: Wer früh ins
Büro kommt, sollte nicht zuerst seine Mails checken oder
seinen Anrufbeantworter abhören, obwohl die Mehrheit
von uns wohl genau das tut. Dies führt jedoch dazu, dass
wir gleich zu Beginn des Tages reagieren, anstatt zu agieren, und unseren Fokus in eine Richtung lenken lassen, anstatt uns selbst zu fokussieren. Besser ist es, uns im Kopf zu-
rechtzulegen, was wir an diesem Tag erreichen wollen. Der

Koch weiß schließlich auch, bevor er anfängt zu kochen, wie das Gericht am Ende aussehen wird und wann es fertig sein soll. Stellen Sie sich also zu allererst die Frage: „Was will ich heute Abend erreicht haben?" Damit unterscheiden wir zunächst einmal zwischen dem, was wir aus der Situation heraus erledigen würden, und dem, was wir tatsächlich erledigen müssen. Oder auch zwischen dem, was wirklich dringend ist, und dem, was sich nur dringend anfühlt. Wenn wir uns dann noch die Schritte durch den Kopf gehen lassen, die notwendig sind, um die Tagesziele zu erreichen, sind wir auf einem guten Weg, den Tag nach getaner Arbeit zufrieden abzuschließen – ohne dabei der Stechuhr die Hauptkontrolle zu überlassen. Interessant finde ich auch Timothy Ferriss Konzept von der 4-Stunden-Woche. Obwohl ich zugeben muss, dass mir einige seiner Ausführungen zu weit gehen und ich zum Beispiel bezweifle, dass sich Angestellte ohne Wissen ihres Chefs für vier Wochen vom Arbeitsplatz entfernen können, so finden sich doch einige nützliche Hinweise unter seinen Ausführungen, wie beispielsweise der Tipp, sich dreimal täglich die Frage zu stellen: „Bin ich gerade produktiv oder nur aktiv?"

Wenn sich Strukturen lockern und die Ergebnisse in den Vordergrund rücken, ist es wichtig, sich darüber klar zu werden, was wir eigentlich den ganzen Tag in der Arbeit tun. Was die Aufgaben und Tätigkeiten sind, die wir tagtäglich, wöchentlich, monatlich und jährlich zu bewältigen haben. Wir können dies etwa mit einer Terminkalenderstudie beginnen, in der wir über mehrere Wochen jeden Tag notieren, was wir in welchem Zeitraum erledigen. Das hilft, sich selbst und die eigene Arbeit besser kennenzulernen und einzuschätzen zu können. Was mache ich eigentlich den ganzen Tag? Wie lange brauche ich wofür? An wie vielen Projekten arbeite ich zurzeit? Wie viel Arbeit fällt neben den laufenden Aufgaben, sozusagen „auf Zuruf" aus dem Kollegenkreis oder vom Vorgesetzten, an? Dabei stellen wir fest, wo wir effizienter arbeiten und Zeit einsparen können, denn diese Zeit gewinnen wir an einem ergebnisorientierten Arbeitsplatz dann für uns persönlich. Je nach Job und Aufgabe können wir uns damit Freiheit und unter Umständen sogar Freizeit verschaffen.

Eine zunehmende Effizienz bescheinigen auch Untersuchungen zur Arbeitsorganisation. Misst man die Ergebnisse, die Arbeiter in einem orts- und zeitunabhängigen Arbeitsumfeld erbringen, so zeigt sich, dass sowohl die Quantität als auch die Qualität der Arbeit steigen. Das bestätigen nicht nur die Mitarbeiter selbst, sondern auch deren Kollegen und Vorgesetzte. Hinzu kommt, dass sich Angestellte, denen das Vertrauen entgegengebracht wird, sich ihre Arbeit selbstständig einteilen zu können, sich ihrem Unternehmen gegenüber engagierter und loyaler verhalten als diejenigen, die streng kontrolliert und reglementiert arbeiten müssen. Ein – zugegebenermaßen sehr ungewöhnliches – Beispiel ist der Sport- und Outdoor-Bekleidungshersteller Patagonia. „Lass die Mitarbeiter surfen gehen", lautet die Devise des Firmengründers Yvon Chouinard, der heute, mit 77 Jahren, immer noch in seinem Unternehmen aktiv ist. Der Firmensitz liegt im kalifornischen Ventura, direkt am Meer, und in der Eingangshalle stehen nicht etwa Ledersessel am Empfang, sondern Surfbretter. Den Mitarbeitern ist es nämlich gestattet, jederzeit zum Surfen zu gehen, auch während der Arbeitszeit. So muss keiner der überwiegend sportbegeisterten Angestellten sehnsüchtig aus dem Fenster schauen, wenn die Brandung gerade besonders einladend ist; er schnappt sich einfach für eine Stunde sein Brett und legt los. Keiner bei Patagonia hat Angst, dass deshalb die Arbeit zu kurz kommt oder keiner mehr ins Büro zurückkehrt. Chouinard selbst sagt über sich als Chef: „Ich hasse es, Leute managen zu müssen. Ich mag es nicht, wenn mir jemand vorschreibt, was ich zu tun habe, also schreibe ich es auch niemandem vor. Deshalb suche ich ganz bewusst nach

Mitarbeitern, die sich selbst motivieren können und gut sind in dem, was sie tun. Und dann lasse ich sie einfach machen." Dabei lässt er die Kontrolle keineswegs aus den Händen gleiten. Häufig wandert er durch sein Unternehmen und stellt seinen Mitarbeitern Fragen. Aber nicht einfach nur „Wie geht's?", sondern er bittet ganz klar um ihre Einschätzung zu bestimmten Dingen. Auch studiert er die monatlichen Zahlen ganz genau, denn er will wissen, was gut läuft und was weniger gut. Das versucht er dann auch ganz bewusst anzugehen. Dabei hält Chouinard Kommunikation für den Schlüssel zum Erfolg. Da er sich bewusst eigenständig arbeitende Mitarbeiter aussucht, ist ihm klar, dass er diesen nicht einfach Vorgaben machen kann. Es muss viel Überzeugungsarbeit geleistet werden, damit alle an einem Strang ziehen, und das geht nur in ständigem Austausch und mit viel Transparenz. Dafür gibt es bei Patagonia sogenannte „All-Company-Forums", bei denen alle Manager zusammenkommen und sich auf gemeinsame Ziele und Vorgehensweisen einigen. Darauf ist auch zurückzuführen, dass alle Beschäftigten im Unternehmen, das von einer kleinen Werkstatt zu einem Multimillionen-Dollar-Betrieb mit knapp 1.500 Angestellten gewachsen ist, große und kleine Veränderungen mitgetragen haben und Patagonia dabei dauerhaft erfolgreich geblieben ist.

In einem Workshop zur Flexibilisierung wurde ich von einem Angestellten einmal gefragt, ob es denn als Arbeitszeit zu werten wäre, wenn er nachts mit einer tollen Idee aufwacht und diese zu Papier bringt. „Natürlich", sagte ich, „wer weiß, wie lange Sie tagsüber hätten überlegen müssen, bis Ihnen diese Idee gekommen wäre." „Das muss ich meinem Chef sagen", meinte der Workshop-Teilnehmer. Da in seinem Betrieb bisher keine Arbeit außerhalb der regulären Arbeitszeiten als solche gewertet worden war, hatte sich dieser Mitarbeiter immer wieder darüber geärgert, dass ihm nach Feierabend häufig gute Ideen gekommen waren, er aber, selbst wenn er nachts aufgestanden und zwei Stunden daran getüftelt hatte, am nächsten Morgen trotzdem pünktlich im Büro zu erscheinen und seine volle Arbeitszeit abzuleisten hatte. In einem ergebnisorientierten Arbeitsumfeld sind solche Fragen künftig überflüssig. Wann und wo gute Ideen zustande kommen und ausgearbeitet werden, entscheidet hier allein der Mitarbeiter. Der Vollständigkeit halber sei an dieser Stelle erwähnt, dass der Chef dieses Workshop-Teilnehmers ehrlich interessiert war, als sein Angestellter ihm von seinem Anliegen erzählte, und kurz darauf anregte, in der gesamten Firma, einem mittelständischen deutschen IT-Unternehmen, Arbeitszeit und -ort zu flexibilisieren.

In unseren traditionellen Arbeitsabläufen gibt es für viele Beschäftigte keinerlei Anreize, effizient und zügig zu arbeiten, denn selbst derjenige, der weniger ratscht und fleißiger arbeitet, muss, wenn er seine Aufgaben erledigt hat, die Zeit bis zum Feierabend absitzen. Das gilt auch, wenn er gerade eine Denkblockade hat und stundenlang nur auf den Schreibtisch oder den Bildschirm starrt. Wenn er nicht weiterkommt, weil er auf eine Rückmeldung oder Freigabe wartet. Um dann zu verhindern, noch Zusatzarbeit aufgehalst zu bekommen, sollte er dabei möglichst noch beschäftigt aussehen. Das kann schon fast in Stress ausarten. Wer hingegen über die Autonomie verfügt, nach eigenen Regeln zum gewünschten Arbeitsergebnis zu gelangen, hat unweigerlich das Gefühl, selbstbestimmter leben und arbeiten zu dürfen. Er hat größere Anreize, seine Arbeit schnell und effizient zu erledigen, weil er nach getaner Arbeit ja frei hat. Und wer spät abends, früh morgens oder gar nachts einen Teil seiner Arbeit erledigt, kann sich tagsüber ohne Weiteres eine Auszeit gönnen. Wie schon zuvor erwähnt, nimmt der Wert von Selbstbestimmung und Kontrolle in der heutigen Arbeitswelt einen immer größeren Stellenwert ein und ist gerade jungen, hochqualifizierten Berufstätigen mittlerweile wichtiger als Gehalt, Dienstwagen oder Status. Unternehmen und Führungskräfte müssen sich also überlegen, mit welchen Anreizen sie heute und in Zukunft ihre Mitarbeiter motivieren können. Galten lange Zeit Gratifikationen als Motivationswerkzeug Nummer eins, verlieren bessere Gehälter und Boni mehr und mehr an Bedeutung. Sicherlich wird es weiterhin so sein, dass diejenigen, die viel arbeiten, auch angemessen vergütet werden wollen, und dass zusätzliche finanzielle Anreize wie zum Beispiel Provisionen oder Gewinnbeteiligungen anspornen. Aber vermutlich nicht mehr in dem Ausmaß, wie das noch vor 10 oder 20 Jahren der Fall gewesen ist. Von „Schmerzensgeld" sprechen mittlerweile schon hoch strapazierte Mitarbeiter in der Finanzindustrie oder in Anwaltskanzleien. Doch wenn sichergestellt ist, dass ein gewisser Lebensstandard erreicht und gehalten werden kann, dann verliert der Faktor Geld zunehmend an Bedeutung. Nicht für alle, das ist klar. Es wird weiterhin Personen geben, die bereit sind, noch mehr Arbeit für noch mehr Geld zu leisten, und dieses Prinzip auch als gerecht empfinden, aber es wird auch der Anteil derjenigen zunehmen, die den Grundsatz des uralten Tauschgeschäftes „Arbeitszeit gegen Geld" infrage stellen und andere Bezüge wie zum Beispiel Lebensqualität einfordern.

Mein Blog-Eintrag vom 30. Dezember 2014 auf
www.isabellekuerschner.com

Eigentlich wollte ich ja arbeiten ...
Eigentlich wollte ich arbeiten, aber beim Googeln nach einem Begriff bin ich kurz vom Weg abgekommen. Richtung airbnb. Keine Absicht, aber sooo verlockend. Häuser in Kalifornien habe ich mir angesehen, weil ich gerade – für die Arbeit, versteht sich – ein Buch über das Silicon Valley bestellt habe. „Was aus dem mäch-

tigsten Tal der Welt auf uns zukommt", natürlich ein Thema für die Zukunft der Arbeitswelt.

Geld, nun ja, falls ich also zu Vor-Ort-Recherchen einmal dorthin reisen müsste, brauche ich natürlich eine adäquate Unterkunft. Deshalb also mein kleiner Abstecher zu airbnb, der mich gerade eine gute halbe Stunde Arbeitszeit gekostet hat und dem Schreibfluss wahrscheinlich nicht gerade dienlich war. Aber der eben auch sehr viel Spaß gemacht hat. Und so mache ich wenigstens das Beste daraus, nämlich einen Blogbeitrag.

Zwei Artikel, die ich kürzlich gelesen habe, kamen mir nämlich in den Kopf, als ich gerade das Berufliche und Private fröhlich vermischt habe. Erstens, dass im Handelsblatt zu lesen war, dass es bei Bosch künftig per Dienstvereinbarung erlaubt ist, private E-Mails zu lesen, im Internet zu surfen oder Reisen zu buchen. Und zweitens, dass mich ein amerikanischer Kollege auf einen Internetbeitrag aufmerksam gemacht hat, in dem stand, dass wir Deutschen zwar im Durchschnitt weniger Stunden arbeiten als Menschen aus anderen Ländern, dabei aber deutlich produktiver sind. Warum? Weil es uns eben NICHT gestattet ist, während der Arbeitszeit all die schönen Dinge zu tun, wie private E-Mails zu lesen, im Internet zu surfen oder Reisen zu buchen. Weil wir dadurch konzentrierter, fokussierter und effizienter arbeiten als andere.

Was stimmt denn jetzt? Sind wir tatsächlich besser, weil wir strengere Vorschriften haben? Gibt es Produktivität auf Befehl? Bei Büro- und Wissensarbeitern? Denn um die geht es ja hier in erster Linie (Busfahrer, Ärzte und Lehrer können schließlich schlecht während der Arbeitszeit im Internet surfen). Oder sind wir alle erwachsen genug, selbst zu wissen, wie wir unsere Arbeit am besten fertig kriegen? Sollten nicht Anreize anstelle der Verbote stehen?

Die Antwort führt mich wie so oft wieder darauf zurück, dass wir nach wie vor in viel zu engen Mustern denken, wenn wir über unseren Beruf reden. Dass wir immer noch Arbeit und Arbeitszeit gleichsetzen. Doch für die Zukunft müssen wir diese Denkmuster aufbrechen und weiterdenken, weit über Gleitzeit, Teilzeit, Vertrauensarbeitszeit und was es sonst noch alles gibt hinaus. Genau genommen brauchen wir das gar nicht mehr, wenn wir tatsächlich aufhören, Arbeit in Zeit zu messen, und endlich Leistung und die Verantwortlichkeit dafür, dass die Aufgaben erledigt werden, zur einzigen Messgröße werden. Egal wann und egal wo. Das wäre doch wirklich fair, oder?

Im Gegensatz dazu hören sich derartige Dienstvereinbarungen für mich nach Mogelpackungen an. Und auch nicht besonders unternehmerisch. Solange Arbeitskräfte nach Arbeitszeit und nicht nach Ergebnis bezahlt werden, ist es doch nicht sinnvoll, ihnen in dieser Zeit andere Tätigkeiten zu erlauben. Solange die Währung Zeit gegen Geld besteht und nicht Leistung gegen Geld, gehört die erkaufte Zeit dem Arbeitgeber. Doch wenn sich dieses Prinzip endlich ändert, wenn Ergebnisse zählen und keiner mehr danach fragt, wo und wann diese zustande gekommen sind, solange die Qualität stimmt, dann können wir auf derartige Ver- oder Gebote gut und gern verzichten. Denn wer ohnehin die Zeit im Büro bis zum Feierabend absitzen muss, hat wenig Ansporn, seine Arbeit schnell und effizient zu erledigen. Sitzen bleiben muss man ja sowieso. Wer sich hingegen seine Zeit frei einteilen kann, wird versuchen, seine Aufgaben zügig zu erledigen, um danach freizuhaben.

Mir ist durchaus klar, dass ich die halbe Stunde, die ich heute verplempert habe, irgendwann nachholen muss. Oder auch nicht, weil sie mich zu neuen Ideen inspiriert hat, die mir sonst vielleicht erst nach langem Grübeln eingefallen wären. Ist ja eigentlich auch egal. Ist ja meine Zeit.

Die Angst vor der Freiheit

„Give people slightly more trust, freedom, and authority than you are comfortable giving them. If you're not nervous, you haven't given them enough."
LASZLO BOCK, GOOGLE-PERSONALCHEF

Ob es dem Einzelnen nun gefällt oder nicht – die Zukunft der Arbeitswelt wird mehr Flexibilität für Unternehmen und deren Mitarbeiter bieten, sie gleichzeitig aber auch einfordern. Dennoch mehren sich Widerstände, Ängste und Zweifel, insbesondere gegenüber dem mobilen Arbeiten, das bei uns häufig nur mit Home-Office gleichgesetzt wird. Schlechtere Erreichbarkeit, mangelnde Kontrollmöglichkeiten und Probleme beim Arbeitsschutz beklagen die Arbeitgeber. Nachteile durch weniger Sichtbarkeit, Entgrenzung von Arbeit und Privatleben und keine Möglichkeit mehr, abzuschalten, die Arbeitnehmer. Gerne berufen sich Gewerkschaften dann auf Einzelfälle wie Yahoo, wo die CEO Marissa Mayer gleich nach der Übernahme ihres Vorstandspostens alle Mitarbeiter zurück ins Büro beorderte, ohne jedoch die Hintergründe dieser Entscheidung zu kennen. So entsteht gerade in Deutschland das Gefühl, dass die mobile Arbeit bereits wieder im Rückzug begriffen ist. Dabei wird jedoch verschwiegen, dass der internationale Trend ungebrochen bleibt. In den USA ist der Anteil derjenigen, die per Definition als Telecommuter gelten, seit 2005 um 79% gestiegen. Das heißt, dass 2,6% der amerikanischen Arbeitnehmer oder 3,2 Millionen Menschen mindestens die Hälfte ihrer Arbeitszeit zu Hause oder an einem anderen privaten Ort verbringen. Stellt sich die Frage: Wer sind eigentlich diese Telecommuter und wer sind ihre Arbeitgeber? Handelt es sich etwa nur um Mütter, die nebenbei ihre Kinder betreuen, oder um Mitarbeiter gemeinnütziger Organisationen, bei denen es nicht so sehr darauf ankommt, Gewinne zu erwirtschaften? Mitnichten. Der typische Telecommuter ist ebenso häufig männlich wie weiblich, im Durchschnitt 49 Jahre alt, hat mindestens eine College-Ausbildung, verdient 58.000 Dollar im Jahr und arbeitet für ein Unternehmen mit mehr als 100 Mitarbeitern. Am häufigsten arbeiten Angestellte der Regierung von zu Hause aus, nahezu gleichauf gefolgt von Mitarbeitern im Non-Profit- und For-Profit-Bereich, also den privaten Unternehmen. Interessant ist, wann und warum Telecommuting in den USA die größten Zuwachsraten verzeichnete. Es waren die Jahre 2005 und 2006 und Auslöser war der Hurrikan Katrina, der viele Menschen wochen- oder sogar monatelang von der Außenwelt abgeschnitten hatte. Viele Arbeitgeber und Unternehmen wollten sich für die Zukunft rüsten, um derartige Ausfälle künftig zu verringern. Die Rechnung scheint durchaus aufzugehen. Während des strengen Winters 2013/2014 sparte die Regierung eigenen Angaben zufolge 32 Millionen Dollar, weil ein Großteil ihrer Mitarbeiter die Möglichkeit hatte, an diesen Tagen von zu Hause aus zu arbeiten. Überhaupt gibt sich die US-Regierung sehr fortschrittlich, wenn es um Telearbeit geht: Fast die Hälfte (47%) der Regierungsmitarbeiter hat offiziell die Erlaubnis, Teile ihrer Arbeitszeit außerhalb des Büros zu verbringen. Immerhin knapp 8% nehmen diese Regelung konsequent für sich in Anspruch und kommen mindestens einmal pro Woche nicht ins Büro.

Zwar heißt es auch in einem Bericht des Deutschen Instituts für Wirtschaftsforschung (DIW) aus dem Jahr 2014, dass 2,1 Millionen oder 6% der deutschen Angestellten gelegentlich von zu Hause aus arbeiten, doch waren darunter nur 600.000 oder 1,6%, die dies regelmäßig taten. Insgesamt ging der Anteil derjenigen, die Telearbeit nutzen, seit 2008 sogar um 800.000 Personen zurück. Bei unseren europäischen Nachbarn ist er hingegen deutlich gestiegen. In Island arbeiten über 30% der Angestellten regelmäßig von daheim aus und auch in Dänemark, Schweden, Großbritannien und Luxemburg sind es jeweils über 20%. Nur in Italien und Osteuropa erfreut sich die Telearbeit noch geringerer Beliebtheit als in Deutschland.

Interessant ist hier, einmal genauer hinzuschauen, welche Berufsgruppen diese Möglichkeit in Anspruch nehmen. Wenig überraschend ist wohl, dass Lehrer und Professoren den größten Anteil ausmachen, nämlich insgesamt ein Viertel aller gelegentlichen Heimarbeiter. Aber auch Psychologen, Seelsorger, Rechtsanwälte, Richter, Publizisten, IT-Fachkräfte, Wirtschafts- und Steuerfachleute, Ingenieure und Wissenschaftler arbeiten recht häufig von zu Hause aus. Klar ist auch, dass Pflegekräfte, Verkäufer, Kraftfahrer oder in der Gastronomie Beschäftigte ihrer Tätigkeit fast immer an einem bestimmten Ort nachgehen müssen. Doch selbst hier gibt es Wege, die neue Flexibilität für sich zu nutzen – wenn alle an einem Strang ziehen. So habe ich einmal einen Change-Prozess in einem Krankenhaus begleitet, in dem u.a. Krankenpfleger und Physiotherapeuten forderten, Patientenberichte auch außerhalb der Klinik schreiben zu dürfen. Zum einen standen nicht genügend PC-Arbeitsplätze zur Verfügung, sodass einzelne Mitarbeiter oft lange warten mussten, bis sie einen Computer benutzen konnten, darüber hinaus waren die Plätze irgendwo auf dem Gang verteilt, was ungestörtes und konzentriertes Arbeiten nahezu unmöglich machte. Die Pfleger und

Therapeuten waren also der Meinung, dass sie die Berichte besser und schneller verfassen könnten, wenn dies auch daheim oder im Zug auf dem Weg zur Arbeit möglich wäre. Für 20% ihrer Arbeitszeit, die fürs Berichteschreiben draufging, wollten sie die Möglichkeit bekommen, ortsunabhängig arbeiten zu dürfen. Der Chefarzt war sofort dafür. Was sollte schon groß passieren? Solange der Datenschutz sichergestellt war und ihm die Berichte weiterhin jede Woche vorlagen, spielte es für ihn keine Rolle, wo und wann sie verfasst worden waren. Doch dann meldete sich der Pflegedienstleiter zu Wort und gab tatsächlich zu bedenken, dass es auf diese Art und Weise nicht mehr zu kontrollieren sei, ob ein Mitarbeiter seiner wöchentlichen Berichtspflicht in vier oder in acht Stunden nachkommen würde. Das sei ungerecht gegenüber den langsamer arbeitenden Mitarbeitern. Es kam noch schlimmer, denn wer hat sich wohl durchgesetzt? Der Chefarzt, der entgegnete, dass es ihm völlig egal sei, wie lange ein Mitarbeiter an einem Bericht sitze, solange dieser rechtzeitig und in guter Form vorliege? Oder der Pflegedienstleiter, der jeder Veränderung abwehrend gegenüberstand und nicht davon ablassen konnte, seinen Untergebenen beim Schreiben ihrer Berichte über die Schulter schauen zu können? Leider erhielt er auch noch die Unterstützung der IT-Abteilung, die zwar die prinzipielle Machbarkeit inklusive Datensicherheit eingestand, aber gleichzeitig den Aufwand scheute, die technischen Möglichkeiten zur Verfügung zu stellen. Damit waren die Zweifler und Verhinderer in der Überzahl, das Vorhaben wurde vertagt und ob es bis heute wieder aus der Schublade hervorgeholt wurde, ist mir nicht bekannt.

Dieses Beispiel zeigt, dass weitaus mehr Menschen in den Genuss von Flexibilität am Arbeitsplatz kommen können, als bisher angenommen. Sicherlich gibt es Berufe, bei denen 100-prozentige Anwesenheit bei allen Tätigkeiten erforderlich ist. Aber es gibt auch viele, bei denen zumindest gewisse

Bereiche von anderen Orten aus erledigt werden können, wie eben bei besagtem Pflegepersonal. Wichtig ist in jedem Fall, dass bei allen Überlegungen dieser Art zunächst die Arbeit an sich im Mittelpunkt steht, die weiterhin in guter Qualität erledigt werden muss. Wenn es mein Job ist, Patienten zu betreuen, dann muss ich diesen am Krankenbett verrichten. Gehören aber auch Aufgaben dazu, die am Laptop oder Telefon zu erledigen sind, dann muss ich mich dazu eben nicht an einem bestimmten Ort befinden, ohne dass meine Arbeitsleistung darunter leidet. Was nicht heißt, dass ich in irgendeiner Art und Weise um diese Aufgaben herumkomme. Ich muss sie weiterhin gewissenhaft, inhaltlich einwandfrei und fristgerecht abliefern. Doch ob ich sie vor dem Schlafengehen auf dem Sofa, morgens im Zug oder mittags auf der Parkbank erledige, bleibt allein mir überlassen und gibt mir die Freiheit, über einige Stunden meiner Arbeit selbst zu bestimmen. Das nimmt einen ungeheuren Druck von den Menschen. Von der alleinerziehenden Krankenschwester, die ihre Arbeitszeit nicht reduzieren muss, weil sie weniger Zeit im Krankenhaus verbringt und die Berichte schreibt, wenn ihre Kinder im Bett sind. Oder vom Pendler, der die zwei Stunden Arbeitsweg endlich sinnvoll nutzen kann und nicht mehr komplett auf seine Arbeitszeit addieren muss. Oder vom ehrenamtlichen Fußballtrainer, der zweimal pro Woche nachmittags die C-Jugend trainieren kann, weil er auch danach noch die Möglichkeit hat, an den Schreibtisch zurückzukehren und seine Präsentation fertigzustellen.

Bei all diesen Überlegungen sollten wir uns schließlich auch klarmachen, dass mobiles Arbeiten in den meisten Unternehmen schon gang und gäbe ist. Unfreiwillig arbeiten sehr viele Beschäftigte längst von allen möglichen und teilweise auch unmöglichen Orten aus, insbesondere wenn sie sich auf Dienstreise befinden. Oder aber, wenn sie vom Urlaub aus einen „Notfall" managen müssen und die Hälfte des Tages anstatt am Strand im Hotelzimmer oder Café mit

Internetzugang verbringen. Alles Beispiele, die zeigen, dass produktive Arbeit an vielen Orten möglich ist. Vielleicht sogar produktivere Arbeit, als am angestammten Arbeitsplatz im Büro. Einen Beleg dafür liefert der Wirtschaftsprofessor Nicholas Bloom, der ein chinesisches Callcenter untersuchte, bei dem für neun Monate eine Gruppe von Mitarbeitern von daheim aus arbeitete, die andere weiterhin vom Büro aus. Bei dieser leicht zu messenden Arbeit – wie viele Anrufe schafft ein Mitarbeiter pro Tag? – stellte sich heraus, dass die Heimarbeitsgruppe ihre Produktivität um 13% steigern konnte gegenüber denjenigen, die weiterhin im Büro saßen. Als Gründe nannten sie, keine Ablenkung zu haben, keine Zeitverluste für den Arbeitsweg, weshalb sie abends auch mal länger arbeiteten oder morgens früher anfingen. Drei weitere nette Nebeneffekte waren bei der Heimarbeitsgruppe zu beobachten: Die Krankheitstage gingen zurück, die Mitarbeiter, die von zu Hause aus arbeiteten, waren zufriedener und kündigten seltener als ihre Bürokollegen und das Unternehmen sparte letztendlich an Immobilien und Bürokosten. Ähnliches weiß jetBlue, eine amerikanische Airline, zu berichten, bei der mittlerweile 1.800 Service-Mitarbeiter mobil arbeiten. Auch die Hilton-Gruppe, Enterprise Autovermietung und sogar Apple bieten ihren Callcentermitarbeitern mittlerweile an, von zu Hause aus zu arbeiten. Doch natürlich eignet sich das Konzept nicht nur für diese Berufsgruppe. Fast alle Büroarbeiter haben Aufgaben zu erledigen, die in einem ruhigen Umfeld, das wenig Ablenkung bietet, leichter von der Hand gehen.

Das Ende der Arbeitszeit

Wir müssen aber noch weiter denken. Weiter als Gleitzeit, Home-Office, Teilzeit, Vertrauensarbeitszeit und was es sonst noch alles gibt. Stellen wir uns einmal vor, das würde tatsächlich alles abgeschafft. Zeit und Anwesenheit wären einfach keine Indikatoren mehr, um Arbeit zu messen, sondern nur noch Leistung und die Verantwortlichkeit dafür, dass die Aufgaben pflichtgetreu und fristgerecht erledigt werden.

Halt, höre ich bereits die Ersten rufen, das kann doch nicht für alle gelten! Was ist mit Busfahrern, Lehrern und Verkäufern? Und die Antwort darauf lautet: Auch sie tragen die Verantwortung dafür, dass ihre Aufgaben erledigt werden. Wenn diese lautet, fahre werktags mit dem Bus 17 Mal zwischen Standort A und B hin und her und bediene dabei die auf dem Weg liegenden Haltestellen, dann ist das der Job, der erledigt werden muss. Teil der Aufgabe ist natürlich auch, sich an einen Fahrplan zu halten. Dass sich daraus ergibt, dass der Fahrer von 8:23 Uhr bis 16:15 Uhr hinterm Steuer sitzt, ist lediglich eine Konsequenz, aber nicht die eigentliche Aufgabe. Anstatt zu sagen „Ich arbeite 7 Stunden und 52 Minuten", könnten wir ja auch sagen „Ich mache 17 Fahrten am Tag". Gleiches gilt für Personal, das im Handel beschäftigt ist. Anstatt zu sagen „Ich stehe von 9:30 Uhr bis 18:00 Uhr im Laden", könnten wir auch sagen „Ich bediene im Schnitt zwischen 20 und 30 Kunden am Tag. Dienstag und Mittwoch sind es meist weniger, freitags kommen immer besonders viele." Zugegeben, ein Unterschied besteht und wird wohl auch bestehen bleiben: Es wird bei dieser Einteilung immer Berufsgruppen geben, die ihre Arbeitszeit durch schnelles und effizientes Arbeiten verkürzen können, während das für andere nicht möglich ist. Einen Bericht in vier, statt in den vorgesehenen sechs Stunden zu schreiben, kann funktionieren, wenn ich nicht abgelenkt bin, alle Informationen zur Hand habe und an diesem Tag keine Computerprobleme auftreten. Doch ich kann die Arbeitszeit nicht verkürzen, indem ich den Bus ein bisschen schneller fahre oder indem ich den Laden früher schließe, weil das Umsatz-Tagesziel schon um halb vier erreicht ist. Hier bleibt die Uhr als Messinstrument bestehen. Nur weil die Effizienz der Arbeit nicht mehr in Zeit gemessen wird, heißt das ja nicht, dass Arbeit keine Zeit mehr in Anspruch nimmt. Der große Unterschied ist jedoch, dass nicht in erster Linie die Stundenzahl als Maßstab für geleistete Arbeit gilt, sondern das, was wir an diesem Tag erreicht haben. Ein kleiner Trost an dieser Stelle: Auch bei Büroarbeitern kommt es vor, dass ein Projekt, ein Konzept oder ein Bericht viel länger dauert als geplant – was ich an einem Tag eingespart habe, kann ich also unter Umständen am nächsten wieder dranhängen. Aber wir wollten ja eigentlich die Arbeit nicht mehr in Zeit messen, oder?

Lassen Sie endlich los!

Wenn Menschen, die sich ihre Arbeit frei einteilen können, effizienter und produktiver sind, müssen wir uns doch fragen, warum sich so viele Vorgesetzte und Arbeitgeber schwertun, Angestellten mehr Freiheit und Verantwortung zuzugestehen? Die Antwort lautet, dass sie sich nicht vorstellen können, den Überblick darüber zu behalten, was ihre Mitarbeiter den ganzen Tag so schaffen, ohne dabei die Zeit zu messen. Dass sie es scheuen, Ziele und Erwartungen zu definieren. Ich höre jetzt schon einige Chefs stöhnen: „Das würde ja ganz schön viel Mehrarbeit für mich bedeuten." Aber warum befürchten sie das? Die Ziele sollen ja nicht einfach nur aufoktroyiert, sondern gemeinsam mit den

Mitarbeitern ermittelt werden. Das mag am Anfang etwas Zeit in Anspruch nehmen, aber haben wir das Konzept einmal begriffen und halten uns auch daran, erleichtert es den Arbeitsalltag ungemein. Nehmen wir ein praktisches Beispiel: Der Chef trägt dem Mitarbeiter auf, alle Aufgaben und Projekte, die er von heute bis zu einem bestimmten Zeitpunkt (das kann ein Monat sein oder ein halbes Jahr) zu erledigen hat, aufzuschreiben, inklusive des Umfangs und der Deadline, bis wann die jeweiligen Aufgaben erledigt sein müssen. Das hat den netten Nebeneffekt, dass viele Chefs zum ersten Mal wirklich erfahren, was ihre Mitarbeiter eigentlich den ganzen Tag über so tun. Anstatt wie bisher dem Mitarbeiter, der schnell und effizient ist, immer mehr Arbeit aufzuhalsen (der hat ja noch Luft), erkennen Vorgesetzte ganz klar, wer tatsächlich am Rotieren ist und wer weniger Aufgaben hat und sich vielleicht noch etwas mehr zumuten könnte. Die Manager müssen also von der bloßen Aufsicht zur Einsicht übergehen. Es reicht nicht mehr, einfach nur zu überwachen. Vielmehr müssen sie aktiv zum Erfolg beitragen, indem sie Erwartungen und Ziele deutlich kommunizieren.

Eigenverantwortung und Selbstbestimmung sind die zwei wesentlichen Elemente, die Mitarbeiter durch die Auflösung fester Arbeitszeiten und Arbeitsorte hinzugewinnen. Das endet nicht bei der Möglichkeit, E-Mails morgens im Schlafanzug zu checken oder von der Parkbank aus Telefonate zu führen. Viel wichtiger als diese Aspekte ist doch, dass sich die Arbeit auf die Art und Weise erledigen lässt, die jeder selbst für die beste und effizienteste hält. Vielen, die jahre- oder gar jahrzehntelang unter stetiger Aufsicht und Kontrolle ein sehr unselbstständiges Arbeitsdasein gefristet haben, mag dies zunächst schwerfallen. Doch für jeden ist es möglich, sich aus dem starren Korsett zu befreien und Herr oder Herrin über die eigene Leistung zu werden.

178

Zielsetzungen, ob durch einen selbst oder durch andere, sind unverzichtbar, damit wir unsere Arbeit zielgerichtet und effizient erledigen können. Sie helfen uns, unsere Aufmerksamkeit auf das Wesentliche zu richten und unwichtige Dinge auszublenden. Zudem spornen sie uns dazu an, unser gesamtes Wissen abzurufen, vielleicht sogar vergessene Kenntnisse wieder ins Gedächtnis zu rufen und neue zu erwerben. Nach der *Goal-Setting-Theory* von Edwin Locke und Gary Latham sind vier Faktoren wichtig, um erfolgreich und zielführend zu arbeiten: Das Ziel muss als wichtig erachtet werden, wir müssen uns dem Ziel gegenüber verpflichtet fühlen, Ziele müssen realistisch und erreichbar sein und schließlich müssen Absprachen getroffen werden, um Ziele auch gemeinsam mit anderen zu definieren und sich gegebenenfalls über die Fortschritte austauschen zu können. Sind diese Voraussetzungen erfüllt, führt die zielorientierte Arbeitsweise zur größtmöglichen Zufriedenheit im Job. Mitarbeiter auf allen Ebenen und in jedweder Funktion sind also gut beraten, sich mit ihren Vorgesetzten auf Ziele zu verständigen und dadurch mehr Souveränität über das eigene Tun zu erlangen. Wer alleine oder gemeinsam mit anderen in der Lage ist, eigene Ziele zu definieren, gewinnt dadurch Handlungsspielräume, die es ermöglichen, Aufgaben in Bezug auf die Wahl der Arbeitsmittel und die zeitliche Organisation eigenverantwortlich zu bewältigen, was wiederum zum Wohlbefinden und zum positiven Erleben der Arbeit beiträgt. Es ist vielfach bewiesen, dass das Stecken und Erreichen von Zielen die Arbeitszufriedenheit steigert, und somit ist der Anspruch, zielorientiert zu arbeiten, nicht nur ein wichtiger Bestandteil eines freieren und selbstbestimmteren Arbeitsumfeldes, sondern auch ein Beitrag, den Spaß an der Arbeit zu erhöhen. Hinzu kommt, dass Freiheit und Eigenverantwortung die Menschen auch gesünder erhalten, weil sie subjektiv weniger Stress und Zeitdruck verspüren, selbst wenn sie nach wie vor das gleiche Arbeitspensum ableisten oder es sogar steigern.

Hinzu kommt, dass fehlende Steuerungsmöglichkeiten dazu führen, dass ein Beschäftigter schnell das Interesse an seiner Arbeit verliert. Ist jeder noch so kleine Arbeitsschritt vorgegeben oder handelt eine Organisation in erster Linie nach der Maxime „Das haben wir schon immer so gemacht", kann kaum wahre Begeisterung für eine Tätigkeit aufkommen. Trotzdem lehnen es nach wie vor viele Arbeitgeber ab, ihren Mitarbeitern – erwachsenen Menschen also – ein selbstbestimmteres Arbeitsumfeld mit mehr Flexibilität und Eigenverantwortung zu ermöglichen. Immer wieder gibt es die Zweifler und Widerständler und diejenigen, die triumphieren, wenn sie Überschriften wie „Nur wenige arbeiten von zu Hause" (Die Zeit, 2014), „Telearbeit – der Trend zum Homeoffice ist eine Illusion" (WELT, 2014) oder „Das Homeoffice verliert an Bedeutung" (Handelsblatt, 2014) lesen.

Nicht jeder will frei sein

Interessanterweise kommen die Widerstände gegen mehr Freiheit am Arbeitsplatz nicht, wie vielleicht zu erwarten wäre, nur von den Arbeitgebern. In Deutschland gibt es überraschenderweise gerade auch von Arbeitnehmerseite große Vorbehalte gegen die Flexibilisierung von Arbeitszeit und -ort. So sieht die Gewerkschaft ver.di darin in erster Linie „Strategien von Unternehmen, in denen Arbeitszeitflexibilisierung ein zentrales Mittel zur Bewältigung veränderter Marktanforderungen wird", und weist ausdrücklich darauf hin, dass der Wunsch zum flexiblen Arbeiten fast ausschließlich von Arbeitgeberseite aus besteht. Die IG Metall fordert gar eine „Verordnung zum Schutz vor psychischen Belastungen in der Arbeitswelt". Diese formuliert Vorgaben für die Gestaltung von Arbeitsaufgaben, Arbeitsorganisation, sozialen Beziehungen, Arbeitsplatz- und Umgebungsbedingungen sowie der Arbeitszeit. Beschäftigte sollen demnach ein Anrecht auf die eindeutige Trennung von Arbeitszeit und Freizeit haben und damit vor permanenter Erreichbarkeit per Anruf und E-Mail geschützt werden.

Was dem einen als Schutz dient, sieht der andere als Unterdrückung. Modelle, die von modernen Führungskräften propagiert und teilweise auch vorgelebt werden – morgens ins Büro, spätnachmittags Zeit mit der Familie verbringen und abends wieder an den Schreibtisch (meist im eigenen Arbeitszimmer) zurückkehren, sind häufig nicht mit dem deutschen Arbeitsrecht vereinbar. Unterlaufen sie doch eventuell die Regelungen zur Nachtarbeit oder der Verpflichtung, Arbeitnehmern nach Beendigung der täglichen Arbeitszeit eine ununterbrochene Ruhezeit von mindestens elf Stunden einzuräumen. Doch glücklicherweise denkt mittlerweile auch die Politik darüber nach, wie hier Änderungen im Sinne der Arbeitnehmer herbeizuführen sind. So gab Ministerin Andrea Nahles – sonst eher als Kämpferin für Arbeitnehmerschutzrechte bekannt – im Rahmen des Projektes *„arbeitenviernull"* des Bundesministeriums für Arbeit und Soziales zu bedenken, dass es nicht sein dürfe, dass ein Angestellter, der nachmittags bei seinen Kindern ist und abends schnell noch ein paar E-Mails checkt, morgens im Büro mit dem Arbeitszeitgesetz in Konflikt kommt. „Wir brauchen", so Nahles wörtlich, „einen klugen und fairen Rahmen, damit die Arbeitszeit im Lebenslauf atmen kann. Wir brauchen also einen neuen Flexibilitätskompromiss."

Dabei sollen generelle Bedenken natürlich nicht einfach ignoriert werden. Sicherlich kann flexibleres und mobileres Arbeiten – insbesondere wenn die Führungskräfte nicht auf den Umgang damit geschult sind – zur Ausdehnung der Arbeitszeit und unbezahlter Mehrarbeit führen. Arbeitgebern dabei aber lediglich das Verfolgen eigener Interessen zu unterstellen, ist eindeutig zu kurz gegriffen. Im immer härter werdenden Kampf um gute Talente, nicht nur direkt von den Hochschulen, sondern auch um diejenigen, die ihren Arbeitgeber wechseln wollen, oder Frauen, die dem Unternehmen auch über Familienphasen hinweg erhalten bleiben sollen, kommen Arbeitgeber gar nicht mehr umhin, attraktive Arbeitsmodelle anzubieten. Meine Freundin Lisa, die Lehrstuhlinhaberin an einer Universität ist, erzählte einmal von einer sehr begabten Doktorandin, die nach Abschluss ihrer Promotion wieder zurück in ihren Job als Unternehmensberaterin wollte und das Angebot auf eine Habilitationsstelle ablehnte. Es war nicht die Ablehnung an sich, sondern die Begründung, die Lisa erstaunte. Die junge Frau wollte zurück zu McKinsey, um Arbeit und Privatleben besser vereinbaren zu können. Unternehmensberatung anstatt Hochschule für eine bessere Work-Life-Balance?! Wie geht das denn?, fragte meine Freundin, und bekam als Antwort, dass sich McKinsey-Berater künftig jedes Jahr bis zu drei Monate Auszeit nehmen können, um andere als nur berufliche Ziele zu verfolgen. In dieser Zeit laufen die Sozialversicherungen weiter, das Gehalt wird über das Jahr gerechnet angepasst, also in jedem Monat anteilsmäßig etwas weniger ausgezahlt. Wer sich beispielsweise zwei Monate freinimmt, bekommt das ganze Jahr über 10/12 des vollen Gehalts. Den Hintergrund des Konzeptes, das als Take Time bezeichnet wird, erklärt Thomas Fritz, Director of Recruiting bei McKinsey so: „Wir haben unsere Mitarbeiter befragt und wollten von ihnen wissen, was sie sich von uns wünschen. Ergebnis: Ein Konzept wie das von Take Time. Wir stellen Menschen ein, die tolle Qualifikationen haben und spannende Dinge in ihrem Leben machen. Wir möchten ihnen noch mehr Freiraum für diese Aktivitäten geben.

Das macht unsere Mitarbeiter nicht zuletzt auch zu besseren Beratern und Führungskräften, weil sie sich nicht nur einseitig auf den Job konzentrieren. Außerdem wissen wir aus den Gesprächen mit den High Potentials, dass sie mehr von ihrem Leben möchten, als möglichst schnell Partner bei McKinsey zu werden. Ein ausgefülltes Privatleben ist ihnen sehr wichtig." Der Unterschied zu einem klassischen Sabbatical ist, dass die Auszeit jedem Berater jedes Jahr zusteht. Am Anfang des Jahres legt jeder fest, ob und wie viel Take Time er für die nächsten 12 Monate einplant. Somit ist im Projektgeschäft auch gut absehbar, wann welche Mitarbeiter zur Verfügung stehen und wann nicht.

Das Angebot bestimmt die Nachfrage

Während auf der einen Seite also der Kampf um die besten Arbeitskräfte steht, der Unternehmen zunehmend dazu zwingt, auf die Bedürfnisse ihrer Mitarbeiter einzugehen, so stehen auf der anderen Seite die Anforderungen des Weltmarktes, denen sie Rechnung tragen müssen und die ihnen immer mehr Flexibilität abverlangen. Denn Unternehmen handeln nicht in einem abgeschirmten und für sich allein stehenden Umfeld, sondern müssen selbst auf Ansprüche und Veränderungen auf dem Weltmarkt reagieren. So führen die Schwankungen von internationalen Angebots- und Nachfragemärkten zu immer höheren Flexibilitätsanforderungen an Unternehmen und ihre Belegschaften. In einer Studie zur Arbeitswelt der Zukunft schreibt das Fraunhofer-Institut zur Arbeitsorganisation: „Um die Chancen volatiler Märkte zu nutzen, müssen Unternehmen, aber auch Individuen bei der Frage womit, wie und mit wem sie in Zukunft ihr Geld verdie-

83.

nen, mehr Unsicherheit aushalten und trotz Unsicherheit handlungsfähig bleiben. Vieles ist möglich. Die Arbeit der Zukunft wird von allen öfter Veränderung verlangen. Veränderungsbereitschaft und Veränderungsfähigkeit – der Strukturen, der Prozesse, der Kompetenzen – machen Unternehmen und Individuen resilient in einer sich rasch und immer häufiger unvorhersehbar verändernden Welt. Resilienz ist die Fähigkeit, Krisen oder, positiv ausgedrückt, unvermutete Überraschungen nicht nur zu tolerieren, sondern handelnd zu überwinden und in einen neuen, besseren Normalzustand einzuschwingen. Resilienz ist die organisationale und individuelle Antwort auf Disruption und wird zu einer wichtigen Eigenschaft in der Arbeitswelt der Zukunft."

Flexibilität und Veränderungsbereitschaft wird also nicht nur von den Mitarbeitern, sondern auch von den Unternehmen selbst erwartet. Wer nicht bereit ist, Veränderungen mitzutragen, wird früher oder später auf der Strecke bleiben. Womit wir wieder beim Thema Wandel wären. Denn sowohl für Unternehmen als auch für Angestellte gilt: Aufhalten oder gar abwenden werden wir den Wandel nicht können, egal ob er für uns eher positive oder negative Auswirkungen mit sich bringt. Also ist und bleibt die beste Art und Weise, damit umzugehen, ihn aktiv mitzugestalten. Keinesfalls sollten Arbeitnehmer sich selbst in der Rolle der Opfer sehen, der Getriebenen, die gegen ihren Willen gezwungen werden, sämtliche Grenzen zwischen Arbeit und Privatleben aufzuheben und rund um die Uhr in der Pflicht ihres Dienstherren zu stehen. Vielmehr sollten sie sich darüber im Klaren sein, dass es nach gut zwei Jahrhunderten endlich wieder in Mode kommt, ein Arbeitsleben nach den eigenen Regeln zu führen. Idealerweise verwischt dann die Trennlinie zwischen Arbeit und Freizeit so sehr, dass wir das Gefühl bekommen, wieder Herr unserer Zeit zu sein, und wir selbst einteilen und bestimmen, was wir wann zu erledigen haben. Work-Life-

184

Blending ersetzt im Idealfall die viel diskutierte, aber nie erreicht Work-Life-Balance. Jedem von uns muss klar sein: Unsere gesamte Zeit gehört uns. Jeder wird ein Stück weit zu einem Selbstständigen.

Ob 9 to 5 oder 24/7 entscheiden wir selbst

Wenn wir es in der Hand haben, wann und wie wir arbeiten, steht es uns natürlich auch frei, einfach das bisherige Arbeitsmuster beizubehalten. Jeder darf weiterhin morgens um neun ins Büro kommen und um 17 Uhr gehen (oder auch bis spätabends dort sitzen bleiben) und selbst in Unternehmen, in denen sämtliche Regelungen zu Arbeitszeit und Arbeitsort abgeschafft wurden, wird festgestellt, dass die meisten Menschen gar nicht so viel an ihrem gewohnten Arbeitsrhythmus geändert haben. Viele von ihnen kommen gerne ins Büro, treffen ihre Kollegen, gehen mit ihnen Mittagessen und irgendwann wieder nach Hause. Das entscheidend andere ist dabei: Sie tun es freiwillig und ohne Druck. Stehen sie früh im Stau oder hat ihr Zug Verspätung, dann müssen sie kein schlechtes Gewissen haben, dass sie unpünktlich in die Arbeit kommen. Sie müssen sich höchstens ärgern, dass ihnen die Zeit verloren geht und sie ihre Arbeit zu einem anderen Zeitpunkt erledigen müssen. Wenn ein Kollege Geburtstag hat und Kuchen ausgibt, steht es natürlich auch weiterhin jedem frei, eine halbe Stunde in der Kaffeeküche zu ratschen. Allerdings könnte der ein oder andere dabei im Hinterkopf haben „je länger ich hier stehe, desto länger brauche ich heute, um meine Arbeit fertig zu bekommen". Denn die Arbeit muss erledigt werden – wie, wann und wo spielt keine Rolle, solange das Ergebnis stimmt.

Darauf wieder und wieder hinzuweisen ist wichtig, um aufkommenden Neid möglichst schon im Keim zu ersticken. Jedem muss klar sein, dass keiner umhinkommt, seine Aufgaben zu erledigen. Wenn jemand erst um elf kommt oder schon um zwei geht, braucht niemand Angst zu haben, dass derjenige zu wenig arbeitet. Denn er muss seine Arbeit verrichten, auch wenn es nicht vor den Augen der Kollegen geschieht. Das muss uns klar sein. Gerade wir Deutschen neigen ja gerne dazu, uns ungerecht behandelt zu fühlen, anderen etwas zu missgönnen oder Übervorteilungen auszumachen. Dagegenstehen müssen stetige Kommunikation und Transparenz – und manchmal auch die richtigen Antworten. Wenn ein Kollege beispielsweise kommt und sagt „Ich war gestern bei dir im Büro, aber du warst ja schon nicht mehr da", haben wir schnell eine Rechtfertigung parat, warum wir gerade nicht am Platz waren. Statt sich eine kluge Ausrede einfallen zu lassen, kann die Antwort ganz einfach lauten: „Was hättest du denn von mir gebraucht?" Hätte der Kollege ein wirklich wichtiges Anliegen zu klären gehabt, wären Sie ja per Telefon oder E-Mail für ihn erreichbar gewesen. Doch wenn davon kein Gebrauch gemacht wurde, kann es so wichtig nicht gewesen sein. Wollte er hingegen nur auf ein Schwätzchen bei Ihnen vorbeikommen, ist er derjenige, der jetzt in Erklärungsnot gerät.

Das alles Entscheidende in einem flexiblen Arbeitsumfeld ist: Erwachsene werden wie Erwachsene behandelt. Haben Sie sich noch nie darüber Gedanken gemacht, dass Ihnen, einem volljährigen, mündigen Menschen, Ihr Arbeitgeber vorschreibt, wann und wie lange Sie an einem bestimmten Ort zu sein haben? Weil er Ihnen nur dann glaubt, dass Sie Ihren Job erledigen. Weil er davon ausgeht, dass Sie kontrolliert und überwacht werden müssen, um etwas zustande zu bringen. Ist das nicht entwürdigend und lächerlich zugleich? Oder sagen Sie tatsächlich über sich selbst: „Ich kann nur arbeiten, wenn ich überwacht werde?" Wohl kaum. Das

Wichtige in einem flexiblen Arbeitsumfeld ist nicht, dass die Menschen künftig rund um die Uhr verfügbar sein sollen und arbeiten müssen. Das kann und darf niemand von ihnen verlangen. Das Ausschlaggebende ist, dass sie selbst zum Richter über ihre Zeit und ihre Arbeitsweise werden und dass sie die Rahmenbedingungen festlegen – natürlich entsprechend den Bedürfnissen ihres Jobs.

Wenn Sie es selbst in der Hand haben, wann Sie arbeiten, gehört dazu natürlich auch, dass Sie sich Grenzen stecken müssen. Denn falsch verstanden kann Flexibilität dazu führen, dass Menschen – insbesondere jene mit Karriereambitionen – in einen regelrechten Arbeitsrausch verfallen. Dass sie 60, 70 oder gar 100 Stunden pro Woche rackern, dabei auf Freizeit sowieso und vielleicht auch auf Schlaf verzichten, nur um dem Chef zu imponieren und sich damit für höhere Positionen zu empfehlen. Die traurige Geschichte von Moritz Erhardt, dem Praktikanten, der in London bei Merrill Lynch tätig war und nach einem epileptischen Anfall starb, hat die Öffentlichkeit aufgerüttelt. Aber nur kurz, dann verebbte das Thema wieder in der Nachrichtenflut. Weder hat es eine größere Debatte nach sich gezogen, wie Vorgesetzte ihrer Fürsorgepflicht für besonders ehrgeizige Mitarbeiter besser nachkommen können, noch wie karriereambitionierte Menschen sich selbst schützen können. Die Einstellung von Moritz Erhardt, einem extrem ehrgeizigen Studenten, sagt viel darüber aus, was gerade junge Menschen heute als notwendigen Einsatz auf dem Weg zur Topkarriere sehen. So schrieb er selbst in das Motivationsschreiben zur Aufnahme an eine Privathochschule: „Ich glaube, dass ich als Mensch mehr Erfolg haben werde, wenn ich mich auf ein einziges Ziel konzentriere. Konkret gesprochen: Mein primäres Ziel besteht darin, mich selbst kontinuierlich zu verbessern und nach Exzellenz zu streben." Der Weg, den er eingeschlagen hatte, sollte ihn vom Praktikanten zu einem der im Investmentbanking heiß begehrten Einstiegsjobs als Analyst führen. Grundsätzlich ist an dieser Einstellung nichts verkehrt. Ehrgeiz, Hingabe, Leidenschaft und Engagement sind Eigenschaften, die einem dazu verhelfen können, zu den Besten zu gehören und mit interessanten, angesehenen und lukrativen Positionen belohnt zu werden. Doch die Annahme, dass Qualität bei der Arbeit nicht ausreicht und deshalb von Quantität noch getoppt werden muss, gehört gründlich überdacht.

Trotzdem wäre es falsch, in Flexibilität und Eigenverantwortung die Hauptursachen von Überforderung und Burnout zu sehen. Wer das unhinterfragt glaubt, kennt nur die halbe Wahrheit. Zwar gibt es tatsächlich Untersuchungen, die zu dem Ergebnis kommen, dass steigende Anforderungen an Flexibilität zu Stress, Überlastung und folglich Krankheit führen können. Doch ist die hier angesprochene Flexibilität eine andere, als sie von einem ergebnisorientierten Arbeitsumfeld gefordert wird. Allein die Wortwahl ist völlig irreführend, denn darunter verstanden werden laut einer AOK-Studie aus dem Jahr 2012 Überstunden, Anrufe und E-Mails außerhalb der Arbeitszeit, Arbeit mit nach Hause nehmen und Wochenendarbeit sowie lange Anfahrtszeiten zum Arbeitsort. Das alles, wohl gemerkt, in einem weiterhin reglementierten, zeitlich und örtlich gebundenen Arbeitsumfeld. Flexibilität? Weit gefehlt. Und als Begriff äußerst unglücklich gewählt, suggeriert es doch tatsächlich den Anspruch nach ständiger Verfügbarkeit, der in einem flexiblen Arbeitsumfeld genauso wenig zu suchen haben sollte wie in einem konventionellen. Hier liegt schlichtweg ein grober Führungsfehler vor, dem so oder so auf den Grund gegangen werden sollte. Gerade in einem flexiblen Arbeitsumfeld kommen wir nicht umhin, klare Regelungen zu treffen, was die Erreichbarkeit und Verfügbarkeit angeht. Nur weil der Chef gerne nachts oder am Sonntag arbeitet, darf er das nicht von seinen Mitarbeitern erwarten oder gar verlangen. Microsoft Deutschland hat beispielsweise die Regelung eingeführt, dass

E-Mails, die nach Dienstschluss oder am Wochenende verfasst werden, mit der Verzögerungsfunktion des Outlooks so zu adressieren sind, dass sie erst zu Beginn des nächsten Arbeitstages versendet werden. Ganz einfach und sehr effektiv. Kein Abschalten der Server, wie es VW medienwirksam angekündigt hat, kein Gesetz, das Arbeit nach Feierabend verbieten soll – einfach eine Abmachung, basierend auf gesundem Menschenverstand unter Zuhilfenahme technischer Möglichkeiten und schon kann das Problem aus der Welt geschafft werden.

Flexibel gegen Stress

Richtig verstanden, bewirkt Flexibilität also genau das Gegenteil von Stress. Untersuchungen, die in wirklich flexiblen Arbeitsumfeldern durchgeführt wurden, also in solchen, in denen Menschen selbst entscheiden, wann, wo und wie sie ihre Arbeit erledigen, zeigen, dass der Stresslevel sinkt, während Zufriedenheit und Gesundheit ansteigen. In einer Befragung der britischen Cranfield School of Management mit 3.580 Teilnehmern gaben 50% an, dass durch die Flexibilisierung der Stress für sie abgenommen habe, 34% stellten weder einen positiven noch einen negativen Effekt fest und nur 16% fühlten sich gestresster als zuvor. Auf ihre Work-Life-Balance hatte es laut 78% der Befragten einen positiven Einfluss, 13% bemerkten keinen Unterschied und nur 9% waren der Meinung, Arbeit und Privatleben schlechter als zuvor vereinbaren zu können. Als Schlüsselfaktoren, wie orts- und zeitunabhängige Arbeit gelingen kann, nannten die Befragten die optimale Ausnutzung der zur Verfügung stehenden Technologie, Training und Weiterbildung für Führungskräfte, damit diese geschult werden, ein Team unter veränderten Rahmenbedingungen zu führen, und schließlich die Unternehmenskultur, die Flexibilität nicht nur verbal verkünden, sondern aktiv auf deren Umsetzung drängen muss.

Dass Flexibilität und Eigenverantwortung geradewegs in die Burn-out-Falle führen, ist nicht festzustellen. Wenn das Burn-out-Risiko mit Zunahme an Verantwortung ansteigen würde, müssten wir unter den Managern, die allzeit verfügbar sind und auf deren Schultern besonders viel Leistungsdruck und Verantwortung lasten, die meisten Burn-out-Fälle finden. Dies ist jedoch nicht der Fall, wie eine Harvard-Studie unlängst herausfand. Im Gegenteil: Es sind die Angestellten in niedrigen Positionen, die unter erhöhtem Stress und stärkerem Burn-out-Risiko leiden. Woran liegt das? Entscheidend ist offenbar die wahrgenommene Kontrolle über das eigene Handeln. Je fremdbestimmter sich ein Mensch fühlt, desto schneller erschöpfen sich seine psychischen Kraftreserven. Wer sich in einer Arbeitssituation gefangen sieht und der Meinung ist, nichts dagegen tun zu können, empfindet besonders großen Stress. Auf der anderen Seite gilt: Je höher der Rang einer Führungskraft, desto mehr Handlungsspielraum hat sie und desto geringer ist auch ihr Stresslevel. Gemessen wurden in der Harvard-Studie übrigens sowohl der subjektiv empfundene Stress als auch die Höhe des tatsächlich ausgeschütteten Stresshormons Cortisol, indem die Probanden einen Fragebogen ausfüllen und eine Speichelprobe abgeben mussten. Die Ergebnisse waren deckungsgleich.

Ein weiteres Argument, das häufig gerade gegen die örtliche Flexibilität ins Feld geführt wird, ist die schlechtere Chance auf Beförderung. Tatsächlich zeigt sich häufig, dass an dem Sprichwort „Aus den Augen, aus dem Sinn" etwas Wahres ist. Sichtbarkeit ist und bleibt einer der wichtigsten Schlüsselfaktoren zum Erfolg und somit kommen ambitionierte Mitarbeiter nicht umhin, sich weiterhin bei den

Entscheidungsträgern blicken zu lassen. Doch diese Treffen sind nicht gleichbedeutend mit ständiger Anwesenheit oder Verfügbarkeit. Sie müssen überlegt gewählt oder auch geschickt initiiert werden, was ja bisher auch der Fall war. Denn was habe ich davon, wenn der Chef mehrmals täglich an meiner geschlossenen Bürotür vorbeigeht und mich nur seine Sekretärin zu Gesicht bekommt, wenn ich die Post aus dem Fach hole. Mussten wir bisher manchmal aktiv nachhelfen, so sollten wir das auch weiterhin tun. Völlige Abwesenheit vom Büro, wie es den zuvor erwähnten Callcentermitarbeitern möglich gemacht wird, ist dafür natürlich nicht das richtige Rezept. Doch es bleibt immer noch die Möglichkeit, dem Chef vormittags im Büro aufzulauern und dann nach Hause zu gehen. Oder mal gar nicht reinzukommen, wenn er ohnehin auf Dienstreise ist. Oder aber eine Zeit lang immer anwesend zu sein, weil wir merken, dass etwas im Gange ist, was wir nicht verpassen möchten. Instinkt und Gespür, zur richtigen Zeit am richtigen Ort zu sein, brauchen wir in einem ergebnisorientierten Arbeitsumfeld ebenso wie in einem traditionellen.

Wie viel Zeit wir im oder außerhalb des Büros verbringen, hat nicht zuletzt Einfluss auf unsere Produktivität, Arbeitszufriedenheit und Leistung. Verschiedene Studien haben herausgefunden, dass circa 20% der Arbeitszeit, also ein ganzer Tag pro Woche oder ein bis zwei Stunden pro Tag, außerhalb des Büros verbracht, die optimale Leistung und höchste Zufriedenheit bei Mitarbeitern hervorruft. Personen, die häufiger abwesend sind, arbeiten in etwa auf demselben Niveau wie diejenigen, die immer anwesend sind. Ein Leistungsabfall ist durch Abwesenheit gar nicht zu beobachten. Allerdings sollten wir vorsichtig sein mit Generalisierungen. Wenn der Unternehmenserfolg darauf basiert, dass Menschen im Team kreativ sind und sich gegenseitig zu Ideen inspirieren, ist es unter Umständen schwierig, wenn die Teammitglieder sich nie zu Gesicht bekommen. Gleichzeitig ist aber auch klar, dass kaum ein Team permanent zusammensitzen und ideenreiche Pläne schmieden kann. In der Regel wechseln sich auch in hoch kreativen Berufen Gruppenarbeit und Einzelaufgaben ab. Soll heißen: Selbst wenn Brainstorming am besten im selben Raum oder an einem Tisch stattfindet, geht die Gruppe danach meist wieder auseinander, damit jeder Einzelne die Idee weiterentwickeln kann. Dann kann jeder für sich selbst entscheiden, wie und wo er seine Aufgaben erledigen will. Oft geht es ja gar nicht darum, dass Menschen dem Büro permanent den Rücken kehren wollen. Allein die Möglichkeit, dies jederzeit tun zu können, reicht häufig schon aus, die Lust am Arbeiten und die Produktivität deutlich zu erhöhen.

Deutschland, ein Entwicklungsland?

Allen guten Beispielen, Studien und internationalen Trends zum Trotz – Deutschland bleibt ein Land von Zweiflern, wenn es um die Flexibilisierung der Arbeitswelt geht. In einer Befragung von Beschäftigten in vierzehn Ländern (China, Mexiko, Indien, Brasilien, USA, Kanada, Australien, Frankreich, Belgien, Südafrika, Niederlande, Japan, Großbritannien und Deutschland) kam Deutschland sage und schreibe auf den letzten Platz bei der positiven Bewertung der Aussage: „Wir alle im Unternehmen fühlen uns durch Flexibilisierung motivierter und engagierter, als das in der Vergangenheit der Fall war." Auf dem vorletzten Platz lagen wir bei der Zustimmung zu: „Ich glaube, dass mein Unternehmen aufgrund der zunehmenden Flexibilität produktiver ist." Der Glaube an einen Zugewinn für Mitarbeiter und Unternehmen durch Flexibilisierung ist bei uns also (noch) weniger ausgeprägt als in anderen Industrienationen. Allerdings tragen diese punktuellen Widerstände, die in den Medien aufgeblasen werden und damit die Verhältnismäßigkeit verzerren, bestenfalls dazu bei, kleine Kurskorrekturen vorzunehmen. Ändern werden sie den Trend zur mobileren Arbeitswelt sicher nicht. Zwar mag sich Deutschland wieder einmal als besonders hartnäckig darstellen – doch spätestens, wenn Unternehmen feststellen, dass Telearbeit in anderen Ländern zu Produktivitätssteigerung und Einsparungen führt, werden sie Deutschland jene Modelle, die sich anderenorts bereits bewährt haben, überstülpen.

Interview mit Jody Thompson, Erfinderin und Gründerin des ROWE-Prinzips

Frau Thompson, Sie plädieren für eine Results-Only Work Environment (ROWE), also eine Arbeitsumgebung, in der nur noch die Ergebnisse zählen. Heißt das, jeder kann arbeiten, wann und wo er will?
Das Problem ist, dass wir immer nur über den Arbeitsort reden. Wir müssen aufhören, darüber zu sprechen, von wo aus wir arbeiten. Ich kann verstehen, dass es konservativen Managern Angst macht, wenn jemand ankommt und fragt: „Kann ich von daheim aus arbeiten?" oder „Kann ich von woanders aus arbeiten?" oder „Muss ich noch ins Büro kommen?" Das Problem ist: Keiner thematisiert die Arbeit an sich. Mir wurde schon oft die Frage gestellt, wie ein Mitarbeiter seinen Chef davon überzeugen kann, ihm zu erlauben von zu Hause aus zu arbeiten. Einen Chef, der von Flexibilisierung nicht überzeugt ist. Ich halte selbst nichts von Flexibilität, wir müssen aufhören, immer nur davon zu reden. Für die Zukunft der Arbeit sind nämlich zwei an-

dere Dinge entscheidend: Autonomie und Verantwortung. Punkt.

Und wie bringen wir die Menschen dazu?
Ich kann verstehen, worüber sich die Manager ärgern. Die Leute konzentrieren sich nicht auf das, was wirklich wichtig ist, nämlich die Arbeit. Die Zukunft der Arbeit muss sein, dass Vorgesetzte die Arbeit managen und nicht die Leute. Wann immer man darüber diskutiert, von wo aus jemand arbeitet, werden Menschen gemanagt und nicht die Arbeit. Vorgesetzte haben aber das Bild im Kopf, dass jeder tut, was er will und niemand mehr die Arbeit erledigt, wenn sie selbst das Büro verlassen. Warum sollten sie also ihren Mitarbeitern erlauben, irgendwo anders hinzugehen? Solange sie nämlich täglich ins Büro kommen, sieht man wenigstens, wie lange sie anwesend sind. Solange die Leute ihre Arbeitszeit absitzen, hat man sie im Blickfeld und zumindest den Eindruck, dass sie auch arbeiten. Sie fühlen sich wohler, die Menschen am Schreibtisch zu wissen, anstatt sich Gedanken darüber zu machen, ob sie gerade ihre Wäsche waschen oder auf dem Sofa liegen, wenn sie etwas von ihnen brauchen. Sie wollen sie an ihrem Arbeitsplatz haben – ob sie dort tatsächlich arbeiten, wissen sie allerdings nicht. Wenn man also die Kontrolle verringert und die Autonomie vergrößert, so braucht man als Gegenstück die Verantwortung. Mitarbeiter brauchen 100% Autonomie und 100% Verantwortung. Nur so kann es funktionieren. Man muss genau wissen, welche Arbeit der Mitarbeiter verrichten soll, und das deutlich kommunizieren.

Und damit überzeugen Sie Zweifler?
Wenn ich Vorträge halte, spreche ich nicht mehr über Arbeitszeit und Arbeitsort. Ich frage: Was ist Arbeit? Und was heißt Verantwortung? Und wie wissen Sie als Chef, was Ihre Leute jetzt gerade machen? Und wenn man das wirklich klarmacht, dann geht es nicht mehr um den Ort, denn

der wird irrelevant. Es darf nicht mehr heißen: „Ich möchte wissen, wo Bob ist." Es muss heißen: „Ich möchte wissen, welche Arbeit Bob zu erledigen hat."

Doch wie überzeugt man Vorgesetzte davon, etwas zu tun, das ihren Job schwieriger macht, anstatt leichter? Es ist schließlich einfacher die Arbeitszeit zu kontrollieren als die Arbeitsergebnisse.

Am Anfang meinen sie vielleicht, ihr Job wird ein wenig schwieriger. Aber genau genommen bedeutet ergebnisorientiertes Arbeiten, dass jeder Mitarbeiter eigenverantwortlich für seine Arbeit ist. Er muss zunächst mit seinem Chef festlegen, wie seine Arbeit gemessen wird. Für jeden Job gibt es andere Messkriterien. Und Mitarbeiter sollten selbst in der Lage sein, festzulegen, welche das sind, zum Beispiel Kundenzufriedenheit oder der Zeitplan für ein Projekt. Zunächst muss man als Mitarbeiter seine Ziele definieren und dann festlegen, welche Messkriterien dafür infrage kommen. Und damit kann man dann zu seinem Chef gehen und ihm das unterbreiten. Der muss dann entweder zustimmen oder einen anderen Vorschlag machen beziehungsweise mit seinem Mitarbeiter festlegen, wie darüber kommuniziert wird. Man kann beispielsweise einen Speicherort haben, an dem Dokumente hinterlegt werden und auf den beide Zugriff haben. So kann sich der Chef jederzeit vom Fortschritt des Projektes überzeugen. Oder der Mitarbeiter kann einmal pro Woche eine E-Mail schreiben und seine Fortschritte darin dokumentieren. Der Punkt ist: Es geht immer nur um die Arbeit. Es geht nicht darum, zu sagen „Ich arbeite heute von zu Hause aus". Es geht darum, zu sagen „Ich arbeite gerade daran und bin so und so weit gekommen". Oder konkreter: „Ich habe drei Viertel der Arbeit erledigt und plane, bis Dienstag fertig zu sein." Woran man arbeitet, nicht wann oder von wo aus man arbeitet, zählt. Der Rest ist völlig irrelevant.

Gilt das für alle Jobs?

Ein Gegenargument, das immer wieder vorgebracht wird lautet, dass man für bestimmte Tätigkeiten an einem bestimmten Platz sein muss. Wenn man in der Bank arbeitet, muss man eben am Schalter stehen. Das ist richtig, denn das ist die Verantwortlichkeit des Bankers. Wenn ich am Schalter Kunden bedienen muss, dann habe ich das am Schalter zu tun. Hier gibt es keine Flexibilität. Flexibilität ist etwas, was tatsächlich nicht alle bekommen können. Deshalb dürfen wir das nicht zum Thema machen, und niemand braucht sich zu beschweren. Bankangestellte müssen in der Bank sein, um Kunden zu bedienen. Busfahrer müssen hinterm Lenkrad sitzen, um einen Bus zu fahren. Tierpfleger müssen in den Käfig oder den Stall gehen, um ein Tier zu füttern. Das alles ist die Arbeit, die erledigt werden muss. Und Büroangestellte können manche Arbeiten eben von verschiedenen Plätzen aus erledigen. Alle Leute müssen einfach ihren Job machen, in voller Verantwortung. Das Thema Flexibilität ist hier fehl am Platz. Es schafft nur Neid und Missgunst, weil einige es haben können und andere nicht. Der Punkt ist: Wir reden nur darüber, dass jeder seinen Job erledigen muss. Jeder muss arbeiten, denn dafür sind wir verantwortlich. Ich muss den Job erledigen, den ich mir ausgesucht habe. So müssen wir den Weg bereiten, damit jeder mitgenommen werden kann. 100% selbstständig und 100% verantwortlich dafür, dass die Arbeit erledigt wird. Wer seine Arbeit nicht erledigt, ist fehl am Platze.

Haben wir bisher also falsch argumentiert?

Wenn man zu einer Gruppe von Bankern spricht und ihnen erzählt, alle ihre Leute sollten künftig von daheim aus arbeiten können, versteht sich, dass sich Widerstände regen. Dann hat man den falschen Ansatz gewählt. Man muss bei der Arbeit selbst anfangen. Hier sind wir wieder, die Arbeit muss gemanagt werden, nicht die Menschen. Wenn man sie hier abholt, langsam aber stetig, fangen sie an, zu verstehen, warum der Arbeitsort irrelevant wird, wenn man sich auf die Arbeit selbst konzentriert. Auf andere Art und Weise funktioniert es nicht. Es gibt seit 30 Jahren Studien, warum sich Arbeiten von zu Hause aus lohnt, aber die haben bisher nicht ausreichend überzeugt. Es ist der falsche Ansatz.

Was ist mit dem Thema Datensicherheit?
Wir bekommen diese Frage ständig gestellt. Es ist eines der Dinge, die uns daran hindern, weiterzukommen. Es gibt immer ein Aber. Ja, Sie haben Recht, aber ... Ja, wir verstehen, aber ... Es gibt so viele Ausreden. Damit will ich nicht sagen, dass sie völlig unberechtigt sind. Es gibt viele gute Entschuldigungen. Aber solange wir uns nicht von den Fesseln des alten Fundaments befreien, sind wir nicht offen, neue, kreative Wege zu finden. Datensicherheit ist wichtig und wird es auch bleiben. Aber wie können wir damit in Zukunft umgehen? Wir können keine neuen Wege finden, wenn wir auf den alten weitergehen. Wir müssen das ganze Fundament verändern und uns dabei auf die Suche nach neuen Lösungen machen.

Viele Angestellte möchten gar nicht mehr Verantwortung und mehr Selbstständigkeit. Man muss also nicht nur die Arbeitgeber überzeugen, sondern auch die Mitarbeiter.
Ja, die Freigabe von Verantwortung und Selbstständigkeit ist interessant, weil man plötzlich die komplette Kontrolle über die eigene Zeit hat. Niemand anders kontrolliert einen mehr, nur man selbst. Und das heißt auch, dass ich selbst darauf achten muss, nicht 24 Stunden an sieben Tagen der Woche verfügbar zu sein. Hier findet ein Umdenken statt. Man kann E-Mails und Anrufbeantworter für sich arbeiten lassen, denn sie sind tatsächlich immer erreichbar, auch wenn ich es selbst nicht bin. Sie arbeiten für mich. Man kann sie nicht abschalten. Aber man selbst kann abschalten,

wenn man sich dafür entscheidet. In diesem Jahrhundert geht es nicht mehr um Erreichbarkeit. Vielmehr findet ein Paradigmenwechsel statt, hin zu Reaktionszeit. Niemand muss immer und zu jeder Zeit antwortbereit sein. Man muss verantwortlich mit der eigenen Zeit und mit der Zeit anderer umgehen. Wenn ich einem Mitarbeiter eine E-Mail schreibe, dass ich eine Kalkulation bis Dienstag um 15 Uhr brauche, hat er die Freiheit, das zu erledigen, wann er will, solange es bis Dienstag 15 Uhr fertig ist. Ich darf allerdings nicht von ihm verlangen, dass ich die Kalkulation in zehn Minuten brauche. So funktioniert es nicht. Der Umgang miteinander wird respektvoller. Niemand soll sich fühlen wie bei einem Feueralarm. Das ist sehr befreiend. Man soll seiner Routine und seiner Arbeit nachgehen können und Dinge so abrufen und beantworten, wie es dem eigenen Rhythmus entspricht. Das gilt natürlich wieder nur für Büroarbeiter. Krankenpfleger oder Feuerwehrleute haben diese Freiheit nicht.

Vielen Dank für das Interview, Frau Thompson.

9. DIE ZUKUNFT DER FÜHRUNG

„Behandle die Menschen so, als wären sie,
was sie sein sollten, und du hilfst ihnen
zu werden, was sie sein können."
JOHANN WOLFGANG VON GOETHE

Die Menschen im Blick

„Ein Bankenchef, der ohne Krawatte an einer Podiums-diskussion teilnimmt?", war mein erster Gedanke, als ich Helmut Lind, Vorstandsvorsitzender der Sparda-Bank München, zum ersten Mal gesehen habe. Es sollte nicht die letzte Überraschung bleiben. Denn noch viel ungewöhnlicher als der fehlende Schlips waren seine Ausführungen über das, was er unter Führung versteht. Lind spricht von „Der Frage nach dem Sinn" und einem „Blick fürs Leben, für den Menschen, in seiner Ganzheit und seiner Einzigartigkeit". Davon, dass die Bilanz nicht mehr das entscheidende Kriterium für den Erfolg eines Wirtschaftsunternehmens sein dürfe. Geld sei kein Zweck, sondern nur Mittel zur Bedürfnisbefriedigung zum Wohle aller. „So jemand führt eine Bank?", frage ich mich. Helmut Lind tut es, seit nunmehr neun Jahren, und hat dabei 728 Mitarbeiter und eine Bilanzsumme von knapp sechs Milliarden Euro zu verantworten. Unter seiner Führung investiert die Sparda-Bank auch viel Geld in ihre Mitarbeiter, lädt sie zum Coaching und zu sogenannten Stärken-Workshops ein und zahlt ihnen bei Bedarf sogar eine Therapie. Welches Ziel verfolgt ein Manager mit derartigem Hang zum Gutmenschen? Lind ist überzeugt, auf diesem Weg mehr aus den Potenzialen seiner Belegschaft machen zu können. Denn nur, wenn Mitarbeiter und Führungskräfte die Stärken und die besondere Einzigartigkeit eines Individuums kennen und erkennen, können auch die Aufgaben optimal verteilt werden. „Besonders interessant wird es dann", so Lind, „wenn der einzelne Mitarbeiter seinen Stärken entsprechend den richtigen Platz gefunden hat. Dies ist der Platz, wo er nicht mit Anstrengung und Stress seinen Arbeitsalltag erlebt, sondern mit Leichtigkeit und Spaß und damit hinsichtlich seines eigenen Energiemanagements für sich weniger Energie benötigt, um auf der anderen Seite für den Arbeitgeber bessere Ergebnisse zu erwirtschaften." Dabei schreckt er auch vor ungewöhnlichen Maßnahmen nicht zurück. So hat er Vorstandsdialoge eingeführt, bei denen Angestellte ihrem Chef die Meinung sagen können. Und so manche Entscheidung kommt in der Bank durch Meditation zustande. Das Management meditiert bereits seit Jahren, die Mitarbeiter steigen nach und nach in die Prozesse ein. Der Bereichsleiter Kreditgeschäft lädt Angestellte mehrmals pro Woche zur Meditation. Da kann es schon mal passieren, dass Lind seine Sekretärin erreichen will und sie ihm eine Nachricht hinterlassen hat, sie sei gerade beim Meditieren. Fragt man Lind, wohin das alles führen soll, so hat er sein Ziel klar vor Augen. „Wir brauchen eine Unternehmenskultur der Achtsamkeit." Er ist davon überzeugt, dass die wichtigsten Führungsinstrumente der Zukunft Intuition und Meditation sind, und befindet sich damit in guter Gesellschaft. Denn auch die Harvard Business School und INSEAD bestätigen: Meditation hilft nachweislich, bessere berufliche Entscheidungen zu treffen.

Nun könnte man meinen, eine relativ kleine Regionalbank, als Genossenschaft organisiert, kann es sich leisten, solchen Humbug auszuprobieren. Doch auch andere Unternehmen, denen man das Profitstreben sicher nicht streitig machen möchte, setzen auf derartige Managementmethoden. Bei Google, General Mills und Apple wird Meditation ebenfalls großgeschrieben und es werden Seminare für die Mitarbeiter angeboten. Goldman Sachs, KPMG und Citigroup bieten Smartphone-Apps an, um ihre Investmentbanker, Wirtschaftsprüfer und Fondsmanager zumindest zeitweise aus dem Hamsterrad herauszuholen. Mindfulness ist der englische Begriff, für den man nur schwer eine deutsche Übersetzung findet und der einen Hauch von Buddhismus durch die westlichen Finanzviertel wehen, sie entschleunigen und den Genuss des Moments zulassen soll. Mindfulness soll zur Gesunderhaltung von Arbeitskräften beitragen und damit die Krankheitsrate und insbesondere das Burn-out-Risiko senken.

Ein weiteres Schlagwort fällt, wenn Lind von der Führung der Zukunft spricht: Resonanz. Sie geht weiter als bloße Wertschätzung und Anerkennung. Resonanz bedeutet, Menschen zu berühren und dabei etwas zurückzubekommen, und sie findet auf drei Ebenen statt: Zu einem selbst, zu den Menschen im direkten Umfeld, also den Mitarbeitern im Unternehmen, und schließlich zur gesamten Umwelt. Seine Bank ist erfolgreicher, davon ist Lind überzeugt, wenn sie aus der kollektiven Intelligenz aller Mitarbeiter schöpfen kann und nicht nur aus der des Vorstandes alleine. Bei seiner Belegschaft kommt das gut an: 96% stimmen der Aussage zu „Alles in allem kann ich sagen, dies hier ist ein sehr guter Arbeitsplatz" – und verhelfen der Bank damit zu ihrem Ruf als einer der besten Arbeitgeber im Land.

Befehlen war gestern

Es heißt, Mitarbeiter würden nie ein Unternehmen, sondern immer ihren Vorgesetzten verlassen. Zwar kann ein Betrieb durch interessante Aufgaben, gute Bezahlung und ansprechende Sozialleistungen seine Angestellten durchaus motivieren. Doch hilft das alles nichts, wenn der direkte Vorgesetzte ein schlechtes Arbeitsklima verbreitet. Das allerdings ist nach einer Befragung der Hay Group in Deutschland im Jahr 2013 bei fast der Hälfte der deutschen Chefs der Fall: Rund 49% tragen aktiv zur Demotivation ihrer Mitarbeiter bei. Nur 37% hinterlassen bei ihren Mitarbeitern ein Gefühl der Motivation und 15% der Vorgesetzten verhalten sich neutral, haben also zumindest keinen negativen Einfluss auf ihre Teams. Die Ursache für die fehlende Motivationsfähigkeit der Chefs sieht die Hay Group darin, dass viele auf einen einzigen Führungsstil setzen und ihn nicht der Situation anpassen. „All unsere Studien zeigen, dass ein durchdachter Mix an Führungsstilen das Unternehmensklima verbessert", sagt Thomas Gruhle, Mitglied der Geschäftsleitung. Stattdessen pflege die Mehrheit der Führungskräfte immer noch fast ausschließlich den direktiven Führungsstil: Der Chef befiehlt, der Angestellte springt. Was in manchen Situationen – wenn schnelle Entscheidungen getroffen werden müssen oder wenn ein einheitliches Vorgehen notwendig ist – durchaus richtig und sinnvoll ist, sollte mit Bedacht gewählt und natürlich immer auch situationsbezogen eingesetzt werden, denn gerade jüngere Mitarbeiter können mit der ausschließlich autoritären Art der Führung nur wenig anfangen und lehnen sie dementsprechend ab. Sie wünschen sich, selbst über die Art und Weise zu entscheiden, wie sie ihre Aufgaben erledigen und fühlen sich von zu viel Kontrolle, Bürokratie und Arbeitsanweisungen in ihrer Entfaltung behindert.

Dramatisch ist, dass durch diese Führungsfehler oft die eigenen Talente im Team nicht erkannt werden und das ganze Unternehmen damit selbst weit unter seinen Möglichkeiten bleibt. Führungskräfte, die nur befehlen, lassen den Potenzialen in ihren Teams keinen Raum zur Entwicklung. Leider ist dies heute eher die Regel als die Ausnahme: Zwei Drittel aller Firmen in Deutschland ignorieren ihre Talente laut einer Umfrage im Jahr 2014 der Unternehmensberatung ROC Deutschland. Dafür wurden HR-Manager befragt, wie es um das Talentmanagement in ihrer Firma bestellt sei. Demnach weiß nur etwa ein Drittel der Firmen genau, welche Qualitäten ihre Mitarbeiter haben. Umgekehrt haben 70% der Firmen keine Ahnung, welche verborgenen Talente in ihrem Betrieb stecken. Als Grund für die Vernachlässigung dieser wichtigen Aufgabe nannten die Unternehmen die zu geringen Ressourcen ihrer Personalabteilungen. Doch es ist ein Trugschluss, wenn die Talententwicklung allein den HR-Profis überlassen wird. Vielmehr sind die Führungskräfte selbst in der Pflicht, hier ihren Beitrag zu leisten. Oft erlebe ich gerade bei kleineren Betrieben aus dem Mittelstand, dass die Vorgesetzten überfordert sind, ihre Führungsaufgaben tatsächlich als solche auszufüllen. Sie sind so im Tagesgeschäft und der Erfüllung ihrer Fachaufgaben eingebunden, dass sie sich nicht in der Lage sehen, für die eigentliche Führung Raum zu schaffen. Dabei ist gar nicht gesagt, dass gute Führung per se zeitaufwendiger ist als schlechte Führung. Anstelle der bisher vorherrschenden Kontrolle und Überwachung treten lediglich andere Instrumente wie Förderung, Zielsetzung und Betreuung.

In die Zukunft führen

Wie kann nun der neue Führungsstil aussehen, der überwiegend durch die Setzung von Zielvorgaben Raum zur Entwicklung lassen und dabei das volle Potenzial der Mitarbeiter zu Tage fördern soll? Einer, der es wissen muss, ist Thomas Vollmoeller, ehemals Unternehmensberater und heute Vorstandsvorsitzender der XING AG, des größten sozialen Netzwerks für berufliche Kontakte im deutschsprachigen Raum. Vollmoeller sieht einen kompletten Paradigmenwechsel auf uns zukommen. „Früher funktionierten Unternehmen wie militärische Organisationen. Doch wenn sich Mitarbeiter in ihren Erwartungen und Ansprüchen ändern, muss sich auch die Führung ändern. Der Grat zwischen einer Entscheidung im Konsens und Lähmung ist relativ schmal. Das macht Führung heute so anspruchsvoll. Es können sich Situationen ergeben, in denen ein Unternehmen nicht mehr entscheidungsfähig ist. Ein gemeinsames Ziel zu finden, ist eine große Herausforderung. Und, klar, manchmal gibt es auch Situationen, in denen Chefs klar die Richtung vorgeben müssen. Aber auch dann gilt: Es braucht Führung, die mit Überzeugung zu tun hat und weniger auf geliehener Macht beruht."

Es ist also offensichtlich, dass Mitarbeiterführung anspruchsvoller wird. Als Verantwortlicher muss man seinen Leuten ein Ziel vorgeben. Wie macht man das, wenn eine reine Anweisung nicht mehr funktioniert? Wenn Führung ohne einen Zweck, an den alle glauben, nicht mehr akzeptiert wird? Die Führungskraft wird vom Ansager zur komplexen Führungspersönlichkeit. Immer besser ausgebildete und damit auch immer selbstbewusstere Mitarbeiter wollen anders geführt werden. In der vielfältigeren und variantenreicheren Arbeitswelt müssen Vorgesetzte in der Lage sein, Bindungen herzustellen und aufrechtzuerhalten, Barrieren, die der Leistungserbringung im Wege stehen, zu beseitigen, fluides Organisationswissen zu erschließen, zu verwalten und weiterzuentwickeln. Managern muss es gelingen, ihren Mitarbeitern Lust auf Arbeit zu machen und ihnen die Gründe zu vermitteln, warum sie morgens aufstehen und gerne zur Arbeit kommen wollen. Sie müssen Werte vorleben, an die alle glauben. Wenn sie das schaffen, brauchen sie keine Überwachung und Kontrolle mehr, wie das noch vor nicht allzu langer Zeit üblich war. Dabei wird es immer weniger um Status und immer mehr um Haltung und Anleitung, im Sinne von Coaching, gehen. Einige Unternehmen setzen bereits darauf und legen ihren Führungskräften nahe, eine Ausbildung zum Coach zu absolvieren. Der Spagat, den die Führungskräfte in Zukunft vollbringen müssen, ist, Fürsorge und Betreuung ebenso zu leisten wie Eigenständigkeit zu gewähren und auch einzufordern. Angelika Dammann, ehemals Personalchefin beim Software-Riesen SAP, fasst das so zusammen: „Wo lose, flexiblere und kurzfristigere Bindungen die einst so festen Arbeitsverhältnisse ersetzen, springen Manager mit Kommandoton, Hierarchie- und Abteilungsdenken zu kurz. Stattdessen gilt es, Selbstständigkeit zuzulassen, sich klar auf eine Ergebniskultur zu fixieren, Beziehungen zu managen und jenseits von Linienfunktionen oder Bereichszugehörigkeiten durch Einflussnahme zu führen und genau zu verstehen, wer was mit welchem Talent, welcher Fachspezialisierung und welchem Zeitbudget zu leisten in der Lage ist." Das bedeutet, Spielräume zu geben, Entwicklungen zuzulassen und zu fördern und zur Weiterbildung zu ermuntern. Es reicht nicht, wenn Talente in einem Unternehmen vorhanden sind. Sie müssen von der Führungskraft auch erkannt, abgerufen und zur Entfaltung gebracht werden. Sie hat dafür zu sorgen, dass die Anforderungen zum Mitarbeiter passen und dessen Qualifikationen entsprechen. Dabei tritt weniger häufig das Problem auf, dass sich ein Mitarbeiter überfordert und den Belastungen seines Jobs nicht gewachsen sieht. Viel häufiger kommt es vor, dass die Arbeit nur einen Bruchteil der Fähigkeiten von demjenigen beansprucht, der sie ausführt, während der größte Teil des Potenzials ungenutzt bleibt und verschwendet wird. Kein Wunder, dass sich diese Person dann schnell langweilt und die Motivation für die Arbeit verloren geht. Monotonie durch fehlende berufliche Entwicklung ist einer der bedeutsamsten Risikofaktoren für Burn-out.

Ziel sollte sein, alle Teammitglieder bestmöglich zu beanspruchen, ihre Begabungen zu erkennen und sie zu Höchstleistungen zu motivieren. Wenn das gelingt, erhöht sich die Arbeitszufriedenheit und damit auch die Leistungsfähigkeit im Team. Passt sich die Führungskraft an die wandelnden Bedürfnisse und Erwartungen der Mitarbeiter an, erhöht sich die emotionale Bindung. Das wiederum führt zu einer höheren Innovationstätigkeit, einer größeren Treue und Loyalität der Angestellten und dazu, dass sie positiver über ihren Arbeitgeber sprechen. Außerdem sind diejenigen, die sich von ihrer Führungskraft unterstützt fühlen, zufriedener mit ihrer Arbeit, fühlen sich weniger gestresst und sind damit auch weniger krankheitsgefährdet. Konkret bedeutet das für Führungskräfte: Fragen Sie sich und Ihre Mitarbeiter, was Ihnen besonders leicht und fehlerfrei von der Hand geht. Erkundigen Sie sich aber auch, wo die Belastungsgrenzen liegen und nehmen Sie die Antworten ernst. Wenn möglich, setzen Sie Ihre Mitarbeiter dann genau dort ein, wo ihr Potenzial am größten ist. Investitionen in die Einführung von Development-Centern und Potenzialanalysen rechnen sich schnell, wenn Sie sie den Ausfällen durch psychische Erkrankungen gegenüberstellen.

Statt eindimensionaler Berufsbiografien wünschen sich die Menschen heute eher Arbeitsmosaike, in denen sie Erwerbsarbeit, also das, womit sie ihr Geld verdienen, mit Herzensarbeit, also dem, wofür sie wirklich brennen, und vielleicht auch noch ehrenamtlicher Arbeit vereinbaren können. Dazu kommt natürlich Freizeit für sich selbst und die Familie. Auszeiten, egal ob Elternzeit oder Sabbaticals, werden in Zukunft viel häufiger zu kompensieren sein, als das bisher der Fall war. Vieles ist heute möglich und muss nicht zuletzt auch von den Führungskräften gemanagt werden. Das bedeutet, dass sie in stärkerem Maße auch aktive Gestalter von Arbeits- und sogar von Lebensentwürfen der Menschen in ihrem Unternehmen werden. Sie müssen sie über diese Phasen hinweg halten, binden und gegebenenfalls wieder zurückgewinnen. Zugleich steigt das Bedürfnis der Mitarbeiter, stärker eingebunden und gefragt zu werden sowie mehr Mitsprache an Entscheidungsprozessen zu bekommen. Das alles heißt für Unternehmen und Führungskräfte, dass ihre Aufgaben komplexer werden, vielschichtiger und dass sie immer mehr Faktoren miteinbeziehen müssen. Es wird also nicht gerade leichter, aber sicherlich spannender. Und dafür brauchen wir angepasste, vielleicht ganz neue Führungs- und Organisationsmodelle.

Top-down, Bottom-up oder beides?

Vieles wird darüber geschrieben, wie die Revolution von unten aussehen kann. Wie Mitarbeiter mehr Verantwortung, mehr Mitspracherechte und mehr Freiheit gewinnen können. Doch was ist, wenn sich Führungskräfte und Vorgesetzte zu einem Kulturwandel entschließen und Mühe haben, ihre Belegschaft dafür zu begeistern? Auch das gibt es, wie ein Beispiel aus Christoph Keeses Buch verdeutlicht. Er beschreibt einen Unternehmer, der die Flucht vor seiner eigenen Firma in Deutschland ergriffen hat und in die USA ausgewandert war. Obwohl er in seiner Heimat ein erfolgreiches Software-Unternehmen aufgebaut hatte und bereits mehrere

Hundert Mitarbeiter beschäftigt hatte, das Geschäft gut gelaufen war und die Angestellten gewissenhaft ihre Aufgaben erledigt hatten. Das reichte dem Unternehmer jedoch nicht. Er hatte Angst, durch das lediglich Abarbeiten von Aufträgen den Anschluss in der schnelllebigen Software-Branche zu verlieren. Deshalb versuchte er, seine Leute anzutreiben, auf die Herausforderungen kreativ zu reagieren, innovative Lösungen und Modelle zu finden, sich selbst und ihre Arbeit zu hinterfragen und neu zu erfinden. Allerdings ohne Erfolg. Der disruptive Wandel ließ sich einfach nicht von oben anstoßen. So resignierte er eines Tages und wanderte mit seiner Frau ins Silicon Valley aus, um seine eigene Firma neu zu erschaffen. Wie frustriert muss ein Chef sein, wie viel muss er ausprobiert haben, wie oft mit dem Kopf gegen die Wand gerannt sein, wenn er sich zu so einem drastischen Schritt entschließt?

Was können Führungskräfte tun, die sich einer unmotivierten Belegschaft gegenübersehen, welche sich mit dem Status quo abgefunden hat und kein Interesse an Wandel, Veränderungen und Innovation zeigt? Eine Bekannte von mir steht derzeit vor diesem Problem. Im letzten Jahr hat sie die Führung einer Organisation übernommen, die bereits über Jahre, ja schon Jahrzehnte, eingerostet zu sein scheint. Zwar lag die Unzufriedenheit und der hohe Grad an Demotivation innerhalb der Belegschaft in der ehemaligen Führung begründet, doch kann von Aufbruchsstimmung auch unter der neuen Spitze keine Rede sein. Viele der Mitarbeiter haben bereits ihr 25. oder gar 30. Dienstjubiläum hinter sich, haben über denselben Zeitraum fleißig in die Betriebsrentenkasse eingezahlt, sind quasi unkündbar und bestrebt, ihre Zeit bis zur Rente mit so wenig Aufwand wie möglich abzusitzen. Was kann meine Bekannte also tun? Allein auf den Generationenwechsel bauen und hoffen, dass sich damit alles von alleine bessert? Das wäre eine Lösung, aber sicher nicht die, die engagierte Führungskräfte anstreben.

Welche Möglichkeiten stehen nun explizit zur Verfügung, damit die gesamte Belegschaft wieder mehr Elan, mehr Motivation und schließlich auch mehr Freude an der Arbeit gewinnt und damit das ganze Unternehmen dynamisch und zukunftsfähig aufstellt? Csíkszentmihályi, dessen Ausführungen ich in einer Zeit, in der das Thema Führung in den Medien geradezu gehypt wird, so wunderbar simpel und zeitlos finde, gibt darauf folgende Antworten: „Es gibt [...] drei Optionen, die sich anbieten, wenn ein Manager eine Organisation aufbauen will, die von Dauer ist und deren Mitarbeiter motiviert sind, zu bleiben und ihren Beitrag zu leisten: Er kann erstens die objektiven Gegebenheiten des Arbeitsplatzes so angenehm wie möglich gestalten; er kann zweitens dafür sorgen, dass der jeweilige Job einen Sinn und einen Wert in sich trägt; und er kann drittens Leute an sich ziehen und entsprechend ‚belohnen‘, die Befriedigung in ihrer Arbeit finden, und so den Geist der Organisation insgesamt positiv beeinflussen. Im Idealfall wird er alle drei Schritte übernehmen."

Ganz entscheidend, bei allem was ein Vorgesetzter tut, ist, dass er seine Mitarbeiter auf dem Weg zum Ziel mitnimmt und sie für die Veränderungen begeistern kann. Die Zeiten, in denen die Untergebenen einem Oberhirten widerspruchslos folgten, sind vorbei. Heute wollen Mitarbeiter wissen, was hinter den ständigen Veränderungen steckt, wohin der Weg führt und was er am Ende für sie bereithält – und das ist auch ihr gutes Recht.

Führen ohne Sichtkontakt

Führung wird in Zukunft immer mehr auf Distanz stattfinden. Deshalb müssen sich Vorgesetzte und ihre Mitarbeiter auf neue Formen der aktiven Verständigung und Rückmeldung über diverse Kanäle einlassen. Alle Teammitglieder müssen zu proaktiver, unmissverständlicher und selbstbewusster Kommunikation ermuntert werden. Dabei müssen Führungskräfte – bei aller Eigenverantwortung und Flexibilisierung – die Arbeitssituation ihrer Teams im Auge behalten und darauf achten, dass die Arbeit weiterhin gerecht verteilt wird. Nicht nur neue, sondern deutlich intensivere Kommunikationsformen müssen geschaffen und genutzt werden, um die Zusammengehörigkeit und das Füreinander-da-Sein aufrechtzuerhalten bzw. ihnen zu neuen Qualitäten zu verhelfen. Nach diesem Prinzip handelt beispielsweise Mathias Grünewald, Leiter für den Technischen Einkauf beim Chemiekonzern Merck. Ihm ist es wichtig, trotz großer Distanz für seine Mitarbeiter greifbar zu sein und das, obwohl seine Teammitglieder teilweise Hunderte oder gar Tausende Kilometer weit entfernt sitzen, in Deutschland, Frankreich und den USA. Zwangsläufig kommuniziert er überwiegend per E-Mail und folgt dabei einem festen Grundsatz: Um seinen Angestellten die nötige Wertschätzung auszudrücken, beantwortet er jede Mitarbeiter-Mail binnen zwölf Stunden. So gelingen Kommunikation und Austausch, ohne dass alle Teammitglieder jemals an einem Ort zusammenkommen. Wer seine Mitarbeiter also nicht jeden Tag sieht, muss als Führungskraft dafür sorgen, dass sie sich trotz der Distanz emotional aufgehoben und verstanden fühlen, aber auch dafür, dass der Gesprächsfaden nie abreißt. Gebraucht werden Führungskräfte, die zur Selbstreflexion und zu Perspektivwechseln fähig sind. Wer überwiegend virtuelle Teams steuert, muss in der Lage sein, anderen klare Ziele zu setzen, die ergebnisorientiert und messbar sind und die klar bewertet werden können, damit am Ende das übergeordnete Unternehmensziel erreicht wird.

Führungskräfte, die diesen Aufwand scheuen, sollten sich – heute und in Zukunft – ernsthaft die Frage stellen, ob sie auf dem richtigen Platz sitzen. Ein guter Chef braucht keinen Sichtkontakt zu seinen Teammitgliedern, um deren Arbeitseifer zu überprüfen. Wer also seinen Mitarbeitern das Argument entgegnet, dass nur derjenige Arbeitsleistung erbringt, der sich sichtbar am Schreibtisch oder im Büro befindet, irrt gewaltig oder ist schlicht und ergreifend zu faul, sich ernsthaft mit dem Thema Führung auseinanderzusetzen. Die Facebook-Geschäftsführerin Sheryl Sandberg bringt es auf den Punkt: „Führung heißt, anderen durch Anwesenheit zu besseren Leistungen zu verhelfen und sicherzustellen, dass diese Wirkung auch dann anhält, wenn man nicht anwesend ist."

Wer ist der Boss von morgen?

Auf die klassische Frage im Vorstellungsgespräch „Wo sehen Sie sich in fünf Jahren?" werden Arbeitgeber in Zukunft vermutlich seltener die Antwort „Auf Ihrem Platz" zu hören bekommen, als das in der Vergangenheit der Fall war. Zwar gibt es nach wie vor ambitionierte Berufseinsteiger, doch wachsen gleichzeitig die Zweifel am klassisch hierarchischen Aufstieg. Zu starr erscheint er vielen, mit zu viel Ergebnisdruck und zu wenig Zeit für Familie und Freunde. Geld, Macht und Anerkennung werden vom potenziellen Führungsnachwuchs immer weniger unhinterfragt als allgemeingültige Ziele anerkannt. Vielmehr macht sich eine gewisse Scheu vor der Übernahme von Verantwortung breit oder auch vorm Sprung ins Haifischbecken der Oberliga. Eine Studie der Uni Bochum zeigt, dass der Anteil von Hochschulabsolventen, die eine Führungsaufgabe anstreben (und auch das Zeug dazu haben) sinkt. Von den männlichen Hochschulabgängern wollte im Jahr 2003 immerhin noch ein Drittel führen, im Jahr 2010 waren es nur noch 23%. Auch bei den Frauen ging die Lust aufs Chefin-Sein zurück, von 23 auf 18%. Eine Umfrage des Deutschen Führungskräfteverbandes im Jahr 2012 deutet darauf hin, dass dies nicht nur für den Nachwuchs gilt: Zwei Drittel der befragten Manager und Experten gaben an, ihre Absicht, sich mehr Zeit für Familie und Privatleben zu nehmen, sei in den vergangenen fünf Jahren gewachsen. Der Wunsch nach einem hierarchischen Aufstieg ist dagegen bei 59% schwächer geworden. Die Einstellung „Job über alles" gilt nur noch für eine Minderheit: 61% sagten, dass ihre Bereitschaft, Familie und Privatleben dem Beruf unterzuordnen, in den vergangenen fünf Jahren abgenommen habe. Nur knapp ein Drittel ist überzeugt, dass höheres Gehalt und ein Plus an Verantwortung ausgleichen können, dass sie mehr Zeit in der Arbeit verbringt und ihre Familie weniger sieht.

Familien und ein Privatleben hatten Führungskräfte allerdings schon immer. Woran liegt es, dass diese heute an Bedeutung gewinnen, während der Job selbst in den Hintergrund rückt? Da ist zum einen das Bild, das viele Chefs nach außen abgeben. Ränkespiele, Getriebenheit, Stress und eine schier erdrückende Ergebnisverantwortung – was in den Führungsetagen vorgelebt wird, hat so gar nichts mehr vom gelassenen Chef, der souverän die Geschicke seiner Mannschaft zum Besten lenkt. Damit nimmt die Vorbildfunktion von Führungskräften sukzessive ab. Hinzu kommt, dass gerade junge Menschen in ihrer Kindheit bei den eigenen Eltern beobachten konnten, dass die Arbeit das Privatleben und die Familie oft in den Hintergrund hat treten lassen. Zudem gilt die alte Formel „Kinder sollen es einmal besser haben als ihre Eltern" heute nicht mehr. Was soll die Tochter einer Spitzenmanagerin und eines Professors denn werden, um die eigenen Eltern toppen zu können? Auf dem Wohlstandsniveau, auf dem wir uns gegenwärtig befinden, üben Geld, Macht und Ansehen offenbar nicht mehr die Anziehungskraft aus, die benötigt wird, um die damit verbundenen Opfer zu bringen.

Dabei geht es nicht unbedingt nur ums Wollen, sondern auch ums Können. Studien zeigen, dass gerade bei den jüngsten Nachwuchskräften die Stressresistenz und Problemlösungsbereitschaft spürbar nachlässt. Konflikten und Auseinandersetzungen wird lieber aus dem Weg gegangen, anstatt sie anzupacken. So wird die Generation Y von den Medien gar als Kuschelgeneration verspottet, die zwar auch gerne mal die Krone aufsetzt, aber die ist nur aus Pappe. Vielleicht ist es unfair, die nachwachsenden Talente so zu verallgemeinern und als Weicheier abzutun, nur weil sie sich nicht dem Diktat der Arbeit beugen, wie wir es kennen. Vielmehr können wir auch eine Chance darin sehen, dass Business nicht mehr as usual gehandhabt, sondern durch die Gen Y grundlegend verändert wird. Es ist absehbar, dass es künftig weniger Hierarchien geben wird und mehr kleine Einheiten, die oft virtuell und nicht mehr protokollarisch geführt werden. Darüber hinaus muss Führung gerade auf den unteren Hierarchiestufen nicht mehr zwangsläufig auf Dauer angelegt sein, sondern kann durchaus projektbezogen und zeitlich begrenzt ausgeübt werden. Nach der erfolgreichen Leitung eines Projektes, in das man viel Zeit und Arbeit investiert hat, kann man sich dann für einen gewissen Zeitraum in die zweite Reihe zurückziehen, jemand anderem die Führung überlassen und beim nächsten oder übernächsten Mal wieder voll angreifen. Bei all dem muss die Führungskraft von morgen eher Identität stiften, als sture Vorgaben machen, muss Coach sein und nicht nur Chef, muss begeistern, statt anordnen, mit Werten führen und darin selbst Vorbild sein. Wenn dieser grundlegende Wandel gelingt, wird es nicht nur genügend talentierte und engagierte Menschen geben, die die neuen Führungsrollen gerne ausfüllen, sondern auch zufriedenere Mitarbeiter, die ihnen motiviert und mit Spaß an der Arbeit folgen.

10. WIR ERFÜLLEN UNSERE ARBEIT MIT LEBEN

Mein Blog-Eintrag vom 22. September. 2014 auf
www.isabellekuerschner.com

Work-Life-Balance, Work-Life-Integration, Work-Life-Blending, Work-Life-...?

„Ich kann den Ausdruck Work-Life-Balance nicht ausstehen", schmetterte mir einmal in einem Interview der Personalvorstand eines großen Unternehmens entgegen. „Das ist doch alles Work-Life-Bullshit!" Anschließend erläuterte er ausführlicher, was er damit meinte: Leute, die nur die Zeit vor Arbeitsbeginn und nach Dienstschluss als Leben bezeichneten, täten ihm leid. Denn das hieße ja, dass sie die längste Zeit des Tages gar kein Leben hätten. Und damit hat er zweifellos Recht.

Denken wir diese Gedanken doch mal etwas weiter: Was genau bedeutet es eigentlich, wenn Arbeit und Leben in Balance sind? Dass wir sie getrennt voneinander in zwei Waagschalen werfen und sie dann gleich viel wiegen, die Waage also ausgeglichen ist? Wie wird das gemessen und vor allem wann? An jedem einzelnen Tag? Im Verlauf einer Woche, eines Monats oder eines Jahres? Oder vielleicht über ein ganzes Leben?

Das würde ja bedeuten, dass man zwischen 20 und 70 reinarbeiten muss, was man als Kind und als Rentner verlebt? Nein, das kann es wohl nicht sein. Besser ist, wir verbannen das häufig verwendete Bild der zwei Waagschalen, eine mit dem Begriff Leben und die andere mit Arbeit, ein für alle Mal aus unseren Köpfen. Vielmehr sollten wir uns klarmachen, dass alles, was Arbeit vom Leben abgrenzt, vollkommen ungeeignet ist, um das Verhältnis der beiden zueinander zu beschreiben. Denn es wäre doch eine traurige Vorstellung, dass das Leben nur außerhalb der Arbeit stattfindet. Schließlich verbringen wir rund ein Viertel unserer Woche – wenn man von einer 40-Stunden-Woche ausgeht – mit Arbeit. Heißt das also, wir haben nur drei Viertel unserer Zeit zum Leben und davon wiederum verbringen wir die Hälfte im Schlaf??? Nein, das kann es wirklich nicht sein. Wir leben, wenn wir arbeiten, und wir arbeiten, wenn wir leben. Nicht immer, das ist auch klar. An manchen Tagen ist es mehr und an manchen weniger, aber unter dem Strich sollte unser Ziel nicht sein, die Arbeit gegenüber dem Leben soweit es geht zurückzudrängen, sondern sie so zu gestalten, dass sie ein Teil unseres Lebens ist.

Mythos Work-Life-Balance

Arbeit und Leben verlaufen nicht getrennt voneinander, sondern gleichzeitig. Wir leben, während wir arbeiten, und wir arbeiten, während wir leben. Wir geben unser Leben nicht mit dem Mantel an der Garderobe ab, wenn wir zur Arbeit gehen. Natürlich wollen wir im Leben auch andere Dinge tun, als nur zu arbeiten, und damit das funktionieren kann, müssen wir sowohl Arbeit als auch Freizeit organisieren und dafür sorgen, dass kein Aspekt dauerhaft zu kurz kommt. Dabei gilt wieder: Wer seine Arbeit gerne macht und Spaß daran hat, wird weniger das Bedürfnis haben, ihr einen möglichst großen Anteil an Freizeit gegenüberzustellen, als derjenige, der seinen Job lediglich als lästige Pflicht und Notwendigkeit zur Einkommenssicherung ansieht. Wirklich bedenklich ist, wenn Menschen ihre Arbeit so wenig mögen, dass sie jegliche Intervention ihres Berufes ins Privatleben fürchten, wenn sie es als unangenehm empfinden, über ihre Arbeit reden zu müssen, wenn sie den Anblick von Arbeitsutensilien als störend empfinden und wenn sie regelrechte Angst davor haben, nach Feierabend angerufen zu werden. Job ist Job und Schnaps ist Schnaps – aber ist das nicht auch eines dieser überflüssigen Überbleibsel aus den Zeiten der Industrialisierung?

Natürlich ist klar, dass wir nicht rund um die Uhr arbeiten können und wollen. Dagegen müssen wir uns wehren und schützen lassen, zum Beispiel durch Gesetze. Und auch die eifrigsten Arbeitstiere, die ihren Job über alles lieben, müssen sich ein Stück weit selbst disziplinieren und dafür sorgen, dass sie einen gesunden Ausgleich finden, sowohl physisch als auch psychisch. Mit dem Job verheiratet zu sein und keine anderen Aspekte im Leben zu haben, macht unfrei und abhängig und es versperrt häufig den Blick auf das Wesentliche. Das müssen sich vor allem Führungskräfte vor Augen halten, die naturgemäß eher diesem Menschenschlag angehören. Sie sollten sich ganz besonders ihrer Vorbildrolle bewusst sein und damit signalisieren, dass es o.k. ist, neben dem beruflichen auch ein privates Leben zu führen. Nur wenn Chefs auch einmal früher gehen und offen drüber reden, dass sie familiäre Verpflichtungen haben, haben ihre Mitarbeiter ein gutes Gefühl dabei, es ihnen gleichzutun. Ein gutes Beispiel ist mir einmal in Form eines Oberbürgermeisters begegnet. Er, Vater von vier Kindern, hat nämlich seine Sekretärin angewiesen, offen Auskunft darüber zu geben, wenn er sich gerade auf einem familiären Termin befindet. So heißt es nachmittags um drei eben nicht „Herr Oberbürgermeister ist in einer Besprechung", sondern „Herr Oberbürgermeister ist gerade bei der Schulaufführung seiner Tochter. Er ist in zwei Stunden wieder zu sprechen."

Jeder Mensch hat ein anderes Empfinden dafür, wie sehr er Berufliches und Privates vermischen möchte. Während manche überhaupt keine Trennung brauchen oder auch wollen, ist es für andere wichtig, separate Lebensräume zu haben. So berichtet einerseits Richard Branson, der CEO der Fluggesellschaft Virgin Airlines, dass ihm die besten Ideen oft dann kommen, wenn er sich mit seinen Kindern über seine Arbeit unterhält. Andererseits sagt eine Bekannte von mir, die Berufspolitikerin ist, dass sie ihre Lebensbereiche in unterschiedliche Schubladen einsortiert hat. Da gibt es einerseits die Schublade „Politikerin", unterteilt in diverse Sachgebiete. Immer, wenn sie ein Thema behandelt, macht sie die entsprechende Schublade auf und ist dann voll und ganz bei der Sache. Und andererseits die Schublade „Familie", die aus Ehefrau-, Mutter- und Tochtersein besteht. Ihr hilft diese Art der Einordnung, Dinge nach Bedarf ein- und wieder ausblenden zu können und sich so voll und ganz ihrer augenblicklichen Situation zu widmen. Es ist offensichtlich, dass es unterschiedliche Bedürfnisse, aber auch unterschiedliche Herangehensweisen gibt, um die für einen persönlich bestmögliche Variante des Zusammenspiels von Beruf und Privatleben zu finden. Ob es letztendlich ein Miteinander, ein Nebeneinander oder ein Hintereinander ist, spielt dann gar keine so große Rolle mehr.

Die Arbeit frisst uns auf – warum lassen wir uns fressen?

Die Überschrift einer aktuellen Bertelsmann-Studie liest sich zunächst bedrohlich: „Steigende Zielvorgaben im Betrieb fördern selbstgefährdendes Verhalten von Arbeitnehmern." Gefolgt von: „Freiheiten am Arbeitsplatz haben auch ihren Preis. Der steigende Ziel- und Ergebnisdruck in Unternehmen verleitet Beschäftigte in Deutschland dazu, mehr zu arbeiten, als ihnen guttut. Damit wächst bei vielen die Gefahr, dass sie sich gesundheitlich selbst gefährden." Wenn zu viel Freiheit also zu zu viel Leistungsdruck und damit zu zu viel Arbeit führt, kommen Regeneration und Freizeit zwangsläufig zu kurz. Einer jüngst erschienenen OECD-Erhebung nach, verschiebt sich das Verhältnis von Arbeit und Privatleben immer mehr zugunsten der Arbeit, während das Private immer häufiger ins Hintertreffen gerät. Viele Menschen machen sich nach Feierabend noch Sorgen über Probleme, die mit ihrer Arbeit zusammenhängen, und es gelingt ihnen scheinbar immer schlechter, abzuschalten oder sich nach der Arbeit zu Freizeitaktivitäten aufzuraffen. Viele Befragte geben außerdem an, dass Familie und Freunde unter ihrer hohen Arbeitsbelastung leiden.

Diese Erkenntnisse sind in der Tat besorgniserregend und werfen die Frage auf: Was können wir dagegen tun? Hier möchte ich noch einmal das zuvor schon erwähnte Beispiel eines mittelständischen IT-Unternehmens aufgreifen, denn dort war in einem Workshop genau dieser Punkt ein Thema. Die Beschäftigten beklagten, dass sie auch im Urlaub und nach Feierabend nie richtig abschalten könnten, weil die E-Mails und Telefonate einfach kein Ende nähmen. Dabei handelte es sich keineswegs nur um Notfälle. Vielmehr rief der Chef schon mal an, weil er sich spätabends gerade auf der Heimfahrt von einem Kunden befand und für die lange Strecke jemanden zum Plaudern suchte. Auf die Frage „Muss das wirklich sein?", antworteten zunächst alle einstimmig mit „Nein". Also wurde am Flipchart das Ziel formuliert: „Urlaub, Wochenende und Feierabend werden respektiert und die Mitarbeiter nur mit Bedacht kontaktiert." Schon brach im Raum ein kleiner Tumult aus. „Ich freue mich, wenn ich im Urlaub erfahre, was in der Firma so los ist.", „Soll ich wirklich vor jedem Telefonat erst nachsehen, ob jemand im Urlaub ist?", „Außer mir hat keiner eine Ahnung von diesem Projekt – nur ich kann Fragen beantworten.", schallte es durch den Raum. Was war denn hier los? Waren das wirklich die selben Mitarbeiter, die mir fünf Minuten vorher erklärt hatten, dass sie sich überlastet fühlten und nie abschalten konnten? Wollten sie am Ende gar nicht abschalten? In der hitzigen Diskussion kamen wir immerhin zu dem übereinstimmenden Ergebnis, dass es klare Regeln geben muss, die allen Mitarbeitern zumindest ermöglichen sollten, nach Feierabend abzuschalten. Und dass sich jeder Einzelne bewusst darüber werden musste, wie er von diesen Regeln Gebrauch machen wollte. Die Betonung lag auf *bewusst*.

Genau hier liegt ein Grundproblem. Viele Menschen jammern und schimpfen zwar über den Stress, den Druck, die allzeitige Verfügbarkeit, doch die meisten von ihnen haben sich noch nie Gedanken darüber gemacht, ob und, wenn ja, wie sie selbst etwas daran ändern können. Einfach nur zu sagen „Mein Chef erwartet das von mir, der Idiot", ist ein bisschen zu einfach. Zu ihm hinzugehen und zu sagen „Ich erledige meine Arbeit gerne und gewissenhaft, aber es gibt Zeiten, da möchte ich wirklich einmal abschalten, um wieder neue Energie zu tanken", fällt dagegen vielen schon etwas schwerer. Doch, seien wir ehrlich: Bei fast keinem Chef wird es uns den Kopf kosten oder die nächste Beförderung beziehungsweise Gehaltserhöhung. Wenn doch, dann liegt ein grundlegendes Problem vor, dem wir uns früher oder später stellen sollten, um unsere Gesundheit, Zufriedenheit und letztendlich unser Leistungsvermögen zu schützen und zu bewahren. Zu diesem Schluss kommt auch die eingangs erwähnte Bertelsmann-Studie, denn die Beschäftigten selbst sind in der Pflicht, zur eigenen Entlastung beizutragen, schreiben die Autoren. Besonders wichtig ist dabei, dass Arbeitnehmer ein Gefühl für die eigenen Grenzen entwickeln, damit sie ihr Leistungspotenzial auch langfristig optimal ausschöpfen können. Dafür müssen wir uns vor Augen halten: Egal, was wir tun, und egal, wie viel Verantwortung wir im Job tragen – wir tragen immer auch die Verantwortung für uns selbst. Die sollten wir uns von niemandem abnehmen lassen, sondern ganz bewusst dafür Sorge tragen, dass wir unsere Ressourcen und Kräfte bestmöglich einsetzen. Wenn es für uns dazugehört, auch einmal Abstand von der Arbeit zu haben, dann müssen wir dafür sorgen, dass das möglich ist. Wenn wir aber gerne rund um die Uhr arbeiten und verfügbar sind, wenn wir nichts gegen die Vermischung von Arbeit und Privatleben haben, dann sei uns natürlich auch das vergönnt. Denn wie wir alle aus eigener Erfahrung und aus unserem Umfeld wissen, haben Menschen unterschiedliche Toleranzen, wie viel Stress und Druck sie aushalten können und auch wollen. Was das für uns persönlich bedeutet, sollten wir uns regelmäßig vor Augen führen und das Verhältnis von Arbeit und Leben entsprechend justieren.

Natürlich kann nicht zu jeder Zeit das optimale Gleichgewicht zwischen Arbeit und Freizeit herrschen. Sowohl das Leben als auch die Arbeit verlaufen nun mal nicht in gleichmäßigen Bahnen, sondern bewegen sich in einem ständigen Auf und Ab: Mal arbeiten wir mehr und haben weniger Freizeit und mal ist es umgekehrt. Zumindest sollte es idealerweise so sein, denn genau dafür sind wir Menschen ausgelegt. Schon unsere Vorfahren lebten nach diesem Prinzip, im ständigen Wechsel von intensiver Arbeit, dem Jagen, Sammeln und Verteidigen, und Ruhephasen des Genusses.

Schwierig wird es allerdings dann, wenn diese Abwechslung ausbleibt. Wenn der Stress zum Dauerzustand wird, dem keine Phase der Erholung mehr folgt. Wenn wir einmal weit in die Menschheitsgeschichte zurückblicken, können wir sehen, dass unsere Urahnen schon Stress hatten. Obwohl sie keinen Belastungen durch Verkehr, Umweltverschmutzung oder permanente Reizüberflutung ausgesetzt waren, so stellte sich auch ihr Leben keineswegs als Idyll dar. Sie waren auf der Jagd kurzen, ungleichmäßigen, dafür aber intensiven Stressphasen ausgesetzt. Auch zehrte der unentwegte Existenzkampf gegen Hunger, Durst, Naturgewalten und gegen natürliche Feinde an ihren Nerven. Stress ist also mitnichten eine Modeerscheinung oder Zivilisationskrankheit, sondern seit jeher untrennbar mit dem Leben der Gattung Mensch verbunden. Unser Körper ist dafür ausgelegt und reagiert mit Hormonen wie Adrenalin und Cortisol auf die besonderen Anforderungen, die in Stresssituationen an ihn gestellt werden. Ein gewisses Maß an Stress kann uns die Arbeit sogar erleichtern, Körper und Geist regelrecht beflügeln und dafür sorgen, dass wir kreative Ideen entwickeln und uns die Aufgaben leicht von der Hand gehen. Kurz gesagt: Stress ist o.k. und für den Menschen durchaus zu verkraften. Nur darf er nicht von endloser Dauer sein, sondern braucht Unterbrechungen zum Ausruhen.

Genau hier liegt die Krux: Vielen Menschen gelingt es heute eben nicht mehr, sich Pausen zur Regeneration zwischen den Stressphasen einzuräumen. Vielmehr führen sie ein Leben unter Dauerspannung. Und die wird nicht nur durch den Job verursacht. Familiäre Probleme, die Pflege von kranken Angehörigen, finanzielle Schwierigkeiten, Angst vor Arbeitslosigkeit – all das trägt dazu bei, dass die Freizeit nicht mehr rein zur Entspannung genutzt werden kann. Darunter leidet der gesunde Lebensstil: Fehlernährung, Bewegungsmangel und Gewichtszunahme können ebenso Folgen von permanentem Stress sein wie Alkohol- und Medikamentenmissbrauch. Einer aktuellen DAK-Studie zufolge nehmen rund drei Millionen Deutsche Medikamente wie Antidepressiva, Ritalin oder Betablocker, um Stress abzubauen oder um im Job leistungsfähiger zu sein. Das gilt vor allem für Männer: Sie erhoffen sich, durch die eingenommenen Mittel ihre beruflichen Ziele zu erreichen und trotzdem noch genügend Energie für Privates zu haben. Frauen hingegen putschen sich auf, damit ihnen die Arbeit leichter fällt oder um emotional gefestigter zu sein. Rufen Sie sich in Erinnerung: Es sind nicht in erster Linie diejenigen betroffen, die den höchsten Belastungen ausgesetzt sind – das Klischee des dopenden Top-Managers bestätigt die Studie nämlich nicht. Der typische Konsument von Anti-Stress-Mitteln ist weder der Börsenhändler, der täglich mit Millionenbeträgen jongliert, noch der Chirurg, der stundenlang im OP steht, noch der Unternehmenslenker mit Verantwortung für Tausende Mitarbeiter. Vielmehr sind es eher Niedrigqualifizierte, die zu Medikamenten greifen. So haben 8,5% der Beschäftigten, die eine eher einfache Tätigkeit ausführen, schon Mittel zur Leistungssteigerung oder Stimmungsaufheller eingenommen. Unter den besser qualifizierten Beschäftigten sind es 6,7% und unter den Hochqualifizierten nur noch etwas mehr als 5%. Es stellt sich die Frage, ob tatsächlich Überlastung die Ursache für Stress und Druck ist, dem sich viele nicht mehr gewachsen fühlen, oder ob in unserer Gesellschaft das Problem einfach grundlegend falsch angegangen wird. Ob die persönlichen Ansprüche nicht einfach überzogen sind und wir nicht erst einmal beginnen sollten, die eigene Erwartungshaltung zu überdenken und die Ansprüche an uns selbst herunterzuschrauben. Das bedeutet nicht zwangsläufig, dass weniger Arbeit automatisch zu weniger Belastung führt. Vielmehr können wir durch Priorisieren und durch eine klare Ausrichtung an stabilen Wegweisern für Arbeit und Privatleben die eigenen

Energiereserven dort einsetzen, wo sie tatsächlich gebraucht werden. Dafür bedarf es allerdings der Auseinandersetzung mit der eigenen Person, den eigenen Werten und Motiven, um schließlich Ziele abzuleiten, die sowohl mit dem eigenen Leben als auch mit der Arbeit in Einklang stehen. Ganz entscheidend ist die Bereitschaft, die Vereinbarkeit von Arbeit und Leben ein Stück weit selbst in die Hand zu nehmen, sich selbst in der Verantwortung zu sehen und damit das ungute Gefühl loszuwerden, einer Situation wehrlos ausgeliefert zu sein. Auf den Punkt gebracht hat das in einem Gespräch mit mir der Vorstandsvorsitzende eines großen Versicherungsunternehmens: Er empfiehlt, neben der beruflichen Entwicklung immer auch das Privatleben im Auge zu behalten. Familie, Sport und andere Interessen, die nichts mit dem Beruf zu tun haben, zu pflegen und sich damit weniger angreifbar im Job zu machen. Berufliche Entwicklungen sollten nicht das private Glück beeinträchtigen, um Unabhängigkeit im Denken und Handeln zu gewährleisten. Für einige mag das zunächst einfacher klingen, als es tatsächlich ist. Doch wir sollten uns immer wieder klarmachen, dass uns in erster Linie Selbstbestimmung davor bewahrt, einer Situation hilflos ausgeliefert zu sein. Je mehr wir uns selbst in die Lage versetzen, bewusste Entscheidungen zu treffen, desto weniger empfinden wir Stress und Belastung.

Wie können Unternehmen ihre Mitarbeiter schützen?

Neben der persönlichen Verantwortung jedes Einzelnen sind natürlich auch die Unternehmen in der Pflicht, ihre Mitarbeiter vor Überlastungen zu bewahren. Während sich vieles – wie bereits mehrfach erwähnt – durch Kommunikation und Aufmerksamkeit in den Griff kriegen lässt, gibt es durchaus noch weitere sinnvolle Maßnahmen, die mit wenig Aufwand oft große Wirkung erzielen. So hat Daimler im letzten Jahr beschlossen, alle E-Mails, die während der Urlaubszeit bei den Mitarbeitern anfallen, einfach zu löschen. Hört sich verrückt an? Auf den ersten Blick vielleicht, aber bei näherem Hinsehen macht das durchaus Sinn. Denn für die meisten Büroangestellten bedeutet Heimkommen aus dem Urlaub vor allem auch Heimkommen zu einem hoffnungslos überfüllten E-Mail-Postfach. Damit das ein Ende hat, sollen die Beschäftigten des Automobilherstellers nun die Möglichkeit bekommen, nach ihrer Rückkehr aus dem Urlaub „mit einem sauberen Schreibtisch" zu starten, wie Personalvorstand Wilfried Porth erklärt. Rund 100.000 Mitarbeiter kommen in den Genuss dieser Maßnahme. Eine Abwesenheitsnotiz weist auf die Vertretung hin und darauf, dass die soeben eingelangte E-Mail gelöscht wurde. Aber das geht doch nicht, denken Sie? Geht doch, sagt Daimler. Und sind wir doch mal ehrlich: 90% der E-Mails, die in unserer Abwesenheit bei uns auflaufen, sind nicht wirklich wichtig. Viele davon erledigen sich von alleine, wenn der Adressat abwesend ist, und zwar nicht nur die Anfragen zum Mittagessen. Auch „Kannst du mir mal schnell das und das schicken?", „Haben Sie die Telefonnummer von XY?" oder „Wer beteiligt sich am Geburtstagsgeschenk für den Kollegen?" können getrost im virtuellen Papierkorb verschwinden. Schließlich wird der Absender ja benachrichtigt. Was ihm hingegen wirklich wichtig ist, kann er nach der Rückkehr aus dem Urlaub erneut versenden. Damit liegt die Verantwortung allerdings beim Sender und er kann selbst entscheiden, ob er sich die Mühe noch einmal machen will oder nicht. Bleiben die 10% E-Mails, die vielleicht doch wichtig gewesen wären, mit Informationen, die der Empfänger mitunter gerne gehabt hätte. Zum Beispiel Einladungen, die nur einmal versendet werden und die wir u.U. kein zweites Mal erhalten. Oder interessante Projekte und Aufträge, die an jemand anderen vergeben werden, wenn wir selbst nicht zur richtigen Zeit am richtigen Ort waren. Das kann natürlich passieren und darauf gibt es wohl keine pauschale Antwort. Jeder muss für sich selbst entscheiden, ob er 350 unwichtige E-Mails in Kauf nimmt, um sich die 35 wirklich wichtigen nicht entgehen zu lassen, oder ob er damit leben kann, auch mal was zu verpassen. Womit wir auch hier wieder beim Thema Eigenverantwortung wären. Denn wichtig ist bei dieser Maßnahme wie bei vielen anderen: Jeder sollte das Recht haben, sie zu nutzen, aber nicht dazu verpflichtet sein. Das wiederum darf natürlich nicht dazu führen, dass Führungskräfte von ihren Mitarbeitern erwarten, freiwillig darauf zu verzichten! Vielmehr sollten sie als gute Beispiele vorangehen und selbst davon Gebrauch machen. Manche Unternehmen fordern das mittlerweile ganz gezielt von ihren Führungskräften. Bei Microsoft beispielsweise sind Manager angehalten, selbst regelmäßig von zu Hause aus zu arbeiten, um ihren Teams zu signalisieren: „Was der Chef darf, dürfen alle."

Das Leben gehört zum Lebenslauf

Ich bin gerade mal Mitte dreißig, aber ich höre von meinen Freunden immer wieder Dinge, die mich zutiefst erschrecken. Nämlich die Aussicht aufs und der Umgang mit dem Älterwerden. Nun ist nichts gegen eine solide Altersvorsorge einzuwenden und auch die Überlegung, wie man später einmal das Studium der Kinder finanzieren soll, ist völlig legitim. Schlimm finde ich es jedoch, wenn Vorhaben, Träume und Ziele aufgeschoben werden, in die Zeiten danach. Nach der Familienphase oder eben nach dem Arbeitsleben. Wenn die Kinder aus dem Haus sind (einige diese Kinder sind noch nicht einmal geboren), wenn die Wohnung abbezahlt ist oder eben: Wenn ich in den Ruhestand gehe. Nun löst bei mir das Wort Ruhestand schon heftige Abwehrreaktionen aus, denn ich halte es eher mit dem 85-jährigen Künstler Milton Glaser, dem Designer des berühmten „I love New York"-Logos. Bis heute leitet er sein eigenes Studio und würde am liebsten ewig weiterarbeiten. „Das Großartige daran, ein Künstler zu sein, ist, dass man nicht aufhören muss, das ist wirklich ein Luxus. Von allen Wörtern, die es gibt, graut mir vor dem Wort Rente am meisten. Das ist eine Situation, die ich mir nicht vorstellen kann." Nun muss diese Ansicht nicht jeder teilen. Aber die Auffassung, dass wir die schönen Dinge des Lebens vor uns herschieben und alles daran setzen, sie dann abzuarbeiten, wenn das Berufsleben hinter uns liegt, halte ich doch für bedenklich. Nicht nur, weil das Leben durch unvorhersehbare Geschehnisse kürzer ausfallen kann, als geplant. Sondern auch, weil viele Dinge später vielleicht gar nicht mehr so schön sind, weil sich Träume, die wir heute haben, in 20 Jahren vielleicht nicht mehr realisieren lassen, weil das Leben einfach immer, zu jeder Zeit und möglichst in all seinen Facetten gelebt werden sollte. Was nicht heißt, dass alles zu jeder Zeit möglich ist. Aber wer sagt denn, dass im Alter alles per se leichter möglich wird? Timothy Ferriss, der Autor des Buches „Die 4-Stunden-Woche" empfiehlt, in regelmäßigen Abständen Mini-Ruhestände einzubauen und Erholungsphasen sowie Lebensfreude nicht bis zum Rentenalter aufzuschieben. Die Rente hingegen sollten wir eher als Notfallabsicherung betrachten für die Zeit, in der wir körperlich und geistig tatsächlich nicht mehr in der Lage sind, unsere Arbeit zu verrichten, niemals aber als Lebensziel oder gar Erlösung vom Arbeitsalltag. Das Opfer, während der produktivsten Jahre unseres Lebens etwas tun zu müssen, das uns nicht gefällt, sieht Ferries hingegen durch nichts zu rechtfertigen.

Glücklicherweise werden mittlerweile Stimmen laut, die eine Anpassung unseres Arbeitssystems an die veränderten Lebensrealitäten fordern. So erläutert der Harvard-Professor Richard B. Freeman seine Vision von einem flexiblen Lebenslauf mit den Worten: „Ich bin der festen Überzeugung, dass wir unser ganzes Bildungs-, Familien- und Beschäftigungssystem noch nicht der Tatsache angepasst haben, dass wir länger leben werden. Wir sollten nun anfangen, über flexible Modelle nachzudenken, die flexible Arbeitszeitmodelle über eine längere Periode möglich machen. Ich glaube, dass dies der effektivste Weg ist, eine Auszeit so zu gestalten, dass sie zur Normalität wird. Warum nicht drei oder vier Jahre die Arbeit unterbrechen, um eine zusätzliche Ausbildung zu machen, sich neu zu qualifizieren oder um mehr Zeit mit der Familie zu verbringen? Die Finanzierung könnte über die Übereinkunft gesichert werden, dass diese Auszeit zwischenzeitlich vom Steuerzahler getragen wird, der Betrag jedoch von dem oder der jeweils Betroffenen wieder ins Steuersystem zurückbezahlt wird, indem er oder sie entsprechend länger arbeitet. Die Menschen sind heute häufig zwischen 60 und 70 noch in sehr guter Verfassung, sodass der Großteil von ihnen in jedem Fall länger arbeiten kann."

Auch wenn wir solche Systemänderungen nicht über Nacht herbeiführen können, so kann ich diesem Gedanken viel Gutes abgewinnen. Ich denke, das können viele – vorausgesetzt, sie mögen ihren Beruf. Wenn das aber nicht der Fall ist, dann stellt sich die Frage, was die richtige Strategie für die Zukunft ist: Zähne zusammenbeißen und durchhalten, bis zum erlösenden Ruhestand? Oder doch lieber etwas Neues wagen? Wie viele Jahre seines Lebens sind wir bereit zu opfern? Und wollen wir wirklich so lange warten, bis wir uns den Dingen widmen können, die uns tatsächlich etwas bedeuten?

11. WIR SIND DIE ZUKUNFT DER ARBEIT

Die Zukunft der Arbeit hat bereits begonnen und wir sind mittendrin. Wir wissen, dass sich durch die massiven Umwälzungen in den Bereichen der Demografie, Globalisierung, Digitalisierung und im sozialen Wandel unsere Arbeitswelt radikal verändern wird. Schon heute müssen wir uns von lieb gewonnen Privilegien wie Planungssicherheit und Jobgarantie verabschieden. Doch gleichzeitig ist uns klar, dass die Zukunft auch viele positive Dinge für uns bereithält und dass wir davon profitieren können, wenn wir uns gut informieren und vorbereiten. Wenn wir anpacken und mitgestalten, anstatt abzuwarten und uns überrollen zu lassen. Wissen ist Macht und nimmt uns die Ängste, die Veränderungen häufig auslösen. Das Buch soll Ihnen helfen, sich mit dem notwendigen Wissen zu rüsten und der Zukunft der Arbeit gut informiert, gut vorbereitet und vor allem mit einer großen Portion Optimismus entgegenzutreten. Zu guter Letzt möchte ich die zehn wichtigsten Aussagen noch einmal für Sie zusammenfassen:

1. Wir müssen bereit sein, uns zu verändern!
Unternehmen und Individuen müssen *Veränderungsbereitschaft* und *Veränderungsfähigkeit* an den Tag legen, um in einer sich rasch und oftmals auch unvorhersehbar verändernden Welt zu bestehen. *Resilienz*, also die Fähigkeit,

Krisen und unvermutete Überraschungen nicht nur zu tolerieren, sondern aktiv zu überwinden, ist die Antwort auf die zerstörerische Kraft der *Disruption* und wird zu einer der wichtigsten Eigenschaften in der Arbeitswelt der Zukunft.

2. Beschäftigungsfähigkeit löst Beschäftigungsgarantie ab!

Nicht mehr der Arbeitgeber, sondern jeder einzelne Beschäftigte wird in Zukunft dafür Verantwortung tragen, dass er einer Tätigkeit nachgehen und daraus sei-

Flexibilität
Sicherheit Selbstbestimmung Mobilität
Beschäftigungsfähigkeit anpassungsfähig
Disruption Veränderungsfähigkeit Freiheit
Veränderungsbereitschaft Arbeitswelt
Resilienz soziale Kompetenzen
Arbeit Eigenverantwortung
Arbeitgeber Angst
Arbeitnehmer

nen Lebensunterhalt bestreiten kann. Dazu gehört die *Bereitschaft zum lebenslangen Lernen* ebenso wie die *Gesunderhaltung unserer eigenen Arbeitskraft.* Aber vor allem braucht es dazu die Fähigkeit, sich auf immer neue Anforderungen, vielleicht auch auf immer neue Jobs in wechselnden Unternehmen einstellen zu können. Dabei wird die fachliche Weiterbildung eine große Rolle spielen – aber nicht die einzige. Noch wichtiger wird sein, dass wir uns *soziale Kompetenzen* wie flexibles Denken, Team-, Kommunikations- und Anpassungsfähigkeit sowie eine unternehmerische Einstellung zu eigen machen.

3. Arbeitnehmer und Arbeitgeber der Zukunft sind anpassungsfähig und flexibel!

Schon heute sind immer mehr Unternehmen gezwungen, auf einem Markt zu bestehen, der ihnen selbst ständige Veränderung, *Anpassungsfähigkeit* und *Flexibilität* abverlangt. Diese Anforderungen werden die Unternehmen in Zukunft in noch viel größerem Umfang als bisher an die Beschäftigten weitergeben und damit auch ihre Beschäftigungsverhältnisse überdenken.

4. Flexibilität und Mobilität werden eins!

Ob es uns gefällt oder nicht – die Zukunft der Arbeitswelt wird mehr *Flexibilität* und *Mobilität* für Unternehmen und deren Mitarbeiter bieten, sie gleichzeitig aber auch einfordern. Das birgt Chancen und neue Anforderungen zugleich. Einerseits wird es bald keine Rolle mehr spielen, von wo aus wir arbeiten. Andererseits müssen wir damit zurechtkommen, dass wir mit Kollegen zusammenarbeiten, die wir noch nie im Leben persönlich kennengelernt haben, und gegebenenfalls auch früh am Morgen oder spät am Abend mit Menschen kommunizieren, die in anderen Zeitzonen leben. Wer nicht bereit ist, diese Veränderungen mitzutragen, wird früher oder später auf der Strecke bleiben.

5. Freiheit ist die neue Sicherheit!

Die neue Arbeitswelt bietet uns vor allem eines: mehr *Freiheit*. Damit eröffnen sich für uns wunderbare Möglichkeiten, unser Arbeitsleben so zu gestalten, wie es uns gefällt. Dazu gehört, dass wir uns nicht nur am Beginn unserer Berufslaufbahn, sondern auch mittendrin oder sogar gegen Ende zu immer wieder neu entscheiden können, welche Tätigkeiten unseren Erfahrungen und Fähigkeiten entsprechen. Das kommt vielen von uns entgegen. Gerade junge Menschen erheben immer häufiger den Anspruch, Reichtum jenseits von materiellem Einkommen anzuhäufen, in Form von *Zeit, Freiheit* und der Möglichkeit zur *Selbstverwirklichung.*

6. *Arbeitszeit und Arbeitsort lösen sich auf!*
Eigenverantwortung und *Selbstbestimmung* sind die zwei wesentlichen Elemente, die wir durch die Auflösung fester Arbeitszeiten und Arbeitsorte hinzugewinnen. Das endet nicht bei der Möglichkeit, E-Mails auf dem Sofa zu checken oder vom Spielplatz aus Telefonate zu führen. Für uns bedeutet das, dass sich die Arbeit auf die Art und Weise erledigen lässt, die wir selbst für die beste und effizienteste halten. Damit tragen *Selbstbestimmung* und *Eigenverantwortung* auch dazu bei, dass wir gesünder bleiben, weil wir subjektiv weniger Stress und Zeitdruck verspüren, selbst wenn wir nach wie vor das gleiche Arbeitspensum ableisten oder es sogar steigern.

7. *Die Arbeit wird uns nicht ausgehen!*
Zwar bescheinigt uns eine aktuelle Oxford-Studie, dass in 10 bis 20 Jahren 47% der heutigen beruflichen Tätigkeiten voll automatisiert erledigt werden können, doch das heißt nicht, dass dies auch der Fall sein muss, denn was technisch möglich ist, macht in der Praxis nicht immer Sinn oder rechnet sich auch betriebswirtschaftlich. Maschinen hin oder her, den Bedarf an Fachkräften werden sie nicht decken können, insbesondere im Dienstleistungssektor. Das Arbeitszeitpensum wird Prognosen zufolge eher zu- als abnehmen; so müssen im Jahr 2030 13 Milliarden Arbeitsstunden geleistet werden, im Vergleich zu den 11 Milliarden geleisteten Stunden im Jahr 2010.

8. *Soziale Kompetenzen sind gefragter denn je!*
Auch wenn noch viel Raum für Gestaltung bleibt, so scheinen einige Vorhersagen sehr plausibel: Tätigkeiten, bei denen *soziale Kompetenzen, persönliche Interaktion* und

Kommunikation benötigt werden, haben wohl die besten Chancen, zu überleben. Beratung, Verhandlung und Problemlösung werden auch weiterhin in Menschenhand bleiben, ebenso wie weite Bereiche der Medizin, Pflege und Erziehung. In den Natur- und Ingenieurwissenschaften werden insbesondere diejenigen gefragt sein, die mit kreativer Intelligenz Entwicklungen vorantreiben und Probleme lösen können. Ganz egal, in welchem Berufsfeld wir heute und in Zukunft tätig sind: Gute Chancen auf Beschäftigung haben Personen, die neben ihren Fachkenntnissen auch über innovative und soziale Fähigkeiten verfügen und diese stetig erweitern.

9. *Wir brauchen keine Angst zu haben!*
Viele Fragen sind noch offen und es wird nicht unerheblich zum Fortbestand unseres wirtschaftlichen Erfolges beitragen, welche Antworten wir auf sie finden. Doch davor *sollten wir uns nicht fürchten.* Wenn mir etwas wirklich Angst macht, dann ist es die Sorge, dass an dieser Stelle keine oder die falschen Entscheidungen getroffen werden – doch je eher und je intensiver wir uns damit beschäftigen, desto optimistischer und hoffnungsvoller können wir in die Zukunft der Arbeitswelt blicken.

10. *Packen wir es an und machen wir uns die Arbeitswelt, wie sie uns gefällt!*

Nachwort und Danksagung

Ich sitze an meinem Schreibtisch (ja, hier habe ich tatsächlich die meiste Zeit des Schreibens verbracht) und kann es kaum glauben: Ich bin fertig. Hinter mir liegen zwei Jahre, in denen ich nicht nur viel recherchiert und geschrieben habe, sondern in denen ich auch ständig zwischen Euphorie und Entmutigung, Begeisterung und Frust hin- und hergeschwankt bin. Es gab Tage, an denen ich mich gefragt habe, ob die Welt wirklich ausgerechnet mein Buch noch gebrauchen kann. Ob nicht schon alles zum Thema gesagt und geschrieben wurde, nicht alle Menschen längst wissen, was ich hier zusammengetragen habe. Und dann gab es wieder Tage, an denen ich felsenfest davon überzeugt war, dass jeder, wirklich jeder im Land (und darüber hinaus) davon profitieren kann, genau diese Sätze zu lesen. Was sich davon als wahr herausstellen wird, liegt nun in Ihrer Hand, liebe Leserinnen und Leser.

Bei meiner Testleserin (und besten Freundin) habe ich zumindest schon mal den gewünschten Effekt erzielt. Sie, die von selbst nie auf die Idee gekommen wäre, ein Buch zur Zukunft der Arbeitswelt zu lesen, hat mir (neben vielen anderen Anmerkungen) als Feedback gegeben: „Das ist wirklich spannend und ich will noch viel mehr darüber erfahren – kannst du mir dazu noch weitere Bücher empfehlen?" Einen ersten kleinen Erfolg kann ich also bereits verbuchen. Dankbar bin ich ihr aber genauso dafür, dass sie mich daran erinnert hat, dass ich manchmal dazu neige, meiner Begeisterung freien Lauf zu lassen und unter Umständen damit den Eindruck erwecke, dass ich die Augen vor den negativen Seiten der New Work völlig verschließe. Einige der kritischen Anmerkungen im Buch verdanken wir also ihr. Danke dafür, liebe Micha!

Apropos, Dank. Bedanken möchte ich mich natürlich bei ganz vielen Menschen. Da sind natürlich zuerst einmal die, die ihre Erfahrungen, ihr Wissen und ihre Ideen zur neuen Arbeitswelt mit mir geteilt haben. Allen voran meine Interviewpartner Steffi Czerny, Heiner Scholz, Gabi Zedlmayer und Jody Thompson. Doch nicht nur sie haben mir Antworten auf meine Fragen gegeben, sondern auch viele Menschen, deren Ausführungen ich auf Konferenzen, Podiumsdiskussionen, in Büchern, Blogs, Podcasts und – ganz wesentlich – in den sozialen Netzwerken gefolgt bin. Ohne XING, Facebook und Twitter hätte ich viele der neuesten Trends, Gedanken und Meinungen gar nicht erst finden können. Und hätte auch nicht aktiv danach fragen können. Einige meiner Posts haben wahre Sturmfluten ausgelöst, Diskussionen, die ich manchmal aus Versehen angestoßen habe, manchmal auch ganz bewusst provozierend. Vielen, vielen Dank auch dafür. Ganz persönlich möchte ich mich bei vielen Ideengebern bedanken, allen voran meiner lieben Freundin Isabell Welpe. Durch unser gemeinsames Projekt zur Arbeits- und Lebensgestaltung der Zukunft bin ich auf das Thema gekommen, das mich bis heute nicht mehr losgelassen hat. Ein großer Dank gilt auch dem Team vom Goldegg Verlag, das mich vom ersten Austausch bis zum Erscheinen des Buches wunderbar unterstützt hat. Meine Lektorin Ilse Eichberger hat einen großartigen Job gemacht, mir viele kluge Fragen gestellt und mich auf den einen oder anderen Denkfehler aufmerksam gemacht. Ganz herzlichen Dank dafür.

Und nicht zuletzt danke ich meiner Familie, meinen Eltern Sigrid und Karl Heinz, meinem Freund Sascha und meinem Sohn William. Sie allein haben es überhaupt möglich gemacht, dass ich neben meiner Arbeit die Zeit gefunden habe, meinen großen Traum zu verwirklichen und ein Buch zu schreiben. Ja, es waren zwei bewegte Jahre. Nicht nur, was das Buch angeht. Vor ziemlich genau zwei Jahren ist auch unser Sohn auf die Welt gekommen, der schon mit wenigen Wochen auf meinem Bauch geschlafen hat, wenn ich

Literatur gewälzt und die ersten zaghaften Schreibversuche unternommen habe. Ich gebe zu, ein Kind zu bekommen und gleichzeitig mit dem Schreiben eines Buches zu beginnen, während man ganz nebenbei Vollzeit arbeitet, ist nichts, was ich ohne Zögern weiterempfehlen würde. Wenn ich zurückblicke, frage ich mich manchmal selbst, wie ich das überhaupt alles auf die Reihe bekommen habe. Aber es war möglich, wie ich heute mit Freude und auch ein bisschen Stolz feststellen kann. Und dabei kann ich eines aus voller Überzeugung sagen: Es hat unheimlichen Spaß gemacht! So viel, dass ich sogar schon Ideen für ein zweites und drittes Buch habe. Wir werden sehen …

Literatur

Albers, Markus: Morgen komm' ich später rein. Für mehr Freiheit in der Festanstellung. Campus Verlag. 2008.

Beise, Marc und Jakobs, Hans-Jürgen (Hrsg.): Die Zukunft der Arbeit. Süddeutsche Zeitung Edition. 2012.

Bock, Laszlo: Work Rules! Insights from Inside Google. Twelve Hachette Book Group. 2015.

Christensen, Clayton M.: The Innovator's Dilemma. When New Technologies Cause Great Firms to Fail. Harvard Business School Publishing. 1997.

Csíkszentmihályi, Mihály: Flow im Beruf. Das Geheimnis des Glücks am Arbeitsplatz. Klett-Cotta Verlag. 2004.

Ferriss, Timothy: Die 4-Stunden-Woche. Mehr Zeit, mehr Geld, mehr Leben. Ullstein Verlag. 2011.

Förster, Anja und Kreuz, Peter: Hört auf zu arbeiten! Eine Anstiftung, das zu tun, was wirklich zählt. Pantheon Verlag. 2013.

Gratton, Lynda: The Shift. The Future of Work is Already Here. HarperCollins Publisher. 2011.

Helgesen, Sally und Johnson, Julie: Die bessere Hälfte. Warum nur Frauen die Wirtschaft nach vorn bringen. Campus Verlag. 2012.

Keese, Christoph: Silicon Valley. Was aus dem mächtigsten Tal der Welt auf uns zukommt. Knaus Verlag. 2014.

Rahner, Sven: Architekten der Arbeit. Positionen, Entwürfe, Kontroversen. edition Körber-Stiftung. 2014.

Ressler, Cali und Thompson, Jody: Bessere Ergebnisse durch selbstbestimmtes Arbeiten. Erfolgreich mit dem ROWE-Konzept. Campus Verlag. 2009.

Rundstedt, Sophia von: Denkmuster für die Mosaikkarriere. Wie die innere Grundeinstellung über Karrieren der Zukunft entscheidet. V. Rundstedt & Partner GmbH. 2015.

Sandberg, Sheryl: Lean In. Frauen und der Wille zum Erfolg. Ullstein Buchverlag. 2013.

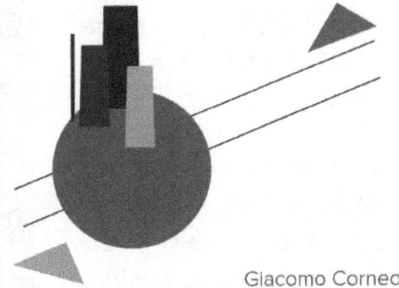
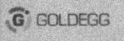

Jiaxiu   Sofie Absage
Hanna   Klara Absage
Emilia
Lisa